KB142518

궤 도 이 탈

걸작
논픽션
025

후쿠치야마선 탈선 사고와
어느 유가족의 분투

궤 도

이 탈

옮김 김현욱

지음 마쓰모토 하지무

글항아리

일러두기

· 이 책은 松本創, 『軌道: 福知山線脱線事故 JR西日本を変えた闘い』(新潮社, 2021)를
옮긴 것이다.

· 본문 각주는 모두 옮긴이 주다.

추천사

나는 이태원 참사 생존자이자 희생자 박지혜(1994~2002)의 동생 박진성이다. 『궤도 이탈』을 읽으면서 참사의 원인은 제각기 다르지만 참사가 발생하고 유가족이 투사가 될 수밖에 없었던 과정은 놀랍게도 비슷하다는 것을 알게 됐다. 사랑하는 가족을 작별 인사도 없이 하루아침에 떠나보내게 된 우리에게 사람들은 말한다. "안타깝긴 한데, 결국 보상금을 바라고 이러는 거 아닌가요? 이제 그만하고 보내주시죠." 정말 그렇게 생각하는지 되묻지 않을 수 없다. 그 무엇과도 바꿀 수 없었던 희생자들은 이제 그 무엇을 하더라도 우리 곁으로 돌아올 수 없다. 적어도 희생자들의 억울함을 풀어주는 일, 그것이 남겨진 유가족들의 사명이 아닐까.

  나 역시 처음에는 정부가 유가족들을 불러서 진심으로 용서를 구하고 책임지려는 모습을 보인다면 이해해보려는 마음이 있었다. 하지만 정부는 책임이 없다고 말하고, 희생자를 '사망자'로, 참사를 '사고'로 바꾸며 처음부터 참사를 축소하려는 모습을 보였다. 희생자와 유가족을 조롱하는 2차 가해를 방치하고 지금은 참사에 대해 관심조차 보이지 않는 행태가 내 마음을 더더욱 고통스럽게 한다. 이런 정부를 보며 나는 일상으로 복귀할 수 있을까.

　책임 있는 자리에서 부와 권력을 누리지만, 책임질 일이 생기면 모르쇠로 일관하고 회피하며, 자신의 의무를 떠넘기는 이들에게 우리는 무엇을 기대하고 배울 수 있을까. 참사는 우연히 또는 어느 순간 갑작스레 발생하는 것이 아니라고 한다. 그 전에 반드시 경미한 실수와 사고들이 반복되는 과정에서 사전에 예방할 수 있는 원인을 파악, 수정하지 못했거나 무시했기 때문에 참사가 일어난다. 그렇기에 우리가 밝히려는 진실은 압사로, 열차의 탈선으로 희생자가 사망했다는 것이 아니다. 이 책을 읽으며 문장마다 고개를 끄덕이고, 눈물을 흘리지 않을 수 없었다.

_10.29 이태원참사 유가족 박진성

추천사

2005년 후쿠치야마선 참사로 아내와 여동생을 잃은 유가족 아사노 씨의 분투를 다룬 이 책은 '사회적 참사는 어떻게 되풀이되는가'라는 말로 시작된다. 나 역시 작년 10월 29일 이태원에서 일어난 참사로 사랑하는 스물두 살의 딸 최유진(2000~2022)을 잃은 아빠다. 한국에도 2003년 2월의 대구 지하철 화재, 2014년 4월 16일의 세월호 침몰 같은 참사가 있었다. 이어서 10.29 이태원참사가 일어났다.

모든 참사는 참사 이전과 참사 이후의 모습이 판에 박은 듯 닮아 있다. 무엇보다 희생된 사람들을 기억하고 진심 어린 애도와 위로를 하기에 앞서 관련 단체나 지자체, 중앙 정부는 자신들이 속한 집단의 이해득실에 따라 진실을 왜곡하고 숨기고 침묵하는 방식으로 참사를 대한다. 이태원참사는 일어난 지 고작 150여 일이 됐다. 가족을 잃은 부모는 진실을 알고 싶을 뿐이다. 왜? 무엇 때문에?

이 단순한 진실이 밝혀져야 희생된 아이들의 마지막을 알 수 있으며, 필요하다면 제도를 보완하고 대비해나가야 한다. 그래서 다시는 이런 참사로 사랑하는 우리 아이들과 가족을 잃는 일이 없길 바랄 뿐이다.

나에게는 자식이라곤 딸아이 하나밖에 없었다. 내 삶은 그날 멈춰버렸다. 무엇을 위해 살아야 하는지 의미를 잃었다. 대한민국의 지극히 평범한 국민이었던 나는 지금 우리 사회의 민낯을 마주하고 있다. 진실을 밝히고 원인을 찾아 어디엔가 책임이 있었다면 그 책임을 엄중히 물어 다시는 나와 같은 아픔을 겪는 이들이 없었으면 한다. 그것이 먼저 간 아이를 다시 만났을 때 부끄럽지 않을 수 있는 유일한 길이라 생각한다.

그리고 먼저 간 내 아이를 기억하고 싶고, 바라건대 우리 사회가 다 같이 기억해주었으면 한다. 눈물이 계속 흐른다. 시간이 지나면 이 책에서처럼 10.29 이태원참사도 모든 것이 드러나고 제대로 된 애도와 위로가 이뤄질까? 한마음으로 많은 분이 이 책을 읽어주시길 바란다.

_10.29 이태원참사 유가족 최정주

늦게 피어난 벚꽃들을 격려하려는 듯 유난히 푸르렀던 4월 25일의 하늘은 달리던 열차가 탈선해 아파트와 충돌하던 그날을 어떻게 기억하고 있을까. 아내와 여동생을 빼앗고 둘째 딸에겐 중상을 입힌 그날 이후 빛도 없는 사막에 갑자기 내던져진 듯한 절망에서 아사노 씨는 어떻게 탈출할 수 있었을까. 공기가 없는 집에서 살고 있는 것 같은 공허함 속에서도 어떻게 가해 기업 JR 서일본과 마주할 수 있었을까. 나는 아직 그날(2014년 4월 16일)에서 벗어나지 못하고 있는데…….

『궤도 이탈』을 읽고 나서 드는 생각들이었다. 이 책에서 가장 관심을 끄는 내용은 '재난의 사회화'가 유가족의 책임이라는 대목이었다. 2014년 12월 세월호 유가족으로서 아사노 씨의 사무실을 방문한 적이 있어 문득 메모를 뒤적였는데, 통역을 통해 받아 적은 내용이 여덟 가지로 정리되어 있었고, 그중 맨 마지막에는 "유가족의 입장을 사회화하는 게 유가족의 책무"라고 적혀 있는 게 아닌가. 아, 그때도 이런 이야기를 하셨구나.

회사의 책임이나 잘못을 인정하지 않는 상명하복의 경직된 관료주의로 대표되는 기업 JR 서일본을 상대로 후쿠치야마선 탈선 사고를 진지하게 반성케 하려는 노력, 사측과 전문가들 그리고 유가족이 한 테이블에 앉아 사고를 일으킨 구조적 원인을 공동 검증해나갔던 지난한 과정도 같은 맥락의 행동들로 이해가 되었다.

도시계획 전문가로서 지방 정부보다는 주민들 편에 서서 도시 재생과 지역 환경을 만들기 위해 애썼던 그의 오랜 경험 또한 재난을 사회화하는 데 일조한 듯하다. 아사노 씨의 심정에 가닿을 순 없지만, 참사 피해를 당한 같은 유가족으로서 재난 참사를 사회화해 이것이 유가족과 피해자들만의 일이 아니라 우리 사회 전체의 일임을 각인시켜야 한다는 주장에는 깊이 공감한다. 재난 참사가 일상이 돼버린 한국 사회가 특히 새겨들어야 할 것이다.

이 책의 마지막 부분인 "하나의 레일은 기술자로서의 긍지, 하나의 레일은 아내를 잃은 남자의 심정, 아사노 씨의 궤도는 이 둘로 만들어졌다. 두 레일이 만나는 일은 없지만 떨어지는 일도 없다"를 읽으면서 이런 상상을 해본다. 나란히 나 있는 두 레일의 한쪽에는 아사노씨가, 다른 한쪽에는 죽은 아내 요코가 서서 서로 마주하며 웃고 있는 모습을.

_4.16 세월호참사 희생자 이창현(단원고 2학년 5반)의 엄마 최순화

추천사

무엇을 어떻게 할 것인가?

　참사를 당한 사람은 크게 두 가지 과제를 떠안는다. 우선, 졸지에 사랑하는 가족을 잃은 고통을 이겨내야 하고, 그다음엔 떠나간 가족이 남겨진 가족에게 진정으로 바라는 바가 무엇인지 그 답을 찾고 이행하는 것이다.

　『궤도 이탈』은 후쿠치야마선 탈선 사고로 아내와 여동생을 잃고, 딸이 중상을 입은 한 가장의 참사 대응 기록인 동시에, 지식인이 누구를 위해 어떤 방식으로 자신의 전문성을 발휘하는가를 보여주는 기록이기도 하다. (본문에 언급된 '국토문제연구회' 활동에서 보듯이 유가족 아사노 씨는 "보통 사람의 행복을 우선시하는 제도와 행정이 되어야 한다"는 철학으로 평소 활동해왔는데, 이것이 참사의 본질을 찾을 수 있게 했을 것이다.)

　나는 후쿠치야마선 탈선 사고 추모식에 몇 번 참석한 적이 있기에 사건의 전모를 어느 정도 알고 있다고 생각했지만, 아사노 씨의 이 투쟁기를 읽으면서 내내 놀라움을 금치 못했다. 참사를 겪은 유족이나 피해자들이 갖는 보통의 마음인 "왜 나한테?" "내가 뭘 잘못했나?"라는 질문과 반성을 넘어 "가족의 희생을 헛되이 하지 않는 방법은 참사의 본질적 원인을 밝혀 안전한 세상을 만드는 것"이라는 인식이 너무나 똑같았기 때문이다.

아사노 씨 자신이 생각한 사고 원인 4항목의 확인과 개선을 위해 집요한 투쟁을 벌이는 과정에서 특히 눈에 띄는 것은 언론이나 일반인이 통상 말하는 표면적인 이유(본문에서 "(돈을) 번다"라고 표현된 것으로, 이른바 "수익을 위해 안전을 외면"한 점)로는 참사가 설명될 수 없다는 대목이다. 그렇게 해서는 본질을 놓칠 수 있다며 당시 최고 경영진의 철학을 변호에 가까울 만큼 상세히 기록하고 있다.

"철도회사인 이상 안전이 가장 중요하다. 그 전제 위에서 고속화를 꾀하겠다. 안전은 무엇보다 중요하다. 아낌없이 투자하겠다."

문제는 이상에 가까운 이런 경영철학이 존재했음에도 불구하고 제도와 시스템으로 구현되지 못한 채 사고가 나면 개인의 잘못으로 치부되는 부조리한 현실이라는 것이다.

안전은 완벽한 인간을 전제로 보장하는 것이 아니라 언제든 실수할 수 있는 인간의 한계를 전제로 제도와 시스템이 보완되어야 한다는 아사노 씨의 바람이 실현되길 바라며, 그의 활동과 생각이 이 책을 매개로 "사회화"되기를 바란다.

윤석기 대구지하철참사희생자대책위원회 위원장

JR 후쿠치야마선 사고 약도

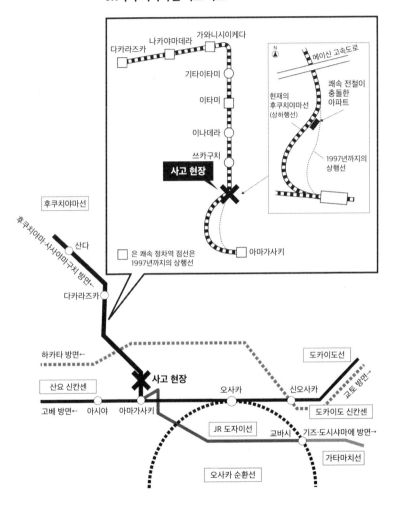

차례

———

프롤로그_2016. 4. 25

일찍이 "공장의 도시"라 불리며 굴뚝에서 올라오는 연기와 울려 퍼지는 망치 소리를 자랑했던 도시답게 크고 작은 공장과 주택이 무질서하게 뒤얽힌 회색 풍경 속에 그곳이 있다.

택시는 제철소, 강철, 파이프 등 건축 자재 공장, 산업 기계 공장, 화학 공장, 판금 공장, 자동차 공장이 늘어선 좁은 길을 통과했다. 건널목 바로 앞에서 좌회전한 뒤, 도매 시장과 공장 사이의 공터로 들어간다. 기묘하게 길쭉한 형태의 지형을 보면 이곳에 열차가 달리던 철로가 있었음을 알 수 있다. 약 20년 전까지 선로가 있었지만 지금은 공터가 된 이 장소는 매년 이날만큼은 임시 주차장으로 사용된다. 근처택시 회사들에서 동원된 100여 대의 택시가 같은 경로를 통해 차례로 도착하면, 검은 옷을 입은 사람들이 내린다.

그 대열 중 한 대에 '그'와 내가 타고 있었다. 이렇게 함께 온 것은 다섯 번째다.

차에서 내려 도로 건너편에 서 있는 아파트를 올려다보니 작년까지는 없었던 하얀 공사용 가림막이 건물 남쪽 3분의 1을 가리고 있다. '에퓨전 아마가사키ェフューション尼崎'라는 이름의 9층 아파트는 14년 전

에 세워졌지만(그 전에는 여기에도 작은 철강 공장과 식품 공장이 늘어서 있었다), 사람이 산 것은 첫 2년뿐이었다. 그 뒤로는 주민도 없이 시간이 멈춘 것처럼 그곳에 있다. 최근에야 보존 쪽으로 결론이 나서 4층까지만 남기는 공사가 몇 달 전에 시작되었다.

아파트 바로 앞길에는 검정 양복에 회사 이름이 적힌 완장을 두른 기자와 카메라맨들이 기다리고 있다. 100명은 거뜬히 넘을 것이다. 주차장에서 현장까지 가려면 도로를 건너 기자들의 코앞을 스치듯 아파트 부지를 걸어야 한다.

발판 위에 올라서서 카메라 초점을 맞추는 사람, 노트에 뭔가를 적는 사람, 녹음기를 이쪽으로 향하고 있는 사람. 뭔가 질문하는 소리도 들리지만, 어디를 보고 무슨 말을 해야 할지 알 수 없다. 내 시선은 자연스럽게 앞을 걷는 '그'의 등을 향한다.

처음 만났을 때에 비하면 머리는 새하얘졌고, 보폭도 좁아졌지만 거칠 것 없이 자기만의 발걸음을 걷는 그의 등이 보인다.

"뭐 하노. 안 된데이. 찍지 말라 카이."●

큰소리로 기자들을 견제하며 카메라를 뿌리치듯 걸어간다. 늘 있는 일일 뿐, 딱히 화를 낸 것은 아니다. 원래 할 말을 서슴지 않고 하는 데다 때로는 무뚝뚝한 말로 사람을 튕겨내는 느낌이 있다. 무엇보다 여기서 취재에 응하지 않겠다는 의사를 확실히 표현하지 않으면 몰려

● 원문의 간사이 방언은 경상도 방언으로 옮겼다. 간사이 지방, 특히 오사카 사람들은 도쿄 등의 다른 지방 사람들과 비교해 말투가 직설적이고 성미가 다혈질인 것으로 유명하기도 하고, 억양도 비슷하기에 경상도 방언이 적절하다고 판단했다.

드는 기자들의 무리에 휩싸여 꼼짝달싹 못 하게 된다.

딱 10년 전 오늘처럼.

현장의 흔적도, 사람들의 기억도 아직 생생하던 시절, 언론의 수는 지금보다 많았고, 기자들은 살기등등했다. 취재 규칙도 정해져 있지 않았고, '그'와 가족, 나를 포함한 동행자들은 순식간에 기자들에게 에워싸였다. 취재 대상이 내뱉는 침통한 말과 표정을 놓치지 않으려 서로를 의식하던 기자들은 다른 기자가 반걸음이라도 옮기려 하면 반사적으로 그쪽으로 쇄도했다. 그때도 그의 바로 뒤에서 예상치 못한 인파에 휘말렸던 나는 이런 유의 취재 대상이 되는 스트레스를 처음으로 실감했다.

비유하자면 의지도 표정도 없이 사냥감을 찾는 본능만으로 움직이는 상어 떼에 포위된 것 같은 불쾌한 공포와 압박감을 느꼈다. 나 역시 평소에는 '그들'과 함께하는 인간이다. 내가 하는 일이 어쩔 수 없이 갖는 폭력성을 목격한 기분이었다.

그로부터 10년이 지나 보존 작업이 시작된 현장은 많은 것이 바뀌었다.

경비원의 안내로 현장에 들어서자 양쪽에 방음벽이 세워진 통로가 북쪽을 향해 일직선으로 나 있다. 선두를 가던 '그'의 바로 오른쪽 뒤를 내가 걸었고, '그'의 가족과 친척들이 뒤를 이었다. 가족과 친척들이 숨은 것처럼 뒤에 따라오는 이유는 안쪽을 찍으려는 카메라를 피하기 위해서다.

'그'의 어깨너머로 보이는 80미터 앞에서는 방음벽 위에 오른 카메라맨 두 사람이 우리 쪽을 향해 망원 렌즈를 겨누고 있다. 오른쪽을 보면 새파란 하늘에 우뚝 선 세 개의 파란 카메라 매직 암magic arm이 차량에서 수십 미터 높이까지 뻗어 현장을 내리비추고 있다. 추모와 헌화의 행렬이 이어지는 현장의 영상이 오늘 간사이 지역● 언론의 톱 뉴스일 것이다.

심한 충격으로 외벽이 파헤쳐져 철근과 콘크리트가 드러난 아파트, 2층 발코니에는 균열이 나 있다. 그 벽에 손을 대거나 벽 앞에 쪼그리고 손을 모은 채 눈물로 뺨을 적시는 사람들. 헌화대에 차례로 쌓이는 새하얀 백합과 카네이션들. 그 주변에 걸린 무수한 종이학. 그리고 조용한 기도를 가르는 굉음과 애도를 표하는 긴 경적을 남기고 바로 옆을 지나는 은색의 전철.

이 장소의 '4월 25일'은 매년 그러한 사진과 영상으로 보도된다.

'그'는 두 곳에 마련된 헌화대에 꽃을 올리고 담담히 향을 태운 뒤 벽에는 가까이 가지도 않고, 수십 미터 떨어진 곳에 서서 기도하는 사람을 바라본다.

"안 가도 돼요?"

내가 묻자 쓴웃음을 지으며 말했다.

"내는 됐다 마. 거서 뭐 하면 되는지 모르겠다 아이가."

죽은 이의 진혼을 기원하는 기일의 사고 현장에서조차 '그'는 '유가

● 넓게는 혼슈 서부를 가리키지만, 여기서는 오사카부, 교토부, 효고현, 나라현, 시가현, 와카야마현 일대를 일컫는다. 후쿠치야마선은 효고현, 오사카부, 교토부를 운행하며, 탈선 사고가 발생한 장소는 오사카부에 들어서기 직전 효고현 아마가사키시다.

족'으로서의 처신을 자제하고 있다. 감정에 휘둘리는 것을 거부하고 있다. 그렇게 보였다.

2016년 4월 25일 오전 11시 무렵, 효고兵庫현 아마가사키尼崎시 구쿠치久々知 3가에 위치한 JR 후쿠치야마福知山선 탈선 사고 현장. 그 일로부터 꼬박 11년을 맞은 거대한 사고의 기억을 말하는 아파트 앞이었다.

나는 '그 사람', 사고로 아내와 여동생을 잃고 둘째 딸이 중상을 입은 아사노 야사카즈淺野彌三一 옆에 서서 몇 분마다 한 번씩 지나가는 전철 소음을 듣고 있었다.

사고 '원인'은 조직 운영의 '결과'

서일본 여객철도 주식회사(JR 서일본)의 다카라즈카宝塚발 도시샤마에同志社前행 쾌속 제5418M 열차(7량 편성)는 이타미伊丹 역을 2005년 4월 25일(월) 9시 16분 10초 무렵 출발, 이나데라猪名寺 역을 통과한 후, 쓰카구치塚口 역을 9시 18분 22초 무렵 통과했다. 그 후 열차는 메이신名神 고속도로 남쪽에 있는 반경 304미터의 곡선을 주행 중, 제1량이 9시 18분 54초 무렵 왼쪽으로 쓰러지면서 탈선, 이후 제2~5량 역시 탈선한 뒤 제7량이 9시 19분 04초에 정지했다.

제1량은 왼쪽으로 쓰러졌고, 앞부분은 선로 동쪽에 있는 아파트 1층의 기계식 주차장 안쪽 벽과 충돌, 뒤쪽 아랫부분은 아파트 서북쪽 기둥에 충돌했다. 또한 제2량은 중앙 좌측면이 제1량 뒷부분을 사이에 두고 아파트 서북쪽 기둥에, 뒤쪽 좌측면이 동북쪽 기둥에 충돌했다. 제3량은 앞쪽 바퀴 두 개가 왼쪽으로, 뒤쪽 바퀴 두 개가 오른쪽으로, 제4량은 네 바퀴가 오른쪽으로, 제5량은 앞쪽 바퀴 두 개가 왼쪽으로, 뒤쪽 바퀴 두 개가 선로에서 벗어나 탈선했다. 제6량과 제7량은 탈선하지 않았다.

이 사고로 인한 사망자 수는 107명(승객 106명 및 운전사), 부상자 수는 562명(승객 562명. 효고현 경찰 본부가 제공한 정보에 따름)이다.

국토교통부 항공 철도 사고조사위원회가 사고로부터 2년 2개월이 지난 2007년 6월에 공개한 사고조사보고서 첫머리에 기록된 사고 개요다.

보고서는 사고 열차의 당일 운행 결과와 23세의 운전사 다카미 류지로高見隆二郎의 상세한 정보, 즉 당일 승무 이력, 사고 직전 다카라즈카 역과 이타미 역에서의 거듭된 실수, 일주일 전부터의 근무 상황, 평가와 상벌, 성격, 건강 상태 등을 기록했다. 그리고 JR 서일본의 운전사 교육과 징계 처분, 차량의 성능, 현장 설비, ATS(자동 열차 정지 장치)의 설치 상황, 열차 운행 계획 등을 분석한 뒤, 243페이지의 '원인'에서 다음과 같이 기록하고 있다.

이 사고는, 운전사의 브레이크 사용이 늦었던 탓에 열차가 반경 304미터의 커브를 제한속도인 시속 70킬로미터를 크게 벗어난 시속 약 116킬로미터로 진입하면서 제1량이 왼쪽으로 쓰러지듯이 탈선, 뒤이어 제2~5량이 탈선한 것이 원인으로 추정된다.

운전사의 브레이크 사용이 지연된 이유는 허위 보고를 요청한 차내 전화가

끊긴 뒤, 차장 및 관제사와의 무선에 유난히 신경을 곤두세웠던 점, 일근日
勤교육을 받게 될 것을 우려하며 변명을 생각하고 있었던 점으로 인해 운전
에 대한 주의가 소홀했던 것으로 보인다.

운전사가 허위 보고를 요청한 차내 전화와 그로 인해 주의가 소홀했던 이유
는, 문제를 일으킨 운전사에 대한 처벌로 인식되는 일근교육 및 징계 처분,
그 보고를 게을리하거나 허위 보고를 한 운전사에게는 더욱 엄격한 일근교
육 및 징계 처분을 내리는 JR 서일본의 운전사 관리 방법이 영향을 끼쳤을
가능성이 있다.

불과 열두 줄, A4 용지 3분의 1 정도의 분량이다.

1987년 4월 국철이 분할 민영화되어 JR이 발족●한 이후 최악의 사
고이자, 제2차 세계대전 이후 네 번째로 많은 희생자를 낸 대참사를
개괄한 문장치고는 너무나 건조하다. 징벌적 인사 관리와 교육 등 JR
서일본의 이른바 기업 문화를 지적한 점은 이례적이었다. 그러나 결국
사고조사위원회가 인정한 것은 "운전사의 브레이크 지연", 즉 개인의
주의 소홀로 인한 실수를 직접적 원인으로 지목하는 데 그쳤다고 볼
수 있다.

아사노는 보고서 작성 과정에서 증인의 한 사람으로서 의견을 진술
했지만, 이 내용에 대해 전혀 납득할 수 없었다. 보고서가 제시한 '원
인'은 아사노가 보기에 '결과'에 지나지 않았다. 그 결과를 만든 JR 서

● 1987년, 국철은 JR 동일본, JR 서일본, JR 규슈, JR 홋카이도, JR 시코쿠, JR 도카이 등으로
분할 민영화되었다. 이하 본문에서 별도의 언급이 없는 한, 'JR'은 'JR 서일본'을 가리킨다.

일본의 조직 문제가 누락돼 있었다.

그리고 아사노의 본격적인 싸움은 여기서부터 시작되었다.

나는 이 사고를 아사노 야사카즈라는 한 유가족의 시각에서 바라보았다.

그는 사고를 어떻게 받아들이고, 무엇에 분노와 의문·부조리를 느꼈으며, 어디에 원인이 있다고 생각했는가. 가해 기업인 JR과 어떻게 마주했으며, 이 거대한 조직의 어디에서 문제를 발견해 추궁했는가. 이로써 무엇을 움직이고 바꾸려 했는가. 나아가 사고를 둘러싼 언론 보도와 사회의 반응은 그의 눈에 어떻게 비쳤는가.

기자로서 사고의 전체적인 그림을 객관적으로 조감해서 그리기보다는 아사노 개인의 시각에 맞춰, 말하자면 그라는 필터를 통해 사고에 관한 여러 현상을 보았다고 할 수 있다. 사고 현장의 헌화대에서처럼 그의 뒤에 서서, 그의 어깨너머로.

그렇게 된 이유 중 하나는 사고가 발생하기 전부터 아사노와 교류가 있었기 때문이다. 나는 『고베신문』 기자였던 2000년, 아사노가 지원하고 있던 아마가사키의 공해 소송 관련 취재를 하다가 그를 알게 되었다. 그리고 그의 도시계획 컨설턴트 사무실이 중심이 되어 진행한 아마가사키의 도시 재생 프로젝트에도 관여하게 되었다. 사무실에 들락거리며 젊은 직원들과 프리페이퍼를 만들거나 행사를 도우며 아사노는 물론 그의 부인 요코陽子와도 자주 얼굴을 마주쳤고, 대화를 나누기도 했다. 그렇기에 그녀가 희생된 사고는 내게 단순한 '취재' 그 이상이었다.

또 하나는 사고 후의 아사노를 만나면서 그의 생각을 이해하고 싶었기 때문이다.

그의 언행은 그때까지 내가 취재와 보도를 통해 알게 된 사고, 혹은 재해의 유가족들과 결정적으로 달랐다. 가족을 잃은 상처로 인한 억울함과 슬픔, 가해 기업에 대한 분노, 원인 규명과 책임 추궁, 그리고 두번 다시 같은 일이 일어나서는 안 된다는 다짐은 어느 피해자에게나 공통될 것이다. 그러나 아사노의 시각과 방법은 독특했다. 그가 하는 말은 때로 난해했고, JR에 대한 태도는 날카로우면서도 어떤 때에는 유연하고 부드럽기까지 했다.

솔직히 말해서 사고 후 몇 년 동안은 아사노가 무슨 생각을 하고 어디를 향하는지 이해할 수 없었던 때도 많았다. 잡지에 쓸 기사 취재에 대해 내 의도를 아무리 설명해도 "그런 취재에는 응할 수 없다"라는 거절만 들은 적도 있다.

그러나 나와 거리를 둔 동안에도 아사노는 스스로의 방법을 관철시켰고, JR과 끈질기게 협상한 끝에 마침내 대화의 장을 열었다. 그리고 "관료 조직보다 더 관료적"인 거대 기업을 움직여 검증과 조직 개혁을 이끌어냈다.

사고 후 5년여가 지나고 나는 다시 아사노와 사고에 대한 이야기를 하게 되었다. 그리고 매해 4월 25일의 추모행사에서 다시금 헌화를 함께할 수 있게 된 것이다.

국철 일가의 행렬

아사노와 함께 사고 현장을 찾기 5시간 전인 오전 6시 무렵, 나는 취재진의 일원으로서 아파트 앞에 서 있었다. JR 서일본 마나베 세이지眞鍋精志 사장(현재는 회장)을 비롯한 전현직 임원들이 이른 아침에 헌화하러 오기 때문이었다.

임원들의 도착을 기다리는 기자들 사이에서 익숙한 얼굴을 발견했다. 내가 신문사에 있던 10여 년 전에 알고 지내던 다른 신문사의 동년배 기자였다. 현장에 모인 기자들 중 최고참 베테랑이 된 그의 감회는 남달랐다.

"여기 기자들 중에서 그때를 기억하는 사람은 거의 없겠지만, 나는 다른 지국으로 발령받고 나서도 이 사고가 늘 마음에 걸렸어. 몇 년 만에 돌아와서 유가족들을 취재해도 그분들한테는 아무것도 끝나지 않았거든. 사고 때문에 가족들이 뿔뿔이 흩어져버렸다는 얘기도 많이 들어. JR은 정말 큰 죄를 지었어."

불과 며칠 전까지 구마모토 지진●을 취재하다가 왔다는 그는 이런 말도 했다.

"지진 얘기가 나왔으니 말인데, 20년 전의 고베 대지진●●도 마음에 걸려. 그때부터 꼭 10년 만에 후쿠치야마선 사고가 일어났는데, 어딘가 이어져 있는 듯한 기분이 들거든. 고속도로가 완전히 무너진 지진

●　2016년 4월 14일 구마모토에서 발생한 규모 6.5의 지진. 273명의 사망자가 발생했다.
●●　1995년 1월 17일, 효고현에서 발생한 규모 7.3의 지진. 고베와 아마가사키 등 효고현 일대에서 총 6434명의 사망자가 발생했다.

의 광경이랑 전철이 아파트와 충돌해서 부서진 모습 말이야. 비용 절감과 합리화를 추구하다가 실은 가장 중요한 안전을 경시한 결과지."

그때까지 나는 지진과 사고를 연결해서 생각한 적이 없는데, 그 말을 듣고 보니 그럴듯했다.

아사노는 도시계획 컨설턴트로서 고베 대지진 복구 후의 도시 재생에 깊이 관여하고 있었다. JR 서일본은 고베 대지진이 있고 난 뒤 일찍 감치 복구에 성공한 덕에 급성장할 수 있었다. 같은 지역에서 일어난 일이니만큼 그러한 관련이 있는 것이다.

30분쯤 지나서 JR 서일본의 간부들이 도착했다. 마나베 사장을 선두로 한 25명가량의 행렬에는 취재나 보도를 통해 익숙한 얼굴이 몇 있었다.

사고 당시 사장으로 검찰심사회에 의해 강제 기소●된 역대 사장들 중 한 명인 가키우치 다케시垣內剛. 사고 후 재건을 위해 자회사에서 소환되어 사장이 되었지만, 고베지검의 기소로 인해 중도 사임한 야마자키 마사오山崎正夫. 사고 당시 홍보실장이었다가, 현재는 마나베의 오른팔로 피해자 대응 본부장을 맡은 기지마 다쓰오来島達夫…….

묵념과 헌화를 마친 마나베는 취재진들에게 이렇게 말했다.

"앞으로 이 장소는 조금씩 변해갈 겁니다만, 저희가 사고를 일으켰

● '검찰심사회'는 검찰이 불기소를 결정한 사건에 대해 시민이 기소 여부를 판단하는 위원회다. 후쿠치야마선 사고는 역대 JR 경영진에 대해 검찰이 불기소를 결정하자, 불복한 피해자들에 의해 검찰심사회가 열렸고, '강제 기소'라는 결정이 내려졌다.

다는 사실에는 변함이 없습니다. 11년이 지났습니다만, 저희는 당사자로서 철도 안전을 확립할 것, 또 사고의 기억이 잊히지 않도록 할 것, 이 두 가지는 반드시 명심하겠습니다."

아파트 일부의 보존과 추모 시설 건립 등 사고 흔적과 교훈을 전하는 시설 정비가 결정된 뒤, 2018년 여름 완공을 목표로 공사가 시작되었다. 그 사실을 알리는 말이었다.

가키우치의 전임 사장이자 사고 당시 회장이었던 난야 쇼지로南谷昌二郎는 전날 헌화를 마쳤다며 현장에 나타나지 않았다. 그러나 오전 9시부터 아마가사키 시내 홀에서 열렸던 추모식에는 참석했던 모양이다. 식전이 끝난 뒤, JR 관계자와 대화를 나누는 아사노의 뒤에서 얼굴을 숙인 채 재빨리 빠져나가는 그를 보았다.

그리고 민영화를 주도한 '국철 개혁 삼인방' 중 한 사람이자 "JR 서일본의 천황"이라 불릴 정도로 권세를 떨쳤던 이데 마사타카井手正敬(사고 당시 고문)는 이날도 나타나지 않았다. 사고에 이른 조직 문화를 만든 가장 중요한 인물로, 아사노 등 유가족들이 몇 번이나 면담을 요청했지만, 역대 사장 재판 이외의 장소에 공식적으로 나타난 적은 없다. 사고 이후 언론의 공식적인 취재에 대응한 적도 거의 없다.

이데를 비롯한 '국철 일가'의 강렬한 엘리트 의식과 그로 인해 스스로의 잘못을 결코 인정하지 않으며 부하의 실수도 용납하지 않는 '무오류주의'. 그 견고한 조직의 논리에 아사노는 사고 이후 10여 년간 모든 것을 걸고 도전했다. 그리고 마침내 단단한 바위에 구멍을 뚫었다.

특별한 인맥이 있었던 것도 아니고, 정치인 등의 권력에 의지한 것도 아니다. 그를 있게 한 것은 "왜 아내와 여동생, 딸은 그런 일을 당해야만 했는가?"라는 근본적 원인 규명에 대한 의지였다. 그리고 도시계획 전문가로서 재해 및 공해와 관련된 공권력이나 기업, 피해자와 함께 협상과 조정을 거듭하면서 길러진 협상력이었다.

철도는 사람의 생명을 책임지는 대중교통이다. 그렇기 때문에 '안전'보다 더 중요한 가치는 있을 수 없다.

무척이나 단순한, 그러나 우리가 때로는 편리함이나 쾌적함, 경제적 합리성 앞에서 잊어버리는 원칙이다. 그 원칙을 단순한 이상이나 슬로건이 아니라 어떻게 구체화하고 실효적으로 만들 수 있을까?

유가족으로서의 고통을 견디며, 자신의 감정조차 봉인하면서 우직하게 하나의 목적만을 추구한 아사노 야사카즈의 10여 년에 걸친 '궤적'을 이 책에 기록하고자 한다.

제 1 부

사고가 앗아간 것

우연이 인간의 실존에 있어 핵심적 인격으로서 의미를 가질 때, 우연은
운명이라 불린다. (…) 무無를 내포한 채 멸망의 운명을 가진 우연성에
영원한 의미를 부여하기 위해서는 미래를 통해 순간을 살게 하는 수밖
에 없다. 미래의 가능성에 의해 현재가 된 우연성의 의미를 불러일으키
는 수밖에 없다.

구키 슈조, 『우연성의 문제』

상실

파란 하늘의 벚꽃

늦게 핀 벚꽃이 아쉬움을 달래듯 파란 하늘에 빛나는 아침이었다.

"벌써 가나? 좀 빠른 거 아이가? 그래 안 서둘러도 되는데."

나갈 준비를 마치고 현관으로 향하는 아내에게 아사노 야사카즈가 말했다.

"이런 건 빠를수록 좋다 아이가."

아내 요코는 "다녀올게"라고 말하며 미소 지었다. "당일치기니까 가볍게 간데이"라고도 말했다.

짙은 감색 원피스, 목에는 전날 밤 고른 하늘색 스카프를 두르고 작은 핸드백을 들고 있었다. 연휴 직전의 따뜻하고 맑은 월요일. 초여름 옷차림이었다. 옆에는 둘째 딸 나호奈穂가 함께였다. 나호는 18개월 된 조카에게 줄 과자가 든 종이가방을 들고 있었다.

2005년 4월 25일, 모녀는 효고현 다카라즈카시 아구라安倉의 자택을 나섰다. 오전 8시가 지나서였다고 아사노는 기억한다.

38년을 함께한 아내의 마지막 모습이었다. 향년 62세였다.

아내와 딸이 지바千葉의 친척을 방문하기로 한 것은 전날 24일 밤. 갑작스럽게 정한 일이었다.

평소부터 이런저런 왕래가 있었던 아사노의 작은어머니가 가을부터 몸이 좋지 않아 입원해 있었다. 일을 쉴 수 없었던 아사노 대신 작은어머니와 사이가 좋았던 요코가 문병을 가기로 했다. 몇 달 전부터 타이밍을 보고 있었는데, 아사노의 일이 일단락되자 결심이 섰던 것이다. 요코는 아내이자 아사노의 도시계획 컨설턴트 사무실을 돕는 임원이기도 했기에 일이 끝났다는 안도감이 컸을 것이다.

그날 아사노가 맡고 있던 고베 대지진 복구 재생 프로젝트가 일단락되었다. 고베시 스마須磨구 지토세千歲 지구의 정리 사업의 일환인 공원과 지역센터 완공 행사가 있었던 것이다.

제2차 세계대전으로 폐허가 된 곳에 작은 주택들이 들어서 약 1200세대가 몰려 있던 지구였다. 1995년 1월 17일의 고베 대지진으로 90퍼센트 이상이 불탔고, 고령자를 중심으로 47명이 희생되었다. 아사노는 제2차 세계대전이 끝나고 50년째 되던 해에 다시 폐허로 변한 지역의 복구 계획을 맡아, 시청과 주민들 사이에서 조율하며 새로운 지역의 청사진을 그리게 되었다. 어렵지만 보람 있는 일이었다. 자치회로부터 의뢰받아 지진이 일어난 지 석 달 보름 후인 1995년 5월에 시작해 10년에 걸쳐 진행된 프로젝트였다.

아사노 부부와 젊은 직원 두 명이 행사를 도왔다. 지역의 새 출발을 주민들과 함께 기뻐했다. 작은 축하연이 있었고, 술을 조금 마셨다. 약간 취한 채로 귀가하는 길에 아사노가 "이걸로 마음의 짐을 덜었다"라고 말했다. 요코는 "고생했어. 앞으로는 여유롭게 지내자"라며 위안의 말을 건넸다.

축하연에서 받아온 떡을 이웃들에게 돌리고 이른 저녁을 먹을 때였다. 요코가 갑자기 "여보, 문병, 내일 갔다 올까?"라고 말을 꺼냈다.

"내일? 응, 내일 사무실은 괜찮아. 미안하지만 갔다 올래?"

당일치기라 했기에 아사노는 가벼운 마음으로 말했다.

근처에 살던 아사노의 여동생 사카모토 지즈코阪本ちづ子(당시 55세), 결혼해서 오사카에 살던 맏딸 요시나리 미치吉成充智, 그리고 둘째 딸 나호도 함께 가기로 했다. 나호는 6년간의 캐나다 생활을 마치고 2주 전 집에 돌아왔다.

전화로 순조롭게 일정이 정해지자 지즈코가 근처 역에서 신칸센 표를 사왔다. 오전 10시 10분 신오사카 역 출발이었다. 다카라즈카에서 셋이 출발해 오사카에 사는 미치와 10시에 신칸센 개찰구 앞에서 만나기로 했다.

이튿날 아침 요코와 나호는 차를 타고 15분 거리에 있는 지즈코의 집으로 향했다. 지즈코의 남편이 차로 JR 가와니시이케다川西池田 역에 바래다주기로 했다.

"파란 하늘에 빛나는 늦게 핀 벚꽃"은 산비탈 아래 주택가에 있는 지즈코의 집으로 향하던 두 사람이 본 광경이었다. 모녀는 서로 "예쁘다"고 말했다고 한다. 오래 떨어져 지냈던 딸과 문병을 핑계로 떠나는 여행에 아내는 가벼운 해방감도 느꼈을 것이다.

그렇지만 아사노가 무심코 말했듯이 너무 서둘렀던 것이 아닐까? 별일 없다면 약속 시간보다 30분 일찍 신오사카에 도착할 터였다.

둘을 보낸 뒤, 아사노는 평소처럼 9시 10분에 집을 나와 차로 30분

거리에 있는 아마가사키의 사무실로 향했다. 늘 그렇듯이 차에서 라디오를 켜두었다가 귀에 들어온 것은 9시 30분 뉴스였다.

JR 후쿠치야마선 상행선 쾌속 열차가 쓰카구치 역과 아마가사키 역 사이에서 탈선.

"사상자가 발생한 모양"이라는 말이 있었는지는 기억나지 않는다. 그저 불길한 예감이 들었다. "어쩌면"이란 불안을 느끼면서도 "부디 타지 않았기를"이라고 기도하면서 사무실에 도착했다.

먼저 신오사카 역에서 기다리는 맏딸 미치에게 전화를 걸었다.

"엄마 왔나?"라고 묻자 "아뇨. 사고 나서 전철이 멈췄나봐요"라고 대답했다. 일단 끊고 매제에게 전화를 걸자 "시간상 그 전철을 탄 것 같심더"라며 불안한 목소리로 말했다. 세 사람과 가와니시이케다 역에서 헤어진 것은 9시 지나서였다고 한다. 아내에게 전화를 걸었다. 아무 반응이 없었다. 수신음조차 들리지 않았던 것으로 기억한다. 다시 한번 미치에게 전화를 걸었지만, 일행은 여전히 오지 않았다고 했다. "오늘은 됐다. 집에 드가라"라고 말하며 집으로 돌려보냈다.

10시가 지나서 TV를 켜자 사고 현장을 생중계하고 있었다.

아파트 벽에 부딪혀 찌그러진 전철 칸이 가장 먼저 눈에 들어왔다. 그 주변에는 뒤엉킨 칸들이 있었다. 건널목에서 승용차와 충돌한 뒤 탈선해 선로변의 아파트와 충돌했다고 아나운서는 말했다. 구급대원들과 경찰 사이에 주민으로 보이는 사람들이 돌아다니고 있었다. 구조 인력이 부족하다고 했다. 들것이 모자라 전철 좌석을 들어내서 부상자를 옮기고 있다거나 파란 장막을 펼쳐 수용하고 있다는 정보도 있었다. 부상자는 상당히 많다고 하는데 자세한 내용은 알 수 없었다.

어쨌든 아내와 딸이 무사하다면 신오사카에 도착했을 시간이었다. 사고를 당한 것일까? 사고가 난 전철을 탔어도 무사할 가능성은 있었다. 어딘가에 피신해 있기를. 살아 있기를.

쉬는 날이라 집에 있던 맏아들 야사히토弥三仁 및 매제와 몇 번이나 연락을 주고받으며 초조하게 개미지옥에 빨려들어가는 기분을 느꼈다.

일행이 사고를 당했다는 사실이 확실해진 것은 신오사카 역에서 집으로 돌아간 미치를 기다리던 부재중 메시지를 통해서였다. 집 전화에 모르는 남성의 목소리로 "아사노 나호 씨가 사고를 당해 중상입니다"라는 메시지가 여러 건 와 있었다고 한다. 정오 무렵 미치에게서 전화가 왔다.

TV가 전하는 사상자 수는 30분마다 열 명 단위로 늘어나고 있었다. 아들과 매제에게 부상자들이 이송된 아마가사키 중앙병원으로 가보도록 부탁했다. 그 후에 나호가 이송된 것으로 확인된 효고현 의대 병원에도 가보도록 부탁했다. 아사노는 자택으로 돌아가 연락을 기다리기로 했다.

지옥을 헤매는 기분이었다.

(사고 직후의 상황에 대해 아사노 야사카즈와 요시나리 미치의 기억에는 몇 가지 차이가 있다. 미치는 어머니와 여동생의 휴대전화에 부재중 메시지를 남겼다고 한다. 또 직장에서 뉴스를 본 남편이 사고 사실을 전하며 집으로 돌아가도록 전화한 11시까지 신오사카 역에서 기다렸다고 한다.)

―――
우연의 연속

보고서에 따르면 세 사람이 탄 다카라즈카발 도시샤마에행 쾌속 열차는 9시 10분 44초에 가와니시이케다 역에 도착해 36초 정차한 뒤, 정각보다 35초 늦은 9시 11분 20초에 출발했다. 다음 정차역 이타미에서는 정해진 위치보다 약 72미터, 전철 세 칸만큼 지나치는 오버런을 하고 말았다. 후진해서 승객들을 승하차시킨 뒤, 1분 20초 늦은 9시 16분 10초에 이타미 역을 출발했다. 이나데라 역을 통과한 후의 직선 구간에서 속도를 올려 제한속도인 시속 120킬로미터를 넘어선 시속 125킬로미터에 달했다. 다음 통과 역인 쓰카구치를 시속 122킬로미터로 지난 시각은 1분 12초 늦은 9시 18분 22초였다.

이타미 역을 지나고 난 뒤의 비정상적 운전은 생존 승객들의 증언과 수기에 기록되어 있다.

"오버런으로 멈춘 뒤에 안내 방송도 없이 갑자기 후진을 시작했다. 후진하는 것치고는 속도가 빨랐고, 플랫폼에서의 정차도 거칠었다."(여섯째 칸 승객)

"이타미 역을 출발한 뒤 사과 방송도 없어서 친구와 가볍게 불만을 토로했다. '너무 서두르는 거 아이가?' '아까 늦은 걸 만회할라 카는갑

다'라는 대화를 나눴다."(첫째 칸 승객)

뒤늦게 사과 방송이 나온 뒤, 승객들은 체감한 적 없는 속도에 공포를 느끼기 시작했다.

"열차가 위아래로 흔들리면서 창문이 끽끽거리는 소리를 냈다."(첫째 칸 승객)

"차창 너머 풍경을 눈이 따라가지 못할 정도였다."(둘째 칸 승객)

"신칸센에 탄 것처럼 바깥 풍경이 지나갔다."(다섯째 칸 승객)

"한계에 달할 정도로 속도를 올린 것 같았다."(여섯째 칸 승객)

그 시간은 1분 남짓으로 추측된다.

그리고 열차는 메이신 고속도로를 지나서 오른쪽으로 꺾이는 곡선 구간을 시속 116킬로미터로 진입한다. 해당 구간의 제한속도는 시속 70킬로미터. 원래는 쓰카구치 역을 통과한 직후에 브레이크를 밟아 감속하는데, 브레이크를 조작한 흔적은 전혀 없었다. 곡선 구간에 진입하기 시작한 직후인 9시 18분 50초에야 수동 브레이크를 사용했는데, 엄청난 속도로 달리던 차량을 제어하기에는 역부족이었다.

사고 발생 직후, 건널목 사고라는 오보가 났던 것은 시속 40킬로미터 넘게 과속한 전철이 브레이크도 밟지 않고 곡선 구간에 직진했으리라고는 JR도, 경찰도 생각하지 못했기 때문이다.

9시 18분 54초, 첫째 칸이 왼쪽으로 쓰러지면서 탈선, 이어서 둘째 칸부터 다섯째 칸까지가 차례로 탈선했고, 가장 뒤의 일곱째 칸은 9시 19분 04초에 정지했다.

요코 일행이 승차한 가와니시이케다 역을 출발한 뒤 8분 만에 벌어진 일이다.

요코 일행은 둘째 칸에 타고 있었다. 열차 칸의 네 문 중 맨 뒤의 문으로 탔고, 빈자리가 없어서 서서 갔다. 사고로부터 2년 뒤 나호가 쓴 수기에 그 순간이 묘사되어 있다.

자리는 거의 만석이었고, 열리지 않는 쪽 문에 어머니와 고모가 기대어 있었습니다. 저는 둘 사이에서 손잡이를 잡고, "벚꽃도 만개했고, 날씨가 좋아서 기분이 날아갈 것 같다"며 오랜만의 재회를 즐겼습니다.

전철은 이타미 역에 접근해도 속도를 늦추지 않아서 '이타미에는 안 서나?'라고 생각했습니다. 그러다 역을 지나칠 때쯤, 갑자기 브레이크를 밟더니 후진하기 시작했습니다. 고모가 "운전사 조는 거 아냐? 깨우고 올까?"라고 농담했고, 셋이서 웃었습니다.

몇 분 뒤에 바퀴 한쪽이 떠오를 정도로 흔들리면서 어머니는 균형을 잃고 고모의 손을 잡았습니다. 둘의 손을 제가 잡으려던 순간, 알루미늄 캔이 찌그러질 때의 '뿌직' 하는 소리를 마지막으로 기억이 끊겼습니다.(『JR 후쿠치야마선 탈선 사고 2005년 4월 25일의 기억』 중에서)

아사노가 나중에 나호에게 들은 바로는 가와니시이케다 역에 도착한 세 사람은 시간 여유가 있으니 쾌속 대신 앉아서 갈 수 있는 보통 열차•를 탈까 했다고 한다. 그러나 결국 먼저 온 쾌속 열차를 타고 말았다.

"출발한 날, 집을 나간 시각, 탄 전철. 모든 게 불운한 선택이었지."

아사노는 그렇게 말하며 후회했다. 자신이 문병을 가달라는 부탁만 하지 않았어도. 그날 아침, 10분만 더 붙잡았어도…….

맏딸 미치 역시 비슷한 후회를 한다.

"그 시간의 신칸센을 예약한 건 저 때문이에요. 큰애들을 학교랑 유치원에 보내고 신오사카로 출발하면 그 시간이었거든요. 지금도 제 탓이라는 생각이 들곤 해요."

그 열차가 사고를 당할 필연성이 아무리 많았다 하더라도 탄 사람에게는 나쁜 우연이 겹쳤을 뿐, 누구의 잘못도 아니다. 그걸 알고 있지만, 남겨진 이들은 그렇게 자책하게 된다.

원래 아사노 가족은 일상적으로 JR을 이용하지 않았다. 신칸센으로 멀리 가지 않는 이상, 거의 탈 일이 없었다. 그들뿐 아니라 다카라즈카 시내에서 오래된 지역에 사는 사람들 역시 마찬가지였다.

"우리가 사는 아구라는 옛날에 오바마小浜 마을이라 불리던 곳이야. 철도는 어느 역에서나 멀고, 버스도 불편하지. 다카라즈카에는 한큐阪急 다카라즈카선, 이마즈今津선, JR 후쿠치야마선이 통과하는데 평소 장을 보거나 이동할 때는 자가용을 탔어.

전철을 탈 일이 있을 때는 한큐를 탔지. 내가 니시노미야西宮에 있는 중고등학교에 다닐 때나 고베의 대학에 다닐 때는 한큐 이마즈선을 탔어. 일 때문에 고베나 오사카에 전철로 갈 때는 아내가 자동차로

● 해당 지역의 전철은 정차역이 적은 쾌속-구간쾌속-보통의 순으로 소요 시간이 짧다.

사카세가와逆瀬川 역까지 바래다줬고. 아들은 직장이 교토에 있었고, 나호가 이타미에서 일한 적이 있긴 한데, 그래도 나나 우리 동네 사람들은 기본적으로 한큐족族이야. JR은 국철 시절부터 불편하고 차도 잘 없다는 이미지가 있어서 잘 안 탔어."

JR 후쿠치야마선은 민영 회사였던 '한카쿠阪鶴 철도'가 그 전신이다. 오사카 교외의 간자키神崎(지금의 아마가사키 역)를 기점으로 하는 철로가 1890년대부터 1900년 사이에 정비되었고, 쓰카구치, 이케다, 다카라즈카, 산다三田, 사사야마篠山, 후쿠치야마, 마이즈루舞鶴로 차차 연장되었다. 오사카에서 효고의 롯코六甲산맥을 거쳐 교토부 북부로 이어졌다. 1907년, 러일전쟁 이후에 제정된 철도국유법으로 국유화되었고, 관영 철도 '후쿠치야마선'이 된다. 훗날의 국철이다.

그로 인해 다카라즈카 지역에서는 교통의 요지가 오바마에서 서북쪽으로 2킬로미터 떨어진 지금의 다카라즈카 역 주변으로 옮겨졌다. 그러나 얼마 지나지 않아 교토와 이즈모出雲를 연결하는 산인山陰 본선이 개통되면서 간선 철도의 지위를 빼앗겼다.

후쿠치야마선이 간선보다 급이 떨어지는 지선 자리에 머무르는 사이, 한큐의 전신 '미노오 아리마 전기 궤도箕面有馬電氣軌道'가 개통되었고, 다카라즈카의 온천, 극장,• 주택가 등의 개발에 힘을 쏟았다. 당시 급속도로 발전하던 고베와 오사카 일대를 연결한 한큐가 다카라즈카에서는 아사노의 말처럼 압도적 우위에 있었다.

● 한큐 그룹이 경영하는 '다카라즈카 가극단'은 남자 배역을 포함한 출연진 모두가 여배우인 것으로 유명하며, 현재까지 큰 인기를 끌고 있다.

JR 후쿠치야마선의 승객이 늘어난 것은 산다시에서 대규모 뉴타운 개발로 인구가 급증한 1980년대 후반부터 1990년대까지의 일이다. 국철 시대가 막을 내릴 즈음인 1986년, 뉴타운 입구에 위치한 신산다新三田 역이 신설되었고, 복선화와 전기화가 완료되었다. JR로 민영화된 후에는 'JR 다카라즈카선'이라는 애칭도 생겼고, 한때는 폐지되었던 쾌속 전철도 다시 도입되었다. 1997년에는 복선 구간이 사사야마구치篠山口 역까지 연장되고, 아마가사키 역과 오사카 교바시京橋 역을 잇는 JR 도자이선이 개통됨으로써 오사카 시내를 일주하는 순환선, 오사카 동부에서 교토부 남부로 이어지는 가타마치片町선까지 직통으로 갈 수 있게 되었다.

　　1990년대 후반에 산다 지국에서 근무했던 나는 당시의 분위기를 기억한다. 그 전에는 산간과 논밭을 느긋하게 달리며, 많아봤자 한 시간에 6~8편 정도인 노선이었다. 그랬던 것이 비약적으로 열차 수가 늘어나면서 도심으로의 출퇴근과 통학 노선으로 탈바꿈한다.

　　당시 JR 서일본의 사장이었던 이데 마사타카가 강력히 추진한 이른바 '어반 네트워크' 구상이었다. 교토, 오사카, 고베의 교외 노선을 증편하고 고속화하는 한편, 노선 간의 연결도 개량한다는 것이었다. 이로써 '사철私鉄 왕국'이라 불릴 정도로 간사이 지역에서 우위에 있던 민영 철도 회사들에 대항한다는 전략이었다. 사고는 그 연장선상에서 벌어졌다고 할 수 있다.

　　그러나 그러한 뉴타운 개발도, JR과 민영 회사들의 경쟁도, 예전부터 다카라즈카에 살던 아사노 부부와는 무관한 일이었다. 우연히 타게 된 JR, 우연히 타게 된 쾌속 전철, 우연히 타게 된 둘째 칸이었다. 그것이 최악의 운명을 향해 급속도로 돌진할 줄 누가 알았겠는가?

40시간 만의 대면

요코 일행이 환승할 예정이었던 아마가사키 역의 1.4킬로미터 앞 커브 구간에서 탈선한 쾌속 전철은 선두의 두 칸이 선로 옆의 아파트와 충돌하면서 파손되었다. 첫째 칸은 건물 1층의 주차장으로 돌진하면서 드러누운 채로 안쪽 벽을 가격했다. 둘째 칸은 건물 외벽에 충돌했고, 차량 좌측에 기둥이 박히면서 부메랑(〈) 모양으로 찌그러졌다.

단순히 탈선만으로 이렇게 되지는 않는다. 선로의 불과 5미터 옆에 아파트가 있었던 점, 경량화로 인해 차량이 스테인리스로 만들어져 강도가 충분히 견고하지 못했던 점, 원래 전철의 측면은 충돌을 예상하지 않고 무방비 상태로 만들어졌다는 점이 피해를 키웠다. 전문가가 "이런 건 본 적이 없다"고 말할 정도로 원형을 찾아볼 수 없을 만큼 파괴된 선두의 두 칸을 중심으로 사고 당일에만 사망자 58명, 부상자 441명이 확인되었다.

둘째 칸에 탔던 아사노의 가족들 중 나호는 중상을 입었음이 확인되었다. 같은 차량에서 기적적으로 구조된 도시샤대학 학생에게 부탁해 언니 집으로 전화를 걸었기 때문이다. 그러나 아내 요코와 여동생 지즈코의 안부는 확인되지 않은 상태였다.

장남 야사히토가 효고현 의대병원을 찾았을 때, 중환자실에 있던 나호는 희미하게나마 의식이 있었고, 한두 마디 대화도 가능했다고 한다. 아사노가 의사에게 들은 바로는 몇 시간 동안 생사의 기로에 있었다지만, 어쨌든 생존이 확인되었기에 그의 관심은 아내와 여동생의 안부에 맞춰졌다. 맏딸 미치, 지즈코의 가족, 친척들도 집에 모였고, 마흔 곳 이상의 병원을 수소문했다. 그러나 사고로부터 10시간 이상이 지나 밤이 되어도 무엇 하나 알 수 없었다.

　큰 사고나 재해가 발생했을 때, 당사자나 관계자일수록 정보의 진공 상태에 놓인다. 무슨 일이 어느 정도 규모로 벌어졌는지조차 알 수 없는 가운데, 불안과 초조 속에서 일단 최악의 상황만은 아니기를, 어떻게든 피할 수 있기만을 기도할 뿐이다.

　무거운 시간만이 흘렀다. 누군가가 "(시신안치소가 된) 아마가사키 시립체육관에 가보자. 마지막엔 거기밖에 없다"라고 말했다. 아사노를 제외한 모두가 체육관으로 향했다.

　자정 무렵 친척으로부터 "지즈코로 보이는 시신이 있는데 와달라"는 연락을 받은 아사노는 체육관으로 향했다. 지즈코의 남편은 "아니다"라고 했지만, 아들은 힘없이 "엄마 맞다"라고 말했다. 다른 친척들도 침묵으로써 동의했다. 결국 사망 확인을 해본 적도 없는 아사노가 여동생의 사망 선고를 내리게 되었다.

　시신은 관 속에 있었다. 그 위에 일회용 사진기로 찍은 사진이 있었다. 먼저 사진으로 확인한 다음, 틀림없다 싶을 때 관을 열고 확인한다.

　여동생의 얼굴을 본 순간, 가슴이 먹먹해졌다. 그러나 거기서 슬픔이나 분노가 넘치는 일은 없었다. 눈물도 흐르지 않았다.

'아, 지즈코가 맞네.'

막연히 그렇게 느꼈을 뿐이다. 감정이 절단되어 어디론가 사라져버렸다. 자신이 살아 있는지, 죽었는지도 알 수 없는 '텅 빈 상태'였다.

"데리고 가겠습니다"라고 말한 여동생의 가족과 함께 체육관을 나선 것은 오전 2시 무렵이었다.

이튿날도 아침부터 체육관으로 향했다. 1층 대기실에는 유가족이 많았지만, 큰 소리로 울거나 감정을 드러내는 사람은 거의 없었다. 다들 낮게 오열을 감추거나 벽에 기댄 채 조용히 앉아 있었다. 울음을 터뜨리는 곳은 지하 영안실이었다. 어쨌든 무거운 분위기였다. 아사노는 견딜 수 없어서 매 시간 밖으로 나와 운동장을 걸었다. 몰려든 기자들이 몇 번이나 질문을 했지만, 모두 거절했다.

요코의 정보는 여전히 알 수 없었다. JR 직원이 30분마다 현장 상황을 공지했지만, 정확한 정보는 아무도 몰랐다. JR이 독자적으로 파악한 정보인지, 경찰이 발표한 상황인지, 정말 현장과 연락을 하고는 있는지 모든 것이 불확실했다.

"아파트 내진 점검을 하고 나서 수색을 계속하겠다"라는 공지가 있었다. 아사노는 "잠깐. 뭐가 더 중요하노?"라며 JR 직원에게 따졌다. 얼마 뒤에는 "첫째 칸, 둘째 칸 시신은 모두 찾았다"라는 공지도 있었다.

"뭐라 카노. 우리 집사람은 안 나왔다 아이가."

혼란스러운 상황이었다고는 해도 무책임한 발언에 화가 났다.

"여기 책임자 누꼬? 경찰은 뭐 하고 있노?"

몇 번이나 다그쳐 물었다. 결국 "첫째, 둘째 칸에 수십 명의 시신이 있는 것 같은데, 셋째 칸을 해체하지 않으면 빼낼 수 없다"라는 대답을 들었다.

여동생의 사망을 확인한 순간, 1퍼센트의 희망도 남아 있지 않았다. 그저 아내를 빨리 빼내주고 싶었다. 거대한 잔해가 되어 먼지로 뒤덮인 차량 속에서. 끔찍한 절망의 암흑 속에서.

'니 지금 어딨노?'

기도하는 심정으로 마음속에서 물을 뿐이었다.

그날 아침, 체육관으로 향하는 아사노를 찍은 TV 영상이 있다. 본인은 취재를 당한 사실조차 기억하지 못했지만, 차에 동행한 카메라는 짧지만 생생한 그의 표정을 가까이에서 찍고 있다.

"지금 옮겨진 시신이 있는데, 그건…… 아직 잘 모르겠어요. 입은 옷이 다르대요."

휴대전화로 누군가와 대화를 나누는 옆얼굴은 긴장감이 돌았지만, 혼란스러운 기색 대신 침착함이 엿보인다. 업무를 처리하는 것 같은 냉정한 말투다. 왼손을 뒷주머니에 찌르고 체육관 입구로 성큼성큼 걷는 뒷모습에는 결연히 그 누구도 거부하는 분위기가 감돈다.

촬영한 사람은 요미우리 TV의 기자 호리카와 마사코堀川雅子였다. 아마가사키의 공해 소송 취재로 아사노와 면식이 있었지만, 2년 이상 만나지 않았다. 아사노의 아내가 사고를 당했다는 사실을 알고 난 다음 날 아침 일찍, 망설이면서도 전화를 걸었다.

"전화 목소리는 의외로 침착했어요. '지금 체육관으로 간데이'라고 말하길래 같이 가도 되냐고 했더니 '알았데이'라고 했어요. JR 아마가 사키 역에서 만난 걸로 기억하는데, 보자마자 '마사미, 얼마 만이고'라 고 인사했는데, 제 이름을 틀리게 불러서 기억에 남아 있어요. 뭐랄까 건조하게 평상심을 유지하려 했던 것 같아요.

촬영은 어려울지 모른다고 생각하면서도 카메라를 가져갔는데, 찍어도 되겠냐고 물었더니, 구체적인 대답은 잊었지만, 상관없다면서 허락했어요. 그래서 우리 회사 차로 체육관까지 가는 몇 분 동안 제가 옆에서 찍었어요. 상황을 몰라서 혼란스럽긴 해도 표정이나 말투는 냉정을 유지하려고 노력하는 것 같았어요."

호리카와의 증언은 사고 직후 아사노를 만난 지인들의 인상과 일치한다.

혼란스럽긴 해도 냉정을 유지하려고는 한다. 아사노의 내면은 "감정이 절단되어 텅 빈 상태"였지만, 주위에서 보기에는 그랬을 것이다. 아사노의 그러한 상태는 한동안 계속된다.

아사노가 아내 요코로 보이는 시신이 있다는 소식을 들은 것은 26일 밤 9시. 아침부터 줄곧 자리를 지키던 체육관에서 자택으로 돌아온 뒤였다.

확인하러 와달라는 경찰에게 옷차림을 물었더니 짙은 초록색이라고 했다.

"그럼 아이다. 아내는 분명 짙은 감색 옷이었다"라고 말하며 전화를 끊었다. 인정하고 싶지 않았다. 알고 지내던 아마가사키시 직원으로부터 한번 확인하러 가보는 게 좋겠다는 전화가 왔다. 11시 지나서 경찰로부터 일단 한번 봐달라는 요청이 재차 왔다. 그제야 아사노는 가족, 친척들과 함께 체육관으로 향했다.

오전 12시 반에 체육관에 도착했지만, 영안실로 향할 기분이 들지 않아서 30분 정도 대기실에 앉아 있다가 친척들의 설득으로 지하에 내려갔다.

사진은 오른쪽 옆얼굴이었다. 심한 타박상으로 부어 있었고, 큰 멍이 있었다. 귀신처럼 보였다. 마음속으로 아내가 이런 얼굴일 리 없다며 부정하려 했다. 그러나 처제가 먼저 입을 열었다.

"언니가 맞다."

머리 모양이 자신과 비슷하다고 했다.

시신의 유류품도 옆에 놓여 있었다. 옷은 자세히 보니 검정에 가까운 진한 녹색이었다. 감색이라고 생각했는데, 착각이었던 걸까? 판단이 서지 않았다. 그러나 하늘색 스카프는 기억이 났다. 그렇지만 손목시계는 자신과 함께 맞춘 시계가 아니었다.

"항상 차던 시계가 아이다."

맞다는 증거가 하나 나올 때마다 아니라는 이유를 하나 찾았다. 눈앞의 현실을 받아들일 결심이 서지 않았다. 반지 뒷면을 보자 38년 전의 결혼기념일과 부부의 이니셜 'Y.A.'가 새겨져 있었다.

"발 좀 보여주소."

옆의 담당자에게 말했다. 요코는 심한 무지외반증이 있었다. 시신의 발은 익숙한 모양이었다. 배에는 수술한 흔적이 있다고 한다. 그것도 아내의 몸에 있던 것과 일치했다.

눈물은 흐르지 않았다. 아무 생각도 들지 않았다. 한마디도 하지 못하고 그 자리에 우두커니 서 있었다. 그런 자신을 유체 이탈한 또 다른 자신이 지켜보고 있었다.

관 안에서 정면을 보고 있는 아내의 얼굴에는 또 하나의 커다란 멍이 있었다. 그날 아침 웃는 얼굴로 나갈 때와는 전혀 달랐다. 억울함 때문인지 입술을 꽉 다문 모습을 보고 '아내답다'라고 느꼈다. 사고 발생으로부터 40시간이 흐른, 27일 오전 1시가 지나서였다.

아내의 빈자리

한 살 연하의 요코와는 맞선으로 만났다. 요코가 어머니와 함께 찾은 아사노 자택 근처의 절에서 인연을 맺어주었다. 아사노는 고베대학 건축학 대학원을 졸업한 스물다섯 살의 청년이었다. 4월의 어느 비 오는 날, 아마가사키 시내에서 처음으로 얼굴을 마주했다.

"나는 어디 대학에 자리를 알아볼 생각이었는데, 아직 장래가 불투명하던 때였어. 결혼은 아직 이르다고 생각해서 내키지 않았는데, 할머니랑 부모님이 극성이셔서 말이야.

선 보는 날은 마침 모교가 고등학교 야구 대회 시합에 나가던 날이어서 그게 자꾸 신경 쓰이더라고. 양가 인사가 끝나고, 비 오는 와중에 기모노 차림의 아내를 데리고 고시엔甲子園●에 갔어. 그녀는 야구를 전혀 볼 줄 몰라서, 옆에서 우산을 쓰고 '왜 (주자가) 저쪽으로 가는 거야?'라고 물었어. 그리고 다카라즈카 극단 배우들이 자주 간다는 레스토랑에서 식사를 했어. 그게 처음 만난 날의 추억이야. '그때 나는 쳐다보지도 않고 야구만 봤지?'라면서 두고두고 혼났지."

● 프로야구 구단 한신 타이거즈의 홈 구장. 고등학교 야구 대회가 열리는 곳으로 유명하다.

밝고, 솔직하고, 사소한 일에 연연하지 않는 활달한 여성이었다. 그 첫인상은 함께한 38년 동안 전혀 변하지 않았다.

"몸을 사리지 않고 자기 일을 하는 사람이었지. 집안일도, 사무실 일도. 그러면서도 다른 사람들을 들볶거나 나서려 하지도 않는데 어느샌가 사람들 중심에 있는 사람이었어. 나는 그렇게 할 줄 몰라서 늘 대단하다고 생각했어."

대학원을 나온 아사노는 결국 교수의 소개로 대형 부동산 회사에 취직했지만, 아파트 개발에는 관심이 없었던 탓에 반년도 되지 않아서 퇴사했다. 그 무렵 설립된 교토의 도시계획 컨설팅 회사의 헤드헌팅으로 그곳에 들어갔다. 1968년 2월의 일이다.

그가 대학원에서 전공했고 당시 건축학에서 파생된 분야로 주목을 받던 지역 개발과 도시 재생을 주로 담당했다. 동시에 요코와의 결혼 생활도 시작되었다. 교토에 있는 동안 맏아들 야사히토, 맏딸 미치, 둘째 딸 나호가 두 살 터울로 태어났다.

1975년, 33세에 독립, 아마가사키에 '지역 환경 계획 연구소'라는 회사를 설립했다. 한큐 무코노소武庫之莊 역 북쪽의 건물에서 첫걸음을 내디딘 회사의 홈페이지에는 현재 이렇게 적혀 있다.

"우리 회사의 이념은 1975년 설립 당시에는 생소하게 들렸습니다. 당시 일본은 뉴타운과 댐 건설 등의 대형 개발이 진행되고, 윤택한 경제력을 바탕으로 국제화를 추진하던 시대였습니다. 성장이 전부였던 시대에 '주민의 생활'과 '지역과 사람의 관계'에 주목했던 창립자 아사노 야사카즈는 지자체와 관련 단체들로부터 조사와 계획을 의뢰받는 한편, 꾸준히 수해와 산사태, 대기 오염, 지진 등의 문제를 담당했습니다.

그러한 경험을 통해 얻은 세 가지 관점이 우리 회사의 이념입니다.

첫째, 지역의 자연과 역사, 문화를 소중히 한다.

둘째, 지자체와 주민 사이의 중재자가 된다.

셋째, 주민이 지역활동에 참여할 수 있는 시스템을 만든다."

새로운 분야에서 새로운 관점으로 활동하는 새로운 회사였다. "주민을 위한 지역 재생을 지원하고 싶다"라는 아사노의 의지로 세워진 회사를 뒷받침한 사람이 아내 요코였다. 결혼 전에는 병원에서 약사로 일한 경험이 있었지만, 이와 전혀 무관한 경리, 총무를 맡게 되었다.

"3년째까지는 경영이 꽤 어려웠어. 5년째에 들어서 겨우 어느 정도 안정됐지. 그래도 매년 결산을 마칠 때마다 아내랑 '내년에는 먹고살 수 있겠나'라고 얘기했어.

사실 아내는 젊은 시절, 언젠가 약사 자격을 활용해서 약국을 열 생각이었지. 그러기 위해서 공부도 했고. 그런데 40대 중반에 '약국은 됐다 마'라고 말했어. 앞으로도 내 일을 도와줄 결심을 한 것 같더라고."

자식들이 "집에서도 회사에서도 24시간 같이 있으면서 질리지도 않아?"라고 말할 정도로 이인삼각으로 회사를 이끌었다. 그 회사가 30주년을 맞은 해에 아내는 세상을 떠났다.

이들 부부의 관계에 대해 맏딸 미치는 이렇게 말했다.

"아버지는 그 세대 남자들처럼 일만 하는 분이셨어요. 쉬는 날에도 여기저기 돌아다녔고요. 할아버지 할머니를 모시는 일도, 우리를 키우는 일도 모두 어머니 몫이었죠. 아버지는 과묵한 건 아니지만 까다로운 구석이 있달까, 고집도 세고 말도 직설적이어서 대인관계가 원만하진 않았어요.

아버지 대신 어머니가 친척이나 이웃들과의 관계를 혼자 다 도맡았죠. 아마가사키의 쌀집에서 태어나 장사일을 배우면서 자라셨거든요. 어머니 당신보다 아버지 일이나 주변 사정을 잘 살피고, 세세한 배려도 잘하고, 대인관계도 부드러웠어요. 우리 집은 어머니가 아니었으면 제대로 돌아가지 않았을 거예요."

직장에서도 마찬가지였다. 사고가 있고 나서 고문으로 물러난 아사노 대신 사장이 된 와카사 겐사쿠若狹健作는 말한다.

"동기인 쓰나모토 다케오綱本武雄와 제가 대학을 졸업하고 회사에 들어왔을 때, 사장님은 환갑이셨어요. 혼자서 회사를 일군 분 밑에 갑자기 들어간 거죠. 아무것도 모른 채 현장에 가게 됐을 때, 처음에는 당황스러운 일뿐이었어요. 사장님을 '전투형 컨설턴트'라고 말하는 사람도 있는데, 자기만의 원칙과 방식을 지키는 분이셨죠. 타협을 하지 않는 성격이라 거래처와 싸우는 일도 많았어요. 잘 싸우는 분이구나 라고 생각했어요.

물론 저희도 많이 혼났어요. 둘이서 열심히 짜낸 계획이나 아이디어가 단칼에 부정당하면 아무래도 풀이 죽었죠. 그래도 그런 때는 사모님이 꼭 위로해주셨어요. '사장이 말은 저렇게 해도 알아줄 끼다. 내도 잘 얘기할 테니까 기운 내라 마'라고요."

엄격한 장인정신의 아사노가 '골격'이라면 부드럽게 주변 사람들을 단합시키는 요코는 '토대'였다. 아사노는 가정에서도, 직장에서도 토대를 잃은 것이다.

50대 중반에 부부는 노후를 생각하게 되었다.

"애들도 키웠고, 집도 새로 지었고, 돌아가신 어머니나 고령인 아버지 대신 자기가 이 집의 토대가 될 각오가 됐을 거라고 생각해."

시아버지를 돌보는 데 필요하다며 어느샌가 돌봄 매니저 자격도 공부했고, 체력을 기르려고 체조도 배웠다. 체조 지도자 자격을 따서 근처의 주부와 고령자들을 대상으로 한 교실을 열기도 했다.

"그렇게 이것저것 바쁘게 자기 생활을 즐겼어. 기모노를 일상적으로 입는 법을 배우더니, 어느샌가 집에서도 가끔 기모노를 입더라고.

'은퇴하면 둘이서 여유롭게 여행을 다니고 싶다'는 얘기도 자주 했어. 그 전에도 우리 둘이 가고시마 온천에 가거나 캐나다에 있던 나호랑 같이 이탈리아에 가기도 하고 여유가 생기면 여행은 했지만, 일에서 완전히 해방되고 나서 서로 고생했다고 위로하는 여행은 또 달랐을 텐데……."

그러한 소박한 꿈조차 그날 한순간에 빼앗겼던 것이다.

───

장례식

아내의 시신을 확인하고 하룻밤이 지난 27일, 집 앞에 몰려든 취재진을 상대로 아사노는 사진과 영상은 내보내지 않는다는 조건을 걸고 취재에 응했다. 아직 사고 후의 상황을 모른 채 입원 중이던 나호의 눈에 띌 것을 우려했기 때문이다. 그러나 언론사들이 입수한 아내의 사진이 그날 석간신문에 실리자 언론에 대한 아사노의 불신은 커졌다.

오전에 시신을 자택으로 옮겨 장례 준비를 했다. 아내의 시신을 앞에 두고 '아내답게 보내주고 싶다'라는 생각만 했다.

"사고 직후 며칠을 어떻게 버텼는지 모르겠다"라고 아사노는 말한다. 많은 일이 있었던 것 같은데 거의 기억나지 않았다. 자신이 어디에서 무엇을 하고 있는지 모르는 몽유병 환자 같은 상태였다.

"아내와 여동생 시신을 마주했을 때부터 내 안에는 두 명의 내가 있었어. 빛이 없는 황량한 사막에 내던져져서 망연자실한 나. 그리고 감정을 완전히 버리고 담담히 사태를 받아들이고 해야 할 일을 하는 나. 감정이 없는 내가 망연자실한 나를 데리고 힘없는 걸음걸이로 어두운 사막을 걷고 있었지. 그런 정신 상태였어.

침착……했던 건 아니야. 굳이 말하자면, 감정이 단절된 냉철함으로 움직이고 있었어."

28일에는 고별식, 29일에는 장례식이 자택 근처의 절 쇼린사松林寺에서 치러졌다. 조문객은 800명을 넘었고, 절 앞의 국도 176호선에 긴 행렬이 생길 정도였다.

나도 조문을 갔다. 구름 한 점 없는 오전이었다. 절의 낮은 계단 앞에서 장례식이 끝난 뒤 조문객들을 배웅하던 상주 아사노의 모습이 지금도 기억에 생생하다. 겨우 서 있긴 하지만, 그 모습은 위태위태해보였고, 마음이 다른 데 있는 듯했다. 뭐라 건넬 말도 없어서 묵례를 하자 "고맙데이"라는 힘없는 말이 돌아왔다.

두꺼운 안경 렌즈 뒤의 눈은 젖어 있는 것 같기도, 눈이 부셔서 찌푸리고 있는 것 같기도 했다. 갑작스러운 대형 사고가 그에게서 빼앗아간 것들의 무게를 생각하면 그저 말없이 눈으로 대답하는 수밖에 없었다.

장례식이 시작되기 전, 절에서 아사노는 사고 후 처음으로 나호를 만났다. 나흘 만에 만난 딸의 얼굴은 부어 있었고, 깁스로 목을 고정한 채 휠체어에 앉아 있었다. 둘째 칸 차량에서 두 발이 깔려 생긴 압좌증후군● 때문이었다.

나호의 수기에 따르면, 그녀는 사고 발생 몇 분 뒤, 호흡을 할 수 없는 고통과 다리의 통증으로 인해 의식을 되찾았다. 무참히 뒤틀린 차

● 장시간 무거운 물체에 깔려 있는 동안 쌓인 독성 물질이 압박이 풀린 뒤 온몸에 퍼지는 증상.

량의 잔해와 부서진 전철 좌석, 철봉 등이 뒤엉켜 엉망진창이 된 차 안에서 사람들이 겹쳐져 있었다. 두 발이 철봉에 엉켜 움직일 수 없는 자기 밑에 어머니와 고모가 깔려 있는 것 같았다. 무슨 일이 일어났는지 이해할 수 있었다.

머리 위쪽에서 쓰윽 일어나는 사람이 있었다. "괜찮으세요?"라고 묻는 그에게 가족에게 연락해달라고 부탁했다. 미치가 집에 돌아가서 들은 부재중 메시지는 그 대학생이 남긴 것이었다.

어떻게 구출은 되었지만, 병원에 옮겨진 뒤 생명의 위기에 처했다. 소식을 듣고 달려온 오빠와 삼촌에게 의사가 "언제 상황이 급변할지 모르며 생명을 장담할 수 없다"라고 설명하는 걸 들으면서 "아, 나는 죽는구나"라고 생각했다.

그러한 상태에서 지낸 사흘간 머릿속을 차지하고 있었던 것은 어머니와 고모의 안위였다. 어디에 있을까? 살아만 있기를 바랐다. 병원에서 언니 미치가 곁에 있었지만, 충격을 주지 않도록 사망 소식을 전하지 않았다. 물어도 "걱정하지 마"라며 얼버무렸다. 나흘째가 되던 어머니의 장례식이 있던 날 아침에야 나호는 모든 사실을 들었다. 그리고 "무슨 일이 있어도 장례식에 가겠다"며 언니와 의사에게 부탁했다.

중환자실에 입원해 있던 환자가 외출한 전례가 없었기에 병원은 내키지 않아했지만, 아사노도 딸과 마찬가지 심정이었다. 어떻게든 어머니를 마지막으로 만나게 해주고 싶었다. 미치가 협상한 결과, 간호사가 동반하고 두 시간 이내라는 조건으로 허락이 떨어졌다.

나호의 수기에는 아사노와 만났을 때의 모습이 이렇게 적혀 있다.

"절 뒤편에 차가 세워지고, 휠체어에 탄 제가 내리자 삼촌이 달려와서 눈물을 참으며 '용케 살았구나'라고 말해주었습니다. 삼촌을 포함한 네 남자가 절의 자갈밭에서 제 휠체어를 들고 입구까지 데려다주었습니다. 아버지가 손수건으로 입을 막고 '미안테이. 참말로 미안테이'라며 제게 사과했습니다. 저야말로 두 분과 함께 있었는데도 저 혼자 살아남았다는 죄책감 때문에 '미안. 나만 살아서……'라고 대답했습니다. 아버지는 '니조차 없었으면 내가 우째 사노'라며 울먹였습니다."

관 속의 어머니를 대면하고 30분 동안 곁에 있던 나호는 장례식이 시작되기 전 병원으로 돌아가 긴 입원과 재활에 들어갔다.

내가 본 아사노의 위태위태한 모습은 그 직후에 나타났다.

"나호에게는 미안하다는 생각밖에 안 들었어. 얼굴을 봤을 때, 그 말밖에 안 나오더라고. 내가 작은어머님 문병을 가달라고 한 탓에, 캐나다에서 귀국해 새로운 생활을 시작하려던 애한테 그런 일을 당하게 했으니까."

사고 후 "오감이 사라진 것처럼 아무 생각도 들지 않았다"던 상태 속에서 자책과 후회의 아픔으로 기억에 남은 몇 안 되는 장면 중 하나다.

한편 분노와 함께 뇌리에 선명하게 새겨진 일도 있다.

28일 고별식이 시작되려던 저녁 무렵이다. JR의 비서실장이라는 남자가 왔다. 난야 쇼지로 회장이 조문을 왔다고 한다. 건물 입구로 나가자 흰머리가 난 작은 체구의 남자가 기다리고 있었다. 아사노와 비슷한 연배로 보였다. "이번 일은 정말 죄송합니다"라고 말하며 고개를 숙였다. 틀에 박힌 사죄의 말을 들으며 건성으로 대답하자, 난야는 이렇게 말했다.

"앞으로 또 보상 문제도 있으니까요."

귀를 의심했다. 생각보다 먼저 말이 튀어나왔다.

"지금 뭐라 캤노. 다시 말해보이소."

장례식에서 처음 만난 자리였다. 그런 사고를 일으킨 기업의 회장이, 아내를 죽인 가해자의 대표가, 사죄와 조의는 형식적으로 입에 담으면서 보상과 합의 얘기를 꺼내다니. 도대체 무슨 생각인가? 얼마나 몰상식한 인간인가? 분노를 참을 수 없었다.

"뭐 하러 왔노? 그런 소리 하러 왔나? 돌아가이소. 장례는 됐으니까 돌아가이소."

갑자기 분기탱천한 아사노의 기세에 당황한 난야는 "아니, 그게 아니라……"라며 고개를 숙였고, 수행하던 직원들도 얼어붙었다. 아사노는 발걸음을 돌렸다. "앞으로 사고 관련 자료들은 이것저것 요구할 거니까 준비해두이소"라는 말을 남기고서.

그때 일을 회상하는 아사노의 표정은 지금도 굳어 있다.

"틀에 박힌, 형식적인 사죄만 하면 될 줄로 생각했을 거야. 심각한 표정으로 고개만 숙이면 빨리 보상 협상에 들어갈 수 있을 거라고. 귀찮은 일은 빨리 해치우자고. 그런 생각이 빤히 보이는 태도였어. 그렇지만 상식적으로 사람으로서의 감정이 있다면, 자기네가 죽인 피해자 장례식에 온 경황 중에 어떻게 그런 말을 할 수 있어? 자기네가 얼마나 큰 사고를 일으키고, 얼마나 많은 사람의 목숨과 삶을 빼앗았는지,

그 사람은 아무것도 모르고 있다는 게 확실했어. 내가 왜 화를 냈는지도 모를 거야.

아마도 그 사람은 그때까지 그래왔고, 그 회사에서 그렇게 출세했겠지. 그렇지만 나로서는 이렇게 몰상식하고 치졸한 인간을 회장으로 둔 조직이 아내를 죽였나 싶어서…… 너무 부조리했어. 그때부터 이 사고의 부조리함을 직시하고, 왜 그런 일이 있었는지 생각하게 됐지."

JR 서일본이라는 조직에 대한 아사노의 첫인상이었다.

말로는 "성의 있는 사죄" "100퍼센트 회사 책임"을 입에 담으면서 실제로는 피해자가 겪은 상실과 괴로움은 이해하려 하지 않고, 회사의 논리와 조직 방어만 우선시했다. 아사노는 그 뒤로도 몇 번이나 간부들의 치졸한 대응에 분노하고 또 혀를 차게 된다.

고독과 자포자기

요코라는 토대를 잃은 집에는 아사노와 아들 야사히토, 아흔 살 가까운 아버지, 이렇게 남자 셋과 요코가 귀여워하던 반려견 쿠키가 남았다. 오사카에 사는 장녀 미치는 세 아이를 돌봐야 하는 데다 여동생 나호의 입원생활을 뒷바라지해야 해서 친정에 자주 올 수 없었다. 친척들이 가끔 오긴 했지만, 늘 신세를 질 수는 없었다.

요리를 좋아하는 야사히토가 식사를 담당했지만, 그 역시 일을 해야 했다. 가사를 분담하려 해도 아사노는 할 수 있는 게 없었다. 집 안 어디에 무엇이 있는지도 몰랐고, 장을 어디서 봐야 하는지, 세탁과 청소는 어떻게 해야 하는지도 몰랐다. 아버지를 돌보고 가계를 꾸리는 일, 정원 손질이나 개 산책…… 아내가 전담했던 일들이 집 안 곳곳에 널려 있었다.

집안 대대로 내려오던 도편수로서 한때 많은 장인을 거느렸던 아버지도 체력이 쇠해 있었다. 원래 과묵했던 성격이었기에 거의 대화를 나누지 않았다. 아들과도 최소한의 연락만 주고받았을 뿐, 사고에 관한 이야기는 나누지 않았다. 이야기를 꺼내면 괴로울 뿐이었다. 스스로가 비참했다. 그 이야기는 꺼내지 않는 게 서로를 위한 배려였을 것이다.

가족을 이어주던 아내라는 실이 끊기자 각자 구슬처럼 흩어졌다. 아내의 존재가 얼마나 컸는지, 자신이 얼마나 아내에게 의존했는지 알고 있다고 생각했는데 다시금 절감했다.

몽유병과 같은 상태로 2주가 지나고 5월 초의 연휴가 끝나자 아사노는 업무에 복귀했다.

사무실에는 할 일이 산더미처럼 쌓여 있었다.

예를 들면 아마가사키 공해 소송 사후 처리 문제, 시내 공장의 매연과 국도 43호선, 한신 고속도로의 배기가스로 인해 1만 명 이상이 천식을 일으킨 대규모 공해 소송에 아사노는 관여하고 있었다. 1984년 소송을 제기해서 2000년에는 화해가 성립됐지만, 원고인 환자들과 정부, 기업 사이에서 교통량 규제와 환경 개선을 위한 협의는 현재진행형이었다. 환자들의 요양과 아마가사키 재생 프로젝트 역시 병행해서 이뤄지고 있었다.

고베 대지진 복구와 도시 재생도 끝나지 않았다. 사고 전날 고베시 스마구 지토세 지구의 사업은 일단락되었지만, 자치회나 커뮤니티 센터 운영은 이제 겨우 시작되었던 터라 조직을 꾸리고 대화를 진행할 일이 남아 있었다. 그 옆 동네 나가타長田구에서는 복구 계획을 추진하기 위해 땅주인들의 허가를 받을 필요가 있었다. 원래는 다른 컨설턴트가 담당하던 지역이었는데, 잘 되지 않아서 아사노에게 맡겨진 사업이었다.

매주 나라奈良대학에서 담당하는 강의도 있었다. 현대의 국토 개발을 개관하고, 대도시와 지방 농촌의 변화를 다루면서, 재해와 공해의 역사도 살펴보고 일본의 지방 정책을 논하는 수업이었다. 그렇게 큰 주제의 수업을 맡게 된 것은 아사노가 그때까지 도시계획 사업들과 재해, 공해 재생 프로젝트 등의 풍부한 경험으로 잘 알려져 있었기 때문이다.

사고로 아내를 잃었다고 해서 그러한 일들까지 그만둘 수는 없었다. 무엇보다 그 자신이 일상을 회복하고 싶었다. 일에 몰두하면 절망의 구렁텅이에서 어떻게든 빠져나와 아내가 없는 생활을 시작할 디딤돌이 될 수 있을 것 같았다. 스스로를 격려하는 심정으로 밖에 나가서 적극적으로 다른 사람들을 만나려 했다.

그러나 주변 사람들은 티가 나게 난처해했다. 일 때문에 만나는 사람들, 공해 문제나 지진 복구 문제를 함께해왔던 동료들, 사무실 직원, 이웃 주민 모두 사고 이야기를 입에 담지 않았다. 일 이야기를 하면서도 사고 이야기를 피해가려는 배려가 느껴졌다. 당연하다. 얼마나 큰 사고가 벌어졌고, 유가족과 피해자들이 얼마나 힘들고 가혹한 상황에 처했는지 언론 보도를 통해서 알고 있었을 테니, 아사노의 심정을 헤아리면 쉽사리 입에 담을 수 있는 문제가 아니었다. 아니, 나 자신도 그랬듯이 무슨 말을 해야 할지 몰랐을 것이다.

"화산 분화구에 남겨진 기분이었어."

아사노는 그렇게 회상한다.

"오하치메구리お鉢巡り•라는 게 있잖아. 그거야. 산 정상의 분화구에 나 혼자 서 있고, 몇백 미터 떨어진 곳에서 사람들이 나를 내려다보고

있어. 모습은 보이는데 목소리는 들리지 않아. 표정도 잘 모르겠어. 그런 고독한 상태에 놓인 느낌이었어. 나는 발을 잘못 디뎌서 용암 속에 떨어질지도 모르고, 갑자기 분화하면 날아갈지도 모르고, 그런데 아무도 도와주지 않아. 손을 뻗어도 닿을 수 있는 거리가 아니었어."

그러한 고독은 스스로가 만들고 있는 측면도 있었다. 위로의 말을 듣기도 했지만 순순히 받아들일 수가 없었다.

"아내와 친했던 분이 '힘드시죠. 도움이 필요하면 무슨 일이든 말씀하세요'라고 전화를 걸어왔는데, 그게 참을 수 없이 허망하더라고. 너무 형식적이고 표면적으로 들려서 속으로 반발했지. 알지도 못하면서 함부로 말하지 말라고. 그럼 밥이라도 해줄 수 있냐고. 이불이라도 빨아줄 수 있냐고.

평온하게 살고 있는 사람들에 대한 질투심 같은 거였지. 아내를 그렇게 잃은 사람의 심정을 누가 알겠느냐는 거부감도 있었고, 내가 무슨 나쁜 짓을 저질렀나 싶고, 운명을 저주하는 생각도 들었어. 그런 게 전부 뒤엉켜서 나 자신이 벽을 만들고 거리를 두게 됐어. 제발 나 좀 가만히 내버려두라고 말이야."

지금은 이렇게 당시의 자신을 객관적으로 돌이켜보고 심정을 말로 표현할 수 있다. 그러나 "분화구"에 홀로 서 있던 당시에는 도저히 감정을 제어할 수 없었다. 견디기 힘든 상실감에 괴로워하면서 절망과 자책감에 시달렸고, 갑자기 격한 감정이 들기도 했다. 영원히 계속될 것

● 후지산에서 화산 분화구를 한 바퀴 도는 관광 코스.

같은 정신적 방황이었다. 아무리 괴로워해도 마음은 텅 비었고, 시간은 멈춘 듯했다.

밤에 잠들기 전, 눈을 감으면 우주의 허공에 내던져진 기분이었다. 꿈은 전혀 꾸지 않았다. 그런가 하면 일하거나 운전할 때 불현듯 현실과 환상의 경계가 애매한 몽상에 빠져들곤 했다.

절벽에서 아내가 소중히 여겼던 개를 낭떠러지 아래로 내던지는 자기 자신. 거대한 빙하의 크레바스에 소리도 내지 못하고 추락하는 자기 자신. 마음속에서 솟구치는 어찌할 도리가 없는 파괴 충동과 모든 것을 감싸는 허무감이 백일몽의 형태로 몇 번이고 나타났다.

"내 존재를 부정하고 싶다. 이 몸을 없애고 싶다. 아내와 함께했던 나날도, 사고도, 앞으로의 인생도 아무것도 생각하지 않으면 편할 것 같았어. 그런 생각이 솟구치는 걸 멈출 수 없었지."

사고가 있고 나서 처음으로 나라대학에 강의하러 간 날을 지금도 선연히 기억한다.

오사카에서 이코마산을 넘는 고갯길을 자동차로 달리고 있었다. 덤프트럭 뒤에 붙어 몇 번이나 커브를 지났다. 눈앞에서 점멸을 반복하는 빨간 후미등에 어느샌가 의식이 빨려들어갔다. 이대로 핸들을 꺾지 않으면 어떻게 될까? 브레이크 대신 액셀을 밟을까? 그것도 좋을 것 같다. 어차피 살아 있어봤자 별다른 도리가 없다. 인생에서 괴로움 말고 무엇이 남았단 말인가?

"당시 심정을 한마디로 말하면…… 자포자기겠지."

유가족의 사회적 책임

아사노가 고뇌와 방황에서 헤어나지 못하는 동안 JR은 사고 복구와 운전 재개를 위해 분주히 움직이고 있었다. 아사노는 사고 직후 JR 내부에서 무슨 일이 있었는지 몰랐지만(자세한 내용은 제5장에서 다룬다), 보도 등을 통해서 듣는 것만으로도 거대 조직의 혼란과 그 배경의 문제가 보이는 것 같았다.

탈선 사고 당일인 25일 오후, 사고로부터 6시간이 지난 기자회견에서 JR의 무라카미 쓰네미村上恒美 안전추진부장은 현장 커브에서 돌이 부서진 것 같은 흔적이 발견됐다고 발표했다. "사고와의 인과관계는 알 수 없다"라고 말했지만, 선로에 부착된 하얀 가루 사진을 들고 누군가가 선로에 놔둔 돌이 사고 원인일 가능성을 시사했던 것이다. 또 "이론적으로 현장 커브에서는 시속 133킬로미터가 되었을 때 탈선 가능성이 생긴다"라고도 설명했다. 시속 133킬로미터는 사고를 일으킨 207계통 차량의 최고 속도를 넘기 때문에 과속에 의한 탈선 가능성은 낮다고 시사한 것이다.

누군가가 돌을 놔둔 게 원인이라는 설은 사흘 뒤인 28일 국토교통부의 항공·철도사고조사위원회가 "돌이 부서진 흔적은 선로의 돌과 같은 성분이었기에 외부에서 누군가가 넣었다고 보기 힘들다"라고 부정할 때까지 계속되었다. 이론상의 탈선 속도는 승객이 없는 상태를 염두에 두었고, 바람 등의 기상 조건도 계산하지 않았던 것이 밝혀졌다. 안전추진부장은 "선입견을 갖게 해서 죄송하다"라며 사과했다.

은폐 공작이나 수사 방해로도 비칠 수 있는 이러한 발표는 정부와 사고조사위원회에 큰 불신을 남겼다. 기타가와 가즈오北側一雄 국토교통부 장관은 "그 단계에서 부정확한 발표를 한 것은 문제가 있다"라며 불쾌감을 드러냈다. 장관은 JR에 수사에 전면적으로 협력할 것, 조속히 '안전성 향상 계획'을 마련할 것, ATS(자동 열차 정지 장치)의 신형 버전인 ATS-P 설치를 전제로 운행을 재개할 것 등을 지시했다. 원래 안전추진부장은 "신형 ATS가 운전 재개의 조건은 아니다. 당분간 설치 공사는 하지 않겠다"라고 회사 방침을 밝힌 바 있다. 그러나 장관의 발언이 있고 나서는 "5월 3일부터 신형 ATS 공사를 하겠다"라고 수정하는 해프닝이 있었다.

간부들만의 문제가 아니었다. 사고 이후 일주일이 지날 무렵부터 일선 직원들의 무책임한 행동이 보도를 통해 밝혀졌다.

사고가 난 열차에는 출근하던 JR 운전사 두 명이 승객으로 타고 있었다. 탈선 사고 직후, 각각 소속된 구역에 전화로 보고를 했다. 그러나 당직 계장은 본인의 부상 여부와 대체 교통수단을 확인하고는 "늦지 않게 출근하도록" 지시했다. 두 사람은 구조활동에 협조하는 대신 현장을 떠나 통상적인 업무를 했다.

구조활동이 계속되던 사고 당일 오후에 오사카에서는 직원 43명이 볼링 대회를 열었다. 그 사실이 언론에 보도되자 JR은 자체 조사를 했다. 그 결과, 인근 지구에서도 사고 사실을 알면서 골프 대회와 회식 등을 열었고, 관리직 94명과 일반 직원 91명이 참가했던 사실이 드러났다.

기자들의 추궁에 안전추진부장은 "불행히도 철도원으로서의 기본이 안 돼 있다. 프로 의식이 없다"며 기어들어가는 소리로 말했다. 가키우치 다케시 사장은 "일련의 부적절한 사태는 사회인으로서도, 철도인으로서도 사려와 배려가 부족한 행동으로 깊이 반성합니다. 앞으로 조직 개혁을 위한 교훈으로 삼겠습니다"라며 담화 발표를 했다.

아사노는 이러한 언론 보도를 일일이 주의 깊게 듣지는 않았다. 그러나 사고 후에 접한 JR 간부들의 인상을 통해 그러한 조직이라는 사실을 느끼고는 있었다.

"한마디로 그 사람들은 사고를 일으킨 당사자라는 의식이 없어. 승객의 안전을 자신들이 지켜야 한다는 자각이 없거든. 그저 자기네 조직과 이익만 지키고 싶으니 외부에 책임을 전가하려 하거나 운전사 개인의 실수로 처리하려 한 거지. 꼭대기부터 말단까지 그런 조직이 된 거야. 그래서 간부들이 교대로 우리 집에 와서 아무리 사과의 말을 늘어놔도 하나도 와닿지가 않아. 정말 죄송하다는 인간적인 감정도, 앞으로는 절대로 안전을 최우선시하겠다는 의지도 느껴지지 않거든."

6월 초순에 가키우치 사장이 처음 집으로 찾아왔을 때의 일을 아사노는 기억한다.

현관에서 뭐 하러 왔냐고 묻자, 사장은 "사과드리러 왔습니다"라고 대답했다. "우리 집 피해 상황을 얼마나 알고 있느냐"라고 묻자 기본적인 사항은 파악하고 있는 것 같았기에 집에 들였다. 무슨 사과를 하는지 들어보기나 하자는 심정이었다.

그 직전의 5월 말, JR은 A4 용지 19장짜리 안전성 향상 계획서를 국토교통부에 제출했다. 거기에는 사업 운영에 여유가 없어서 안전 관리가 형식적이었다. 감점 위주의 평가가 실수를 감추는 풍조로 이어졌다. 경영자가 일선 상황을 잘 모르고 일선 직원들끼리도 소통이 원활하지 않았다. 전례를 중시하고 부서 간 소통이 이뤄지지 않아서 사고 대책이 대증요법에 그쳤다는 반성이 있었다. 그리고 운전사의 새로운 연수 시스템과 적절한 재교육, ATS-P 설치 등 안전 설비 강화, 소요 시간과 제한속도 등 시간표 조정, 안전자문위원회 설치, 안전추진부 기능 강화 등의 대책도 열거했다.

"국철 시절의 반성●으로 진행했던, 신상필벌을 기본으로 한 직장 관리가 사고 대책 검토 때는 개인의 책임을 중시하는 풍조를 낳고 말았다. 그 때문에 작업 환경과 설비 조건 변화 등 사고 배경을 분석하기 어렵게 했다."

이러한 말로 사고 직후부터 비판을 받았던 일근교육에 대한 반성을 추측게 하는 문장도 있었다. 말미에는 회사의 '헌법'에 해당되는 경영 이념도 재고하겠다는 언급이 있었다. 이렇게 심도 있는 내용이 된 이

● 노조의 영향력이 강했던 민영화 이전의 국철은 직원들의 기강 해이로 악명 높았고, 민영화의 명분이 되었다.

유는 처음에 작성했던 계획서를 국토교통부가 "책임 회피" "변명밖에 없다"라고 반려한 뒤 다시 만들었기 때문이다.

계획서 제출 이후의 기자회견에서 "개인적으로는 80, 90점은 주고 싶다"라고 자화자찬했던 가키우치에게 아사노는 물었다.

말은 좋다. 그런데 정말 이 대책이 몇 년 안에 실행 가능한가? '헌법' 같은 경영 이념만으로 일상적인 운행의 안전이 지켜지는가? 아니, 사고 조사는 시작도 안 했고, 원인도 파악하지 못했는데 어떻게 80, 90점이라고 장담하는가? JR은 사고를 검증하고 유족과 사회에 설명할 의무가 있지 않은가?

아사노는 JR에 진정성이 어느 정도 있는지 물은 것이었다. 운행 재개를 서두르기 위해서 "안전제일"이라는 미사여구만 늘어놓고 있는 게 아니냐고 말이다. 사고 이후 후쿠치야마선의 다카라즈카-아마가사키 구간은 운행이 중단된 상태였고, 손실이 하루 2500만~3000만 엔에 이른다고 들었다.

아사노의 물음에 가키우치는 제대로 대답할 수 없었다. 장례식 날의 난야와 마찬가지로 형식적 사과만 입에 담았을 뿐, 그 뒤로는 무슨 말을 해야 할지 모르는 것처럼 입을 다물고 말았다. 아사노에게는 의지가 없는 로봇처럼 보였다.

아사노의 의혹은 2주 뒤에 확신으로 바뀐다. 6월 18일, 다카라즈카의 호텔에서 JR이 최초로 연 유가족 대상 설명회에서의 일이었다.

처음에 가키우치는 유가족과 부상자에게 사과하고, 사고의 모든 책임이 JR에 있으며 안전을 최우선으로 조직 개혁을 하겠다는 결의를 밝혔다. 이어서 현시점에서의 사고 상황과 안전성 향상 계획을 설명했다. 그리고 "100퍼센트 저희 책임이니 성심성의를 다해 대응하겠다"라며 보상 방침을 밝혔다. 국내에서 발생한 사고 사례를 바탕으로 일반적인 손실 비용이나 장례 비용을 더하고, PTSD(외상 후 스트레스 증후군)도 대상으로 삼으며, 유자녀에 대한 장학금 창설도 검토한다는 내용이었다.

그러나 문제는 따로 있었다. 운행 중단 중인 구간을 이튿날인 6월 19일부터 재개하겠다고 가키우치가 밝힌 것이다. 그 사실을 처음 발표한 14일의 기자회견에서 가키우치는 "운행 재개는 많은 유가족, 부상자분의 이해를 얻었다"라고 말했다. 아사노가 질문을 던졌다.

"많은 유가족이라면 얼마나 되는 겁니까? 어떻게 확인한 겁니까? 적어도 우리는 들은 적이 없는데요."

동조하는 목소리가 이어졌다. "듣기는 했지만 허락한 적은 없다"라고 말하는 사람도 있었다. "오늘 설명하고 내일부터 재개한다는 건 결론을 미리 정해놓은 것 아닌가?" "먼저 언론에 발표하면 우리가 아무 말도 못 하리라고 생각한 거냐"라는 반발도 있었다. 이어지는 비판에 대해 가키우치는 대답도 못 하고 당황했다. "인근 주민들이 운행 재개를 원하고 있어서, 부디 이해해주십시오"라며 고개를 숙일 뿐이었다.

아사노는 말한다.

"나는 운행 재개를 반대한 게 아니야. 노선을 이용하는 주민들을 위해서라도 가능한 한 빨리 복구하는 게 좋다는 생각은 했어. 열차 시간표에 여유가 있는 주말에 재개하는 게 낫고, 23일에는 JR 주주총회가 있어서 일요일인 19일이 유력하다는 얘기도 신문에서 읽었어. 그렇지만 '많은 유가족의 이해를 얻었다'라는 엉뚱한 소리는 용서가 안 됐어. 나는 아무 설명도 못 들었거든.

결국 '안전 최우선'도 '성심성의를 다한 대응'도 빈말일 뿐이고, 빨리 운행을 재개하고 싶은 속마음이 빤히 보였지. 피해자를 경시하고 입으로만 안전을 말하는 자세를 비판한 거야. 조직 개혁이니 뭐니 해도 뭐가 바뀌겠냐고."

설명회가 끝난 뒤, 가키우치에게 다가간 아사노는 손으로 쓴 메모를 전했다. 사고 후 언론과 전문가들이 지적한 조직적·구조적 요인을 밝히라고 요구하는 내용이었다. 쟁점은 네 가지였다. 징벌적인 일근교육, 여유가 없는 철도 시간표 편성, ATS-P 미설치, 회사 전체의 안전 관리 체계.

아사노의 메모는 우선 그 문제에 대해 JR의 견해와 납득이 가는 설명을 요구한다는 내용이었다. 아사노가 "사고 원인 4항목"이라 부르는 이 메모가 JR과 두고두고 대치하는 주요 쟁점이 된다.

설명회를 빠져나온 아사노는 기자들에게 둘러싸였다. 질문에 대답하다가 무심결에 이런 말이 나왔다.

"사고를 교훈 삼아 JR은 자기네가 일으킨 사고를 진지하게 반성하고 원인을 검증해야 한다. 그리고 그 결과를 유가족, 피해자에게 제대로 설명할 책임이 있다. 그것을 요구하는 게 우리 유가족들의 사명, 사회적 책임이라 생각한다. 개인적으로도 아내를 생각하면 쉽게 물러설 수 없다."

유가족의 사회적 책임. 아무 잘못도 없이 일방적으로 가족을 빼앗기고 절망의 구렁텅이에서 허우적거리는 사람에게 무슨 "책임"이 있을 수 있단 말인가? 자신이 그런 책임을 짊어져야 한단 말인가? 자기가 한 말이었지만, 이해가 되지 않았다. 그러나 아사노는 무심결에 입에 담은 그 말 덕분에 훗날 자신이 해야 할 일, 나아가야 할 방향을 찾게 된다.

운전사를 포함해 사망자 107명, 부상자 562명이라는 JR 사상 최악의 피해를 낸 후쿠치야마선 탈선 사고로부터 55일이 지난 6월 19일, JR은 다카라즈카-아마가사키 구간의 운행을 재개했다. 회사의 발표에 따르면 그 기간에 운행이 중단되었던 전철은 2만1201편으로, 연인원 542만7000명의 승객에게 불편을 끼쳤다. 이 기간에 감소한 수익은 약 15억 엔으로 추산되었으며, 대체 수송을 담당했던 한큐 전철에는 약 8억 엔, 고베 전철에는 약 1억 엔을 지불했다.

제 2 장

연대

―――

기술자의 원점

지원자가 피해자가 됐다.

후쿠치야마선 탈선 사고 이후의 변화를 말할 때, 아사노는 그렇게 표현한다.

사고 '유가족'이라 불리는 당사자가 되면서 인생 그 자체였던 '일'을 되돌이켜보지 않을 수 없게 되었다. 자신은 지금까지 대체 무슨 일을 했던 것일까? 도시계획 전문가로서, '기술자'로서 자연재해와 공해로 인해 피해 입은 사람들을 지원해왔다고 생각했다. 그러나 정말 그 사람들을 이해하고 있었을까?

자포자기와 절망의 심연 속에서 그런 의문이 들었다.

어느 날 갑자기 자신에게 들이닥친 힘든 현실을 어떻게 받아들여야 할까? 이 사고를 단순히 "운이 없었다"라는 말로 끝내지 않기 위해서 무슨 일을 해야 할까?

우선은 사고의 진상과 원인을 규명하는 일이 먼저다. 왜 아내와 여동생은 목숨을 잃었고, 딸은 죽을 만큼의 중상을 입어야 했는가? 자신과 가족은 왜 이런 고통을 떠안게 되었는가? 경찰의 수사와 사고 조사를 기다리는 게 아니라 가해자 JR이 사고를 반성하고 피해자에게 설명하도록 만들어야만 했다. 가해 기업이 책임을 지는 것이야말로 첫걸음이었기 때문이다.

사고 후 10여 년에 걸쳐 JR에 맞서게 되는 아사노의 행동과 사고, 그리고 분노와 억울함을 참으며 대화를 요구한 태도를 이해할 만한 단서는 그가 그때까지 걸어온 인생, 그리고 활동에서 찾을 수 있다.

다소 길지만, 아사노의 인생 역정을 돌이켜보고자 한다.

앞 장에서도 언급했듯이 아사노의 집안은 대대로 목공 일을 하는 가문이었다. 아사노가 나고 자란 다카라즈카의 오바마 지구는 예부터 역참이 있던 곳이어서 목공과 미장이가 많았다. 에도 중기에는 절과 신사의 건축이나 보수를 맡는 몇몇 장인 집단이 생겼다. 현재의 이타미시와 가까운 아구라 마을에 "다이야大彌"라는 호를 쓰던 "아구라 목공" 아사노 가문도 그중 하나였다.

향토 역사가에 따르면 다카라즈카, 이타미, 니시노미야 인근 지역의 축제에서 사용된 다시山車,● 유명한 절의 산문, 촌장의 저택 등에 아사노 가문 선조들의 이름이 남아 있다. '麻野'와 '淺埜'●● 등의 한자를 혼용한 시대도 있었는데, 에도 말기에 증조부가 '淺野'라는 한자를 성으로 삼고, '야彌'라는 한자를 이름에 사용하기로 했다.●●● 아사노 가

● 일본의 전통 축제에서 사용되는 장식용 수레.
●● 둘 다 "아사노"라는 발음이다. 전근대 일본의 평민들 사이에는 성姓이 확립되지 않았기 때문에 발음이 같은 한자를 혼용하는 일이 종종 있었다.
●●● 할아버지나 아버지의 이름에 있는 한자를 기피하는 한국과 달리 일본에서는 대대로 같은 한자를 물려주는 것을 뼈대 있는 집안의 상징으로 여긴다.

문은 증조부가 야이치彌一, 할아버지가 야사부로彌三郎, 아버지가 야이치로彌一郎, 그리고 야사카즈로 이어진다. 야사카즈가 태어난 것은 1942년 3월이었다.

어릴 적부터 장인들이 시도 때도 없이 들락거리는 집에서 자랐다. 가업을 잇겠다는 명확한 의지는 없었지만, 자신도 언젠가는 건축과 관련된 일을 하게 되리라는 막연한 생각은 하고 있었다. 고베대학 공학부 건축학과에 진학하고, 대학원을 나온 뒤 1급 건축사 자격증을 딴 것도 자연스러운 일이었다.

그러나 어릴 때부터 시력이 극도로 나빠서 세세한 도면을 보기가 힘들었다. 그리고 전쟁이 끝난 뒤, 도시 정비와 지역 개발이 화두로 떠오른 시대적 배경도 있어서 당시 주목받던 도시계획을 전문으로 하게 되었다. 개별적인 '작품'으로서의 건축물을 설계하는 것보다 사회와의 관계가 더 깊은 분야였기에 아사노의 성향과도 맞아떨어졌다.

1961년 대학에 입학했고, 1967년에 대학원을 졸업했다. 이듬해 교토의 도시계획 컨설팅 회사에 들어갔다. 고도경제성장과 국토 개발의 시대였다.

소득배증계획●에 촉발되어 1962년에 책정된 전국 종합 개발계획은 "지역간 균형 발전"을 내세우며 태평양 벨트 지역을 시작으로 전국 각지에 신산업도시라는 이름의 공업지역을 만들었다. 1969년의 신新전국 종합 개발계획은 신칸센과 고속도로 등의 교통망 정비, 대규모 공업

● 1960년, 이케다 하야토가 총리가 되면서 국민의 소득을 두 배로 올리겠다고 선언했고, 고도경제성장이 시작되었다.

지대의 개발을 가속화했다. 대도시에 집중된 인구를 수용하기 위해 구릉과 산림을 개척했고, 대규모 뉴타운 건설이 급속히 진전된 시대였다.

아사노 역시 20, 30대에 정부와 지자체의 발주를 받아 여러 개발 계획과 조사에 참여했다.

대학원 때는 고베의 산노미야 역 앞의 재개발과 니시진西神 뉴타운 건설 계획의 시안을 그렸고, 국철 롯코미치 역의 고가화 조사도 했다. 7년간 살았던 교토에서는 난항을 거듭한 교토시 지하철 도자이선 구상, 교토 서부와 시가현 호남湖南 지구의 뉴타운 개발, 국철 야마시나 역 일대의 재개발 등의 대규모 프로젝트부터 비와호 주변과 오키섬 등의 작은 마을 개발까지 폭넓은 분야를 담당했다.

고도경제성장의 최전선에서 도시와 지역의 미래를 그리는 일은 보람 있었다. 당시 유행했던 "과학기술입국"의 일익을 담당하고 있다는 자부심도 있었다. 한편 점점 의문도 생겼다. 도시계획은 무엇을 위한 것일까? 자신은 누구를 위한 일을 하고 있는 것일까? 청년다운 이상주의였지만, 동시에 개발과 공업화의 부정적 측면이 드러나 경제성장에 그림자가 드리우기 시작했던 1970년대 전후의 시대적 영향도 있었다.

"대학을 다닐 때나 일을 갓 시작했을 때는 개발만 쫓던 시대였고, 나도 의문을 갖지 않았어. 산을 깎고, 바다를 메우고, 도시에서는 땅을 사고, 사람들을 쫓아낸 뒤에 선을 긋고, 도로를 내고, 집을 짓고…… 정부 방침만 따라서 계획을 세웠던 거지. 물론 그것도 사회 전체의 생활 환경을 향상시키고 안전과 편리함을 충족시키기 위해서 필요한 일이긴 했어. 우리는 그렇게 믿으면서 조사를 하고 계획을 세웠던 거야. 그렇지만, 말하자면 요식행위로 정리해서 정부, 지자체에 넘기면 끝. 거기에 주민의 관점이 전혀 없다는 걸 점점 느꼈어.

도시계획 때문에 생활과 직장의 환경이 갑자기 변하고, 때로는 불이익을 당하는 사람도 있지. 그런데 그 사람들은 아무 말도 못 해. 말할 방법이 없는 거야. 애초에 정보가 없으니까 무슨 말을 해야 할지 몰라. 계획을 진행하는 쪽은 설명도 제대로 하지 않고 땅을 내놔라, 정해진 대로 따르라고 말하지. 그게 최선일까?

도시계획은 원래 주민을 위한 것이어야 하는데, 언제부턴가 계획을 실행하는 것 자체가 목적이 된 게 아닐까? 정부가 정한 도시계획의 한계가 아닐까? 그런 의문을 떠올리다가 점점 내가 하고 있는 일이 자기만족에 지나지 않는 것 같다는 생각이 들었어."

그러다 직장 동료의 소개로 '국토문제연구회'라는 스터디 그룹에 참가하게 된다. 토목, 건축, 방재, 기상, 지질, 환경, 에너지, 교통, 농림수산 등 다양한 분야의 젊은 연구자와 기술자들이 모인 스터디 그룹이었다. 거기서는 활발한 토론과 공동 연구가 이뤄졌다. 아사노 역시 작업 틈틈이 그들과 함께 지방의 산간지역과 농어촌을 둘러보는 조사에 적극적으로 참여하게 되었다.

아사노의 전문 분야인 도시계획은 설계와 조사 등 순수하게 기술적인 부분도 있지만, 대부분은 매니지먼트와 컨설팅 업무였다. 전문가와 일반인 사이의 '통역', 혹은 분야가 다른 전문가들 사이의 '코디네이터' 역할이 필수였다. 두드러진 활약은 드물지만 보이지 않는 곳에서 관계자들을 조정하는 기획자의 수완에 사업의 진척과 성과가 달려 있다.

국토문제연구회의 활동은 기본적으로 수당이 나오지 않았다. 그러나 아사노는 그때의 경험을 통해 과학기술과 사회, 그리고 지역 주민들을 연결하고, 합의를 이끌어내는 능력과 관점을 얻게 되었다.

"당하는 쪽"의 논리

1960년대 후반, 재해와 공해 같은 고도경제성장의 그늘은 1970년대부터 1990년대에 이르기까지 곳곳에서 주민들을 압박했다.

오카야마岡山에서는 댐 건설이 강행되면서 마을이 물에 잠기자 노인들이 갈 곳을 잃었다. 나가노長野에서는 댐 건설로 인해 지반이 뒤틀리면서 사람들은 마을이 곧 붕괴될지 모른다는 불안에 떨었다. 효고에서는 강 주변의 약한 지반을 무리하게 개발한 탓에 주택가가 거듭 침수 피해를 입었다. 오사카와 기후岐阜에서는 공사의 영향으로 호우가 있을 때마다 하천이 범람해 주민들이 소송을 제기했다. 집중호우로 인한 토석류와 산사태로 300명 가까이 사망한 1982년의 나가사키長崎 수해는 도시의 취약성을 드러냈다.

국토문제연구회는 이러한 지역에서 주민과 지자체의 이야기를 듣고 해결책을 모색하는 활동을 했다. 1991년의 운젠산 분화● 당시에는 화쇄류와 토석류로 피해를 입은 지역을 10여 명의 회원이 몇 년에 걸친 조사 끝에 피해 회복을 위한 보고서를 작성했다. 아사노는 공영주택

● 1991년, 나가사키의 화산인 운젠산에서 분화로 인해 43명이 사망했다.

문제를 담당했다.

국토문제연구회의 기본적인 주장은 "전국적인 개발과 대기업 위주의 고도경제성장이" 빈번한 재해 발생의 근본적 원인이라는 것이었다. 거기에 동원되어 가담하게 된 과학기술자로서의 반성을 담았다. 국토문제연구회는 진정 지역 주민을 위한 과학기술을 실현하고자 다음과 같은 세 가지 원칙을 내세웠다.

첫째, 주민의 요구를 민주적으로 취합해서 상명하복이 아니라 하의상달로 움직이는 '주민주의'.

둘째, 지역의 역사, 사회적·경제적·문화적 조건을 충분히 반영한 '현지주의'.

셋째, 전문 영역의 지식을 바탕으로 상호 간 토론을 통해 진행하는 '종합주의'.

1976년, 국토문제연구회의 핵심 멤버가 된 아사노가 쓴 소논문 「주민 운동의 새로운 단계와 발전 탐구」에서는 당시의 시대 배경과 국토문제연구회의 활동 이념, 그리고 아사노 자신의 문제의식과 운동에 대한 생각이 드러나 있다. 예를 들어 다음과 같은 글이 있다(구두점 등을 추가하고 [] 안의 용어를 보완했다).

1970년대 들어서 국토의 총파괴라 해도 될 만큼 재해, 특히 하천 범람과 산사태 등이 빈발했다. 그로 인해 많은 이재민이 책임 소재를 사회적으로 밝히고자 피해 구제를 요구하며 법정에 소송을 제기했다. 그러한 법정 투쟁에 대한 협력 역시 최근 [국토문제연구회의] 특징이다. 기본적인 쟁점은 기업 측이 천재天災라고 주장하는 데 반해 국토문제연구회와 주민들은 인재人災라고 주장하는 대립이다. 그것은 재해를 기본적으로 이해할 수 없는 자연 현상으로 보는 인식과 사회 현상으로 보는 인식 사이의 대립이다.

이러한 상황에서 주민들이 주체적으로 자신들의 생명과 생활을 지키고 발전시키기 위해서는 다음과 같은 과제가 있을 것이다.

① 주민들이 지역의 관리자, 혹은 통치자로서의 주체성을 확립하고 과학적 견해를 바탕으로 학습과 연구를 통해 이론으로 무장할 것.

② 그 속에서 주민 모두가 의견을 함께할 수 있는 요구를 가능한 한 구체적으로 밝히고 그 달성을 위해 단결할 것.

③ 주민 운동의 방법에 대해서는 시기 등에 대하여 충분히 합의할 것. 이 경우 기업과의 투쟁을 위한 과제와 스스로의 운동을 위한 과제를 확실히 하는 것이 중요하다.

④ 지역 주민과 직접적인 관계를 가진 지자체(의 장)를 충분히 설득하고 지자체의 의원, 직원 등과도 연계해 함께 갈 수 있도록 할 것.

내용을 보면 알 수 있듯이, 국토문제연구회는 지자체나 대기업 같은 강자로부터 주민이나 노동자의 권리를 지키는 '주민 중심'의 지역 정책을 추진한다는 민주주의 가치관을 강하게 갖고 있었다. 아직 정치의 계절이 끝나지 않았던 시대다. 때로는 진보적 정치 세력에 접근해 함께 싸우는 일도 있었고, 그 일파로 분류되기도 했다. 그러나 아사노 자신은 정치에는 관심 없었고, 어디까지나 '기술자로서의 이상과 책임'

을 추구했을 뿐이다.

"나는 학생운동을 한 적도 없고 정치에 관심도 없었는데, 당시에는 '주민 중심'이라는 말만 꺼내도 반체제 운동 취급을 받았어. 경제단체 내부 문서에서는 주민 운동이 갈등을 조장한다고 몰아가기도 했지. 그래서 도쿄대학의 사회학자 마쓰바라 하루오松原治郎나 니타가이 가몬似田貝香門이 쓴『주민 운동의 논리住民運動の論理』, 저널리스트 혼다 가쓰이치本多勝一가 쓴『살해당하는 쪽의 논리殺される側の論理』를 읽고 대항 논리를 공부하기도 했어.

그리고 기술자로서의 내 위치를 주민, 더 정확히는 '당하는 쪽' 입장에 두기로 했어. 도시계획을 전공하면서 배운 기술이나 법 제도에 대한 지식은 먼저 주민들을 위해서 쓰기로 했단 말이지.

그렇다고 도시계획 자체를 무조건 반대하거나 감정적으로 운동을 한 건 아니었어. 물론 반체제나 이데올로기를 내세운 정치활동도 아니었고. 도시계획은 어디까지나 기술이니까 그 자체로는 옳고 그름이 없지. 주민에게 제대로 정보를 공개하고, 주민들의 요구와 권리를 반영하고, 정당한 절차와 목적으로 사용하면 되는 거야. 그럴 수 있도록 지원하는 게 우리 기술자들의 책임이라고 생각했던 거지."

앞서 소개한 논문에서도 아사노는 "주민 운동과 이인삼각으로 나아가는 과학기술자 운동"을 제창했다. 그러면서도 "안이한 법정 투쟁"이나 "무조건 반대만 외치는 투쟁"에 대해서는 의문을 제기했다. 그의 글과 말에서 그의 운동의 이론을 요약하면 다음과 같다.

지역의 복구와 개발은 주민이 중심이 되어야 한다. '당하는 쪽'의 목소리에 귀를 기울이고 그들의 권리와 요구를 사업 계획에 최대한 반영할 수 있도록 요구한다. 그러나 백지 철회만을 요구하거나 규탄 일변도의 운동이 되어서는 안 된다. 지자체나 기업과 반목하고 대화의 통로 자체를 닫아서도 안 된다. 끈질기게 자리를 지키며 협상과 설득을 통해 아군을 만들어야 한다. 그리고 합의점을 찾아야 한다. 그렇지 않으면 주민들이 사회로부터 고립되고 지칠 뿐이다. 운동은 협상 상대뿐 아니라 사회 전체를 대상으로 널리 호소하고 이해를 구할 수 있어야 한다.

이는 자연재해뿐 아니라 그가 관여한 두 건의 공해 소송(구라시키 공해 소송과 아마가사키 공해 소송)에서도 기본적인 태도였다.

지자체를 상대로, 고속도로 공단이나 대기업을 상대로, 혹은 동업자나 다른 분야의 전문가를 상대로 토론할 때에도 이런 '주민 중심' 원칙이 흔들리는 일은 없었다. 완고할 정도로 원칙을 내세우며 양보하지 않았다. 당연히 충돌도 잦았고, 백안시당하기도 했다. 어느샌가 "전투형 컨설턴트"라 불리게 된 것은 아사노가 일하는 방식에 대한 경의와 함께 두려움과 야유의 의미도 들어 있었다. 그러나 홀로 경력을 쌓아온 본인에게는 그것조차 '훈장'이었는지도 모른다.

지진 복구의 나날

주로 지자체 업무를 맡아 도시계획 컨설턴트를 본업으로 하면서 재해 복구를 지원해왔던 아사노에게 경력의 집대성이 된 사건은 1995년 1월 17일의 고베 대지진이었다.

나고 자란 고향이자, 집과 회사가 있는 동네이자, 지원자로서 관여했던 효고현 일대가 피해지역이 된 지진이었다. 30년 이상 전국의 피해지역을 다녔던 경험을 살려야 할 때가 온 것이다. 아사노 자신은 큰 피해를 입지 않았지만, 지원자 시절보다 훨씬 더 당사자에 가까운 처지가 되었다.

아사노는 몇몇 지역의 주택 재건과 도시계획을 담당했지만, 가장 규모가 컸던 것은 제1장에서 언급한 고베시 스마구 지토세 지구였다. 앞서 말했듯이 약 1200세대 중 90퍼센트 이상이 소실되고, 고령자를 중심으로 47명이 희생되었다. 지진으로부터 두 달이 지나고, 고베시가 결정한 도시계획 정리 사업의 대상이 되었다.

아사노가 맡은 일은 고베시가 작성한 복구 계획에 대한 주민들의 의견을 듣고 다른 견해나 요구가 있으면 원안에 반영해서 주민들의 제안을 정리하는 것이었다. 말하자면, 지자체와 주민 사이에서 양쪽 의견을 조율해 합의를 이끌어내는 코디네이터 역할이었다. 원래는 고베 시가 선임한 컨설턴트가 파견되었을 텐데 지토세 지구의 자치회장이었던 나베야마 요시쓰구鍋山嘉次가 거절하고, 대신에 알음알음 소개받은 아사노에게 의뢰했다.

"시에서 파견한 컨설턴트한테 맡기면 시의 계획을 그대로 받아들여야 하잖소. 우리 주민들한테는 형식적으로 설명만 하고, 겉으로 의견을 듣는 척만 하다가, 결국은 자기네 마음대로 할 거 아입니꺼. 그래서는 안 된다는 생각에 우리는 시에서 파견한 컨설턴트 대신 아사노 씨한테 부탁한 겁니데이. 여러 재해에서 주민들 편에 선 그 사람 경력을 들었다 아입니꺼."

아흔 살 넘어서도 여전히 정정했던 나베야마는 공교롭게도 국철에서 일한 적이 있다. 지토세 지구에서도 이름난 공장이던 국철 공장에 10대 때 들어가 차량 정비와 시설 보수, 특히 보일러 기술을 배웠다. 태평양전쟁에 소집되었다가 복직한 뒤에는 5년가량 차장 일도 했고, 그 후에는 오사카 철도관리국에서 자재 조달 일을 했다. 40년 이상 일한 국철을 정년퇴직한 것은 민영화 직전인 1986년이었다. 이후 몇 년간 관련 회사에서 근무했고, 고베 대지진 당시에는 자치회 활동에 힘을 쏟고 있었다.

지토세 지구는 케미컬 슈즈●로 유명한 곳이었다. 공정이 세세하게 나뉘어 있어 하청 작업이 공장에서 공장으로 이어지는 전형적인 동네

●　합성피혁으로 만든 신발.

였다. 약 2500명의 주민 대부분은 세 들어 사는 사람들이었는데, 지진이 일어나고 나서는 피난소, 가설 주택, 친척 집 등으로 흩어졌다. 아사노와 나베야마를 비롯한 자치회 임원들이 분담해서 연락처를 찾기 시작했다. 지진 후 6개월이 지난 여름 무렵부터 지구에서 동별로 모임을 갖고 복구 협의회를 설치했다. 그러나 대화 이전에 구획 정리란 무엇인가에 대한 주민의 이해를 구할 필요가 있었다.

"보통 주민들은 구획 정리 따위 모릅니다. 내도 마찬가지고예. 전문용어도 물론 들은 바가 없심더. 그래서 연일 동네마다 상담회를 열었는데, 지진의 충격과 앞날의 불안 때문에 살기등등했심더.

'그런 건 누가 정한 기고?' '느그는 시에서 보낸 스파이가?'라며 저랑 아사노 씨한테 호되게 항의합디다. '가설 주택 환경이 안 좋다. 어떻게든 해달라'고 상관없는 불만을 얘기하거나 술에 취해서 시비를 거는 사람도 있었심더.

내도 다혈질이라 '지금 뭐라 캤노? 다시 한번 말해봐라'라고 대꾸하기도 했지예. 시청에 가서 담당자한테 화를 내기도 해서 '귀신 나베야마'라 불렸다 합디다. 그런 때도 아사노 씨는 아무 말 없이 가만히 있었심더. 내가 너무 흥분하면 '마, 고마하이소'라고 제지했심더. 말투는 냉정해도 말에 무게랄까 박력 같은 게 있었지예. 내보다 한참 젊은데 말입니다."

지토세 지구의 복구 계획은 시가 세운 원안에 있던 공원과 도로를 어떻게 할 것인가가 문제였다. 그대로 진행하면 지토세 1번지가 통째로 사라지고, 간선도로 때문에 지역이 단절된다. 그러잖아도 구획 정리 때문에 길이 넓어진 곳에 공영주택을 세울 토지가 없어질 것이다. 그렇게 되면 대부분의 임차인은 못 돌아오는 것이 아닌가 하는 불안과 불만이 주민들 사이에 떠돌았다.

아사노는 이렇게 회상한다.

"처음에는 주민들 모임에 고베시 담당 직원도 왔는데, 그 사람들은 자기네 계획을 전제로 설명하거든. 내 역할은 주민들이 시에 유도당하지 않도록 막고, 주민들이 어떻게 하고 싶은지를 알아내는 것이었어. 그래서 직원한테 얘기했지. '당신들이 있으면 될 일도 안 됩니다. 당분간 오지 마이소. 사람들 의견이 모아지면 다시 부를게요'라고. '그럴 수는 없는데……'라고 내키지 않아했지만, 결국 돌려보냈어.

그렇게 시와 협상하면서 나베야마 씨와 함께 주민들의 불만 하나하나에 귀를 기울였지. 그리고 설득했어. 건물을 원래 장소에서 이동시키는 건 허락받지 않으면 진행이 안 되니까. 사이에 끼어서 힘들었지만, 나베야마 씨가 원래 주민들 리더였던 덕분에 어떻게 마무리하긴 했어."

고베시와 주민들 사이에서 몇 년에 걸쳐 협상을 거듭한 결과, 공원은 이전한 초등학교 부지에 만들기로 했다. 동네를 관통하는 간선도로를 만들기로 했던 것은 무산되고, 대신에 샛길이 갈래갈래 나게 되었다. 지진 피해가 크고 폐쇄가 결정된 JR 공장의 넓은 부지를 고베시가 사들여 재해 공영주택을 세우기로 했다. "한 명이라도 더 많이 돌아올 수 있도록" 해야 한다는 주민들의 의향을 받아들여 아사노는 고베시의 원안 대신에 복구 계획을 다시 짰던 것이다.

그럼에도 불구하고 주민들의 절반 가까이는 지토세 지구로 돌아오지 못했다.

주민 중심의 복구를 위해 최선을 다했다. 어느 정도는 성공했다. 그러나 충분하다고는 할 수 없었다. 달리 방법은 없었던가? 기술자로서의 책임은 다했는가? 아니면 이것이 도시계획의 한계인가? 아직도 부끄러운 마음이 남아 있다.

실은 나베야마 역시 지토세 지구로 돌아오지 못한 사람이었다. 지진이 있고 나서는 아이들이 사는 다른 구로 이사했고, 복구를 위해 지토세 지구를 오갔다. 아내는 이미 사망했고, 지금 그는 시영주택에 살고 있다. 살던 곳으로 돌아가지 못한 아쉬움은 있지만, 아사노에 대한 신뢰는 변함없다.

"내는 지금도 아사노 씨한테 부탁하길 잘했다고 생각합니데이. 우리가 처음에 기대한 것보다 더 잘해줬어요. '나베야마 씨, 결정하는 건 당신 몫이에요'라고 주민들 의사를 존중하고, 방침이 정해지면 어떤 어려운 상황에서도 도망치지 않았죠. 프로라 안 카나. 그 사람이 없었으면 지토세는 복구되지 않았을 겁니데이. 그렇게 말할 수 있을 정도로 감사도 하고 존경도 합니데이."

2005년 4월 24일, 지진으로부터 10주년을 맞아 지토세 공원과 지역센터 완공식이 있었던 사실은 제1장에서 다뤘다. 아사노도, 나베야마도 복잡한 심경 속에서 이날만은 "드디어 여기까지 해냈다"는 안도감이 들었다.

이튿날 아침 일어날 최악의 사태는 상상도 못 했다.

———

유가족의 연대

탈선 사고 후 56일간, JR 후쿠치야마선이 운행을 재개하는 2005년 6월 19일까지 아사노가 어떻게 지냈는지는 제1장에서 다뤘다. 그다음 이야기를 시작하기로 한다.

운행 재개로부터 엿새 뒤, 사고로부터 딱 두 달째인 6월 25일, 오사카 시내에 유가족들이 모였다. 사고 피해자 모임 '4.25 네트워크'의 첫 모임이었다. 외동딸을 잃은 후지사키 미쓰코藤崎光子의 주도로 이날 모인 사람들은 25가족 44명과 부상자 한 명이었다. 각자 자기소개를 하고 피해 상황과 현재 심경을 밝혔다.

그때까지는 유가족끼리 서로 연락을 취할 방법이 없었다. 유가족들에게 JR 전담 직원들이 일방적으로 사고 후 대응과 보상 방침을 말했을 뿐이었기에 유가족들은 불안과 의심에 시달렸다. 가해 기업의 말을 그대로 신용할 수도 없었고, 그대로 따를 수도 없었다. 그렇다고 해서 의문이나 반론을 제기하려 해도 철도나 JR에 대한 지식도 없었고, 사고 처리, 수사와 조사, 피해자 대응이 향후 어떻게 진행되는지에 대한 법적 절차도 몰랐다. 다른 피해자가 어떤 상황에 있고, 무엇을 요구하는지도 알 수 없었다.

말하자면 JR의 '성의 있는 개별 대응'이라는 미명하에 유가족과 부상자들은 서로 단절된 상태였다.

그러나 후지사키는 죽은 딸과 함께 경영했던 인쇄소에서 1991년 5월, 시가滋賀현에서 발생한 시가라키信樂 고원철도 사고 유가족들의 소송 자료를 만들었던 터라 당시 유가족들과 면식이 있었다(사망자 42명, 부상자 628명. JR이 당사자이기도 한 이 사고에 대해서는 제4장에서 자세히 다룬다). 딸의 장례 이튿날 연락을 하자 "거대 조직에 맞서기 위해서는 한 명이라도 더 많이 유가족을 모아야 한다"라는 조언을 들었다. 스스로 조사하기도 하고 수소문하기도 해서 49가족, 부상자 7명과 연락이 닿았다.

그중 한 명이 아사노였다. 그러나 아사노는 5월 하순에 모임이 있다는 연락을 들었을 때는 당황했다. 참석할지 말지 한동안 망설였다고 한다. 일할 때는 '당하는 쪽'에 서서 주민들의 연대와 투쟁을 지원했지만, 정작 당사자가 되자 불안하기도 했고, 귀찮기도 했다.

"유가족끼리 교류와 정보 교환이 필요한 건 이해하지만, 무슨 목적으로 모이는지, 내가 가서 뭘 할 수 있는지 잘 몰랐거든. 표현은 좀 그렇지만 '상처를 서로 핥아주는' 거면 하고 싶지 않았어. 사고 직후부터 언론을 통해서 JR을 비판하던 국철계 노조●에 이용당하는 게 아닌가 싶은 경계심도 있었어.

무엇보다 내 고통을 다른 사람이 알 수 있냐고, 부탁이니까 가만히

● JR 서일본에는 노조가 네 개나 있는데, 그중에서도 국철계 노조는 JR에 대해 비판적이었다. 노조들과 회사 측과의 관계에 대해서는 제5장에서 자세히 다룬다.

내버려두라는 심정이었어. 설사 같은 사고 피해자라 하더라도 말이야."

그러한 망설임 끝에 참여한 첫 모임에서 아사노는 간부가 되어달라는 부탁을 받는다. 일주일 전의 JR 설명회에서 가키우치 사장을 추궁한 질의가 인상적이기도 했고, 직업 때문인지 성격 때문인지 자연스럽게 대화를 이끌어가는 능력이 있었기에 맡겨진 일이었다.

이날은 네트워크의 목적과 방향성을 논의했다. 유가족이라는 이유로 참여를 강요하거나 하나의 큰 목표를 세우는 대신 '느슨한 연대'를 만들 것. 원인 규명, 보상 문제, 심리치료 등의 관심 있는 주제별로 분과 모임을 만들어 정보를 공유할 것. 간부는 유가족의 여러 의견과 요구를 듣고 정리한 뒤 JR과의 협상에서 전달하고 실현시키기 위해 노력할 것.

"나 자신도 그랬지만, 이런 자리에 나올 수 없는 사람도 있지. 그래도 괜찮아. 같은 사고 피해자라도 슬픔은 각자 다르고, JR에 대해서도, 우리 모임에 대해서도 요구 사항은 각자 다르니까. 그런 얘기를 한 기억이 나네."

4.25 네트워크가 생기고 나서 "불안이 줄었다" "치유의 장이 되었다"라고 말하는 유가족은 많다. 모두 어찌할 도리가 없는 슬픔과 분노 속에서 정보를 얻으려 해도 얻을 수 없는 가운데 정신적 고립 때문에 고통스러웠던 것이다.

처음에는 망설였던 아사노에게도 가장 큰 목적이었던 JR의 사고 원인 규명과 설명을 비롯해 연이어 발생한 문제들에 대해 추궁하고 협상할 수 있는 주춧돌과 동지들이 생긴 것이다. 네트워크는 매달 한 번씩 정례 회의를 열었고, 중간중간 간부 모임과 분과 모임을 열었다. 뉴스레터와 메일 리스트를 통해 정보를 교환하며 활발한 활동을 하자 참가자도 서서히 늘었다. 유가족 취재에 몰려드는 언론에 대응하는 창구 역할도 했다.

변호사들과 철도 및 안전 문제 연구자들의 지원과 조언도 있었다. 그중 사토 다케무네佐藤健宗는 변호사 3년차에 있었던 시가라키 고원 철도 사고를 담당한 이후, 피해자 지원과 철도 안전 확립에 힘썼던 사람이다. 아마가사키 공해 소송 변호사를 통해 4.25 네트워크 첫 모임이 있기 전에 아사노와 만나서 깊이 관여하게 된다.

"유가족이 서로 연락을 취하고 연대하는 건 기업을 상대하기 위해서 절대적으로 필요한 기본입니다. 특히 상대가 JR 같은 대기업일 때는요. 그렇지 않으면 기업 담당자가 찾아와서 형식적으로 사과하고 두꺼운 자료를 건네주고 나서 '일반적인 교통사고 판례로 보아 회사 책임은 이 범위니까 귀하의 일실逸失 이익은 이 정도고, 위자료와 보상금은 이 정도'라는 식으로 시시콜콜 설명합니다. 요구 사항이나 의문점을 말해도 일단 윗선과 상의할 테니 다음에 얘기하자며 기업이 원하는 대로 진행되죠. 개인이 철도나 사고의 전문가 집단을 상대로 대응할 수 있는 문제가 아니에요.

애초에 '보상'이라는 말도 이상하죠. 원래 보상은 토지 수용이나 건물 수리 때문에 휴업한 경우와 같은 적법 행위의 범위에서 발생한 이익의 손실을 메우는 걸 뜻합니다. 사고라면 형사책임과는 별개로 생명, 신체, 자유, 명예 등을 침해하는 민법상의 불법행위가 명백히 발생한 이상 '손해배상'이라고 해야 합니다. 그런 얘기도 4.25 네트워크 초기에 한 적이 있네요."

교통 분야에서 대규모 사고로 유가족이 연대해서 가해 기업과 정부를 움직인 사례는 1985년 8월의 일본항공JAL 123편 추락 사고,• 사토도 관여한 시가라키 고원철도 사고 등이 있다. 사토는 "추모 행사나 추모 시설뿐 아니라 사고 대응과 책임 추궁, 나아가 재발 방지까지 요구한 건 일본에서는 JAL 123편 추락 사고가 처음일 거예요"라고 말한다.

JAL 123편 사고의 유가족들이 만든 '8.12 연락회'는 사고로부터 4개월 뒤에 결성되면서 다음과 같은 성명을 발표했다.

이 연락회의 목적은 유가족이 서로 격려하고 도우며 함께 추모하는 것입니다. 또한 사고 원인 규명을 촉진하고, 앞으로 공공 운송의 안전성을 엄격히 추구하는 것입니다. 우리는 그 끔찍한 사고를 되풀이하지 않기 위해 세상의 하늘이 안전해지기를 진심으로 바라며 행동에 나섰습니다. (…)

우리는 '유가족'이라 불리며 비탄에 잠긴 모습을 강요당하면서 고개를 숙인 채 살아가지 않기 위해 모임의 이름에서 '유가족'이라는 글자를 뺐습니다. 지금은 '유가족'을 동정하고 있는 모두가 제2, 제3의 '유가족'이 될 가능성이 있습니다.

• 1985년 8월 12일, 도쿄에서 오사카로 향하던 일본항공 123편이 군마현에서 추락해 승객 505명과 승무원 15명이 사망한 사고. 야마자키 도요코의 소설 『지지 않는 태양』은 이 사건을 다루고 있다.

입에 발린 말로 형식적 책임을 인정하며 사죄하지만, 실제로는 재빨리 돈을 줘서 해결하려는 기업과, 돈보다 먼저 진심으로 성의 있는 사죄와 사고 원인 규명, 재발 방지를 위한 노력을 요구하는 유가족의 대립. 그러한 대립 위에서 모임이 발족하게 된 경위와 구조는 4.25 네트워크와 유사하다. 원인 규명을 목적으로 한 분과 모임을 만들고, 정부에 적절한 사고 조사를 위한 감시와 요구를 한 것 역시 선례를 참고한 것이다.

물론 어느 날 갑자기 탈선 사고의 당사자가 된 아사노가 일본항공 사고와 시가라키 사고의 유가족들의 활동을 자세히 알고 있었던 것은 아니다. 그러나 무책임한 동정의 시선을 거부하고 가족이 희생된 사고를 '우연히 일어난 불행한 일'로 끝내고 싶지 않다, 사회 전체의 문제로 생각해야 한다(아사노의 표현을 빌리자면 "사고의 사회화")는 바람은 동일한 것이었다.

극한의 협상

시가라키 사고 유가족들과 '철도안전 추진 회의'를 만들고, 재판과 합의 과정에서 JR과 상대한 적이 있는 사토 다케무네 변호사는 JR에 대해 이렇게 말한다.

"굉장히 경직된 관료주의이고, 겉으로 하는 말과 달리 본질적으로는 자기네 책임과 잘못을 결코 인정하지 않고, 절대 양보도 하지 않아요. 그런 조직이었죠."

후쿠치야마선 사고에서도 같은 일이 반복되었다. 사토가 말하는 조직의 성격은 구체적으로 어떤 것이었을까? 아사노는 그 조직을 어떻게 움직이려 했을까? 상세하게 기록한 메모가 있다.

2005년 9월 6일, 사고조사위원회의 '경과 보고'가 발표된 날 오후, 4.25 네트워크의 간부 8명이 JR 서일본 본사에 들이닥쳤을 때의 일이다. 유가족 대응 책임자인 상무와 면회하고, 가키우치 사장에게 쓴 '건의서'를 전달하는 것이 목적이었다.

건의서에는 대략 다음과 같은 내용이 적혀 있었다.

"오늘 발표된 경과 보고는 사고의 개요와 차량 기기에 남겨진 기록을 분석했을 뿐, 진정한 원인 규명과는 아직 거리가 멀다. 그런데 듣자

하니, 그 내용을 JR이 유가족과 부상자들에게 개별적으로 설명한다고 한다. 가해 당사자가 사고 조사 내용을 설명하는 것은 조사의 독립성과 공정성에 반하는 행위다. 열차 시간표와 정시운행 강요, ATS 미설치, 비정상적 운전을 하게 한 개인적 요인과 조직적 요인(일근교육과 근무 조건) 등 우리가 요구한 4항목에 대해 설명회에서 정보를 공개하라."

아사노가 처음부터 일관되게 요구한 "JR 스스로가 사고 원인, 특히 조직적 배경을 조사해서 공개된 자리에서 설명하라"라는 요구를 다시 들이민 것이었다. 그러나 총무부 매니저 2명이 "언론은 빼고 당사자끼리 얘기하고 싶다. 응접실에서 상무가 듣겠다"라고 말하면서 상황은 갑자기 험악해졌다.

"여기 로비에서 하면 되잖아."

"당신들은 뭐든 비밀로 하려고 해."

"당신들하고는 말이 안 통해. 상무를 만나러 왔다고. 여기로 오라 그래."

항의하는 간부들과의 실랑이 끝에 면담은 취재진 30여 명이 둘러싼 응접실에서 45분 늦게 시작되었다. 아사노는 먼저 건의서의 취지를 설명했다.

"사고조사위원회의 최종 보고까지는 1년 내지 1년 반, 혹은 그 이상의 시간이 걸린다. 유가족은 지난 4개월 동안 정신적·육체적으로 극한 상태에 이르렀다. 사고에 대해서 회사가 설명은 하지 않고, 표면적 사과만 하고 있기 때문이다. 원인을 물어도 경찰이 수사 중이라거나 사고조사위원회에 자료를 넘겼다는 얘기만 한다. 무엇이 원인이었는지 사고조사위원회와는 별개로 대답해줬으면 좋겠다. 그게 가해자의 책임이다. 이 의견서는 (4.25 네트워크에 참가한) 50가족의 의견을 모은 것이다. 사장의 '성심성의'라는 말이 진짜라면 우리 요구에 진지하게 대답해야 한다. 한 달 내로 장소를 마련할 테니 설명하러 와주길 바란다."

고이데 노보루小出昇 상무는 형식적 사과를 입에 담은 뒤 이렇게 말했다.

"사고조사위원회가 중간 발표를 한다고 한 달 전에 들었습니다. 몇몇 유가족이 JR이 어떤 대응을 할지 질문하셨습니다. 사내에서 검토하고 임원들이 개별적으로 설명을 하게 되었습니다. 지금 그 방향으로 진행하는 중입니다."

유가족이 개별적인 대응을 원했다는 말이었다.

다음은 메모를 발췌, 재구성한 내용이다.

아사노: 그렇게 얘기가 진행되고 있으면, 50유가족이 참여한 우리 4.25
　　　　네트워크에도 연락을 해줘야 하지 않습니까?

유가족 A: 사고조사위원회의 보고를 왜 JR이 하는데요?

아사노: JR하고 사고조사위원회는 유착하고 있는 겁니까? (언성을 높인다.)

상무: 아닙니다. 저희는 조사위원회와 경찰에 전면적으로 협력할 뿐입니다.

아사노: 설명할 입장이 아니잖아. 조사위원회랑 무슨 사이야?

상무: 조사에 필요한 자료를 제출할 뿐입니다.

유가족 B: 설명은 희생자의 유가족들을 모아서 조사위원회가 해야죠.

유가족 A: 조사위원회랑 그렇고 그런 사이예요?

아사노: 댁들은 희생자들을 이렇게 우롱하는 겁니까?

JR 총무부: 필요한 정보는 전부 제출했습니다.

아사노: 개별적으로 설명하는 건 반발이 심해서 못 하겠다고 하이소. 우리
　　　　는 인정 못 한데이.

상무: 한 달 전부터 (유가족에게) 안내했습니다.

JR 총무부: 건의서(사고조사위원회에서 국토교통부에 제출한 의견서)도 제
　　　　　출해야 되고요.

유가족 B: 유가족에게 설명해달라고 JR에서 조사위원회에 말해줄 수 없나
　　　　　요?

상무: 저희가 그럴 처지는 아니라서요.

아사노: 그런 생각이 잘못된 거 아이가. 당신들은 가해자로서의 책임을 전
　　　　혀 자각 못 하고 있데이.

상무: 경과 보고를 바탕으로 저희로서는 할 수 있는 한…….

아사노: 그런 건 회사 PR 아이가. 우리가 지정한 장소에서 (건의서에서 문의
　　　　한) 4항목에 대해 설명해주이소.

상무: 유가족에 따라 대응이 달라지는 일이 없도록 해야 합니다. 지금까지
　　　도 (4.25 네트워크 참여 여부로) 유가족에 대한 대응이 다른 것 아니
　　　냐는 불신과 의문이 제기된 바 있습니다.

유가족 A: 대응이 다르니까 같이 해달라고 하는 거 아입니꺼?

아사노: 우리가 와달라는 곳으로 와서 얘기해주이소. 그게 돌아가신 분들
　　　　에게 대답하는 첫걸음입니더.

유가족 A: 추모제보다 설명을 해주세요. 설명이 추모입니다.

공평성과 절차를 무기로 유가족의 요구를 단칼에 거절하는 전형적인 관료식 답변이다. 아사노는 "성심성의가 무슨 뜻인가?" "긍정적으로 검토하겠다는 말도 못 하나?"라고 질문을 거듭했지만, JR의 태도는 바뀌지 않았고 대화는 평행선을 달렸다.

사고 차량의 데이터를 수집해서 분석한 다음 결론을 내리라는 얘기가 아니었다. 그건 사고조사위원회가 할 일이다. 유가족의 요구는 JR이 직접 안전성 향상 계획에서 언급한 "조직 문화" 문제가 무엇인지, 유가족 설명회에서 사장이 말한 "100퍼센트 책임"은 무슨 뜻인지 가해자로서의 견해를 밝히라는 것이었다. 그러나 그러한 의도가 전달된 것 같지는 않았다.

아사노는 유가족이 설명을 요구하는 이유를 거듭 말했다.

아사노: 희생자들의 넋을 어떻게 달래란 말입니까? 빨리 설명하고 싶어요. 가해자인 JR이 이렇게 말한다고. 그러면 조금이라도 넋을 달랠 수 있잖아요. 지금은 향만 피우고 아무 설명도 못 해요. 육체적으로나 정신적으로나 극한 상태에 있는 유가족의 마음속 절규입니다. 조금이나마 그걸 완화할 수 있는 방법은 당신들이 입을 여는 거예요. 우째 좀 안 되겠나? 이대로는 유가족도 죽는데이. 느그가 책임질 끼가? 진짜다. 내도 죽는다. 느그는 우리가 죽으면 속 편하겠지만. 상무님, 유가족 심정을 알겠다 그랬소? 우째 아는데요? 전혀 모른

다 아입니까? 2차 피해는 안 됩니더. 지금 여기서 된다 안 된다 대
답은 못 하더라도 긍정적으로 검토하겠다, 그 말이라도 해주이소.

상무: 한 달 전부터 분담해서 안내를 하고 있습니다.

아사노: 개별적으로 설명해달라는 유가족이 얼마나 되는데예?

상무: 많은 분이 요구하셨습니다. 숫자는 모르겠지만.

유가족 C: 운전을 재개할 때도 그랬다 아이가. 유가족 설명회 때랑 같은 수
법이네.

아사노: 몇 건인지도 모르는 유가족 희망을 우선하고, 우리한테는 아무 대
답도 않겠다는 깁니까? 50가족은 무시한단 말입니꺼?

유가족 D: 일부 유가족하고 우리하고 뭐가 다른 겁니까? 그 차이를 설명해
주세요.

상무: 그러니까 개별적으로……

아사노: 잘 알겠심더. 지금까지 말한 성심성의란 말은 거짓말 아이가. 그라
모 당신 말고 사장한테 설명하라 하이소.

상무: 같은 말을 되풀이해서 죄송합니다만, 개별적으로 설명드리겠습니다.
조사위원회 중간 보고가 나온 단계에서 유가족분들께 개별적으로 설
명드리는 게 회사 방침입니다.

아사노: 그렇게는 안 됩니더. 건의서는 사장한테 전해주이소. 일주일 내로
사장 이름으로 답장 주이소. 오늘은 이걸로 끝.

한 시간 남짓 계속된 대화는 이렇게 끝났다.

할 말은 하는 유가족

"4.25 네트워크는 큰 집단이었으니 JR도 경계심, 혹은 공포심이 있었을 겁니다. 언질을 줘서는 안 된다고 생각해서인지, 우리 요구에는 전혀 귀 기울이지 않았어요. 귀찮은 일을 빨리 끝내고 싶다는 생각이 빤히 보여서 유가족들도 심한 말을 하게 된 겁니다."

당시 협상에 임했던 기노시타 히로시木下廣史는 그렇게 회상한다. 앞선 대화에 등장한 '유가족 D'다.

"저도 회사원이니까 조직의 결정에 반하는 개인적 견해를 함부로 말할 수 없다는 건 이해해요. 나중에 JR 간부랑 일대일로 대화해보면 의외로 말이 통했어요. 그런데 조직은 전혀 말이 안 통해요. 조직을 지키겠다는, 그런 의식이 너무 강해서 자기네가 가해자란 사실을 전혀 모르는 것 같았어요. 태도와 말에서 오만과 은폐가 드러나고, 사고를 해명할 의지가 없다는 게 나타났죠."

긴키대학 3학년이었던 아들을 잃은 기노시타에게는 사고의 원인과 조직적 배경의 해명이 무엇보다 중요했다. 다양한 생각을 가진 유가족들 가운데 아사노와 생각의 결이 비슷한 사람이었다.

"아들은 첫째 칸에 타고 있었는데, 마지막에 나왔어요. 둘째 날은 가망이 없다 생각하고 있었지만, 그래도 부모 마음에 혹시나 싶었는데…….

사고 현장에서 회수한 지갑 속을 보고 말이 안 나왔어요. 동전이 전부 구부러져 있었어요. 10엔짜리나 100엔짜리 동전들이 90도로 구부러져 있었어요. 차고 있던 벨트, 아미 벨트army belt라고 하나요? 몇 톤 트럭이 잡아당겨도 안 끊긴다던 벨트가 끊어져 있었어요. 대체 충격과 압력이 얼마나 컸으면……."

기노시타는 추모식이나 사고 현장 보존 같은 추모 방식에는 거의 관심이 없었다. JR이 사고를 직시하고 설명하게 만드는 것만이 아버지로서 아들에게 해줄 수 있는 애도라고 생각했기에, 4.25 네트워크의 "설명책임 분과 모임"을 이끌게 된다.

앞서 다뤘던 면담처럼 4.25 네트워크는 JR과 경찰, 고베지검, 검찰심사회를 대상으로 여러 요구와 요청, 성명, 질문 등을 작성했고, 적절한 수사와 재판을 촉구하며 공개적으로 발언했다. 특정한 대상이 아닌 사회 전체를 대상으로 유가족의 심경을 전하기도 했다. 간부 모임의 이름으로 작성한 문서만 해도 5년간 23통이었다. 초기 문서 몇 가지를 열거하도록 한다.

'추도와 안전의 모임'에 대한 질문(2005년 8월 8일): 사고의 분기점이 되는 날로 JR이 계획한 추모 행사의 의의와 내용을 질문했다. JR은 사고 당시 시신안치소로 사용되었던 아마가사키 체육관에서 개최하는 안을 타진해 유가족의 맹렬한 반발을 불렀다. 결국 추모 행사는 인근 지자체와 공동으로

9월 25일 아마가사키 역 앞 광장에서 열렸지만 경위, 내용, 참석자 등의 측면에서 유가족을 무시했다는 이유로 아사노와 기노시타 등 17가족이 불참했다.

장학금 제도에 대한 요구(2005년 8월 8일): 피해자의 유자녀를 상대로 JR이 창설하려던 장학금의 액수와 조건 확충 등을 요구했다.

사고조사위원회를 상대로 유가족에게 설명을 요구(2005년 8월 31일): 사고 조사 경과 보고 발표에 앞서 유가족, 부상자에 대한 설명을 요구했다. 미국의 국가운수안전위원회NTSB에는 피해자 지원 전담 부서가 있어서 조사결과를 피해자에게 먼저 알린다는 사실을 지적했다. 앞서 JR과 면담을 가졌던 영향도 있어서 사고조사위원회는 9월 19일 유가족을 대상으로 설명회를 열었다.

국토교통부 기타가와 가즈오 장관에 대한 요청(2005년 10월 4일): 사고 조사를 철저히 하는 한편, JR이 유가족에 대해 설명할 책임을 다하도록 지도해달라는 요청. 아사노를 비롯한 4.25 네트워크의 9명과 면담한 기타가와 장관은 이렇게 말했다.
"사고의 사실관계뿐 아니라, 운전사가 왜 그런 운전을 했는지 배경의 요인까지 분석하는 일은 중요하다. 사고조사위원회는 독립 기관이어서 국토교통부는 지도 권한이 없지만, 거기까지 밝히기 위해서 애쓰고 있으리라 믿는다."

"JR이 설명할 책임이 있고 유가족, 피해자에게 성실히 대응하는 것은 당연한 일이다. 다만 당사자에게 설명하도록 하면 내용이 엉성해지거나 사고 직후 외부에서 가져다놓은 돌이 원인이라고 했던 것처럼 변명을 꾀할 위험이 있다. 여러분이 요구하시는 배경이나 원인에 대해서는, JR이 사고 직후에 만든 안전성 향상 계획에서도 다루고 있다고 생각하고 있을 것이다."

아사노가 "JR이 유가족을 상대로 설명한다고 해서 사고 조사에 영향이 가지 않는다고 이해해도 되는 거죠?"라고 확인하자 기타가와는 "결국 여러 요인이 겹쳤을 것이다. 오늘 여러분의 요구는 JR에 전달하겠다"라며 직접적인 대답을 피했다.

성명 'JR 우에쓰羽越선에서의 특급 열차 탈선에 대해'(2005년 12월 26일): JR 동일본의 우에쓰선에서 특급 열차가 탈선해 5명이 희생된 사고가 발생했다. 이에 대해 "후쿠치야마선의 교훈에서 아무것도 얻지 못했다"라며 사고의 전모를 해명할 것을 요구하는 한편, 전국의 철도 사업자에게 안전 점검을 요구했다.

4.25 네트워크가 사고 원인 규명과 JR의 책임을 축으로 피해자 지원과 안전 문제에 대해 여러 주장을 해온 사실을 알 수 있다. 그러나 한편으로는 JR이나 정부를 상대로 '할 말은 하는 유가족'의 모습, '집단으로 싸우는' 장면이 보도되자 거리를 두는 피해자도 생겼다. 상관없는 방관자들이 비방이나 악의적인 헛소문을 입에 올리기도 했다.

아니, 4.25 네트워크뿐만이 아니다. 피해자들을 취재해보면, 사고 직후부터 몇 년 뒤까지 비열한 괴롭힘을 당했다는 체험담은 한도 끝도 없다.

아들을 잃은 어느 유가족 남성은 자택에 JR 간부가 사과하러 온 장면이 뉴스에 보도되었다. 같이 있던 친척 여성이 고개를 숙인 간부에게 "짐이 실려 있는 게 아니잖아요. 사람의 생명이 타고 있다고요. 아시겠어요?"라고 심한 분노를 표출한 영상이었다. 그 장면을 보고 부인이라고 착각한 사람들로부터 익명의 전화와 편지가 날아들었다.

"사과하는 상대에게 화를 내다니, 얼마나 큰 실례냐."

"보상금 받을 거잖아. 불만 있어?"

심지어 "심보를 그렇게 쓰니까 자식이 사고를 당하는 것"이라는 내용도 있었다. 아들을 잃은 절망도 모자라서 거듭된 장난전화 때문에 부인은 심신을 앓게 되었다.

그렇게까지 직접적인 악의를 표출하지 않더라도 "저 집은 보상금 액수를 늘리려고 생떼를 부리고 있다" "차도 바꾸고, 집도 재건축한다더라" "몇 달째 일도 안 하고 산다니, 팔자 좋다"는 등의 시기어린 헛소문이나 험담이 피해자의 귀에 들어왔다. 사람들의 시선에 공포를 느끼고 외출을 못 하게 된 사람도 많다.

연고도 없는 절에서 "사고로 돌아가신 사모님이 부르고 있습니다. 와주세요"라는 전화가 와서 듣다보니 "공양 올리는 데 100만 엔이 필요하다"라는 대답을 들은 사람, 자선단체를 자칭하는 인물이 갑자기 찾아와서 "기부를 부탁한다"는 이야기를 들은 사람, 익명의 전화로 "댁의 아드님 영혼이 사고 현장을 못 빠져나가고 울고 있습니다"라는 이야기를 들은 사람…….

익명의 악의가 발호하는 장소로는 인터넷만 한 곳이 없었다. 원인 규명을 요구하는 유족의 바람을 비웃으며 저열한 비방과 욕설을 하는 사람들이 있었다. 그런가 하면 철도 차량과 시스템에 대한 지식을 자랑하며 막을 길이 없는 사고였음을 '해설'하는 사람도 있었다. 4.25 네트워크의 홈페이지에 올라온 JR 우에쓰선 사고 성명에 대해 "그건 다운 버스트(돌풍)라는 자연 현상이 원인이고, 철도 설비나 운행 계획과는 상관없다"라며 아는 척하는 댓글이 달리면서 댓글란이 쑥대밭이 된 적도 있다.

무엇이 그들을 그렇게 만든 것인지는 알 수 없다. 가족의 상실과 부재를 결코 메울 수 없을 '보상금'이 그렇게 부러웠던 것일까? '유가족답게' 비탄에 잠겨서 눈물만 흘리며 살지 않는 것이 못마땅했던 것일까? 감히 JR 같은 대기업이나 국토교통부 같은 '나랏님'에게 대드는 게 괘씸했던 것일까? 아니면 특별한 이유도 없이, 그저 평소에 쌓인 스트레스를 풀기 위해서 눈에 띈 아무나 공격한 것일까?

유가족과 피해자에 대한 너무나도 추악한 말을 들을 때마다 나는 분노하기에 앞서 할 말을 잃었다. 그리고 언론에 나가고 싶지 않고, 사회에 존재를 알리고 싶어하지 않게 되는 사람들의 심정이 이해가 되었다. 물론 사회의 반응 이전에 기자의 취재에 응하는 것 자체가 스트레스로 작용하기도 했다.

그러한 이야기들이 아사노의 귀에 들어가지 않았을 리 없다. 4.25 네트워크에서 유가족들의 근황이 보고되기도 하고, 가족들도 말해줬을 것이다. 그러나 그는 멈추지 않았다. 두려워하지 않았다. '전투형 컨설턴트'에게 그 정도는 익숙한 일인지도 모른다 싶어 그의 강인함을 새삼 느꼈다. 동시에 사고 전까지 평범한 시민이었던 유가족이 대기업을 상대로, 혹은 사회를 상대로 항의를 계속하는 게 얼마나 어려운지도 알았다.

모두가 아사노처럼 강하지는 않다. 모두가 아사노처럼 싸울 수는 없다.

맹세의 수기

어느덧 사고가 난 해의 연말이 되었다. 12월 27일, 가키우치 사장과 난야 회장이 2006년 2월 1일부로 퇴임한다는 JR 인사처의 발표가 있었다. 부사장 야마자키 마사오가 사장으로 승진하고, 회장에는 스미토모 전기공업 회장이었던 구라우치 노리타카倉內憲孝를 초빙한다고 했다. 구라우치는 대표권이 없었기에 야마자키가 경영의 전권을 쥐게 되었다.

강등되었지만 임원으로 남게 된 가키우치는 "기업 문화 개혁 등 새로운 체제의 방향성을 만들 수 있게 되었다"라고 기자회견에서 말했지만, 실제로는 4.25 네트워크를 비롯한 유가족, 부상자들과의 균열은 계속되었다. 손해배상 협상은 거의 진전되지 않았고, 11월에는 ATS-P 속도 설정 실수가 연이어 발각되는 등 사고로 이어질 수 있는 불상사도 계속되었다. 인사를 발표한 지 한 달 뒤인 1월 24일에는 돗토리현 하쿠비伯備 선에서 보선 작업 중이던 작업자 5명이 특급 열차에 치여 3명이 사망하는 사고가 발생했다.

"인사 혁신으로 새 출발을 꾀하는 것이 목표"라는 보도가 있었던 데에는 그러한 사정과 더불어 사장 야마자키가 철도본부의 기술직 출신으로는 처음으로 JR 서일본의 사장이 되었던 것이 컸다. 게다가 야마자키는 철도본부장을 지낸 뒤 청소 업무를 보는 자회사 'JR 서일본 메인텍'에 가 있었다. 후쿠치야마선 사고가 나기 전까지 7년간 본사를 떠나 있었던 인물이 사장으로 복귀한 것은 그때까지 JR에서는 있을 수 없었던 일이었다. 평상시였다면 사장은 꿈도 꾸지 못했을 것이다.

그러한 고육지책이 훗날 JR에, 그리고 아사노에게 큰 의미를 갖게 되지만, 이 시점에서는 알 수 없었다. 기자들이 야마자키의 사장 취임에 대한 감상을 묻자 아사노는 "먼저 검증에 착수하길 바란다. 사고에 다다른 진상을 밝히는 것 역시 두말할 나위 없다. 피해자에게 입을 다물었던 이전의 경영진을 답습한다면, 피해자들의 상처를 덧나게 할 뿐이다"라며 기존 요구를 되풀이했다.

사고 1주기를 맞기 전에 아사노는 4.25 네트워크의 성명문 작성과 심포지엄 '추모와 안전의 밤' 개최 준비, 아내의 제사 준비 등으로 바쁜 와중에 시간을 내서 수기를 발표했다. 내가 기획하고, 인터뷰와 구성을 담당한 『월간 현대』 기사였다(발매일은 5월 1일).

4월 11일부터 2, 3일에 걸쳐 인터뷰를 하고, 원고지 35매로 정리한 수기에서는 사고 발생, 아내와 여동생의 시신 대면, 딸에 대한 미안함, 유가족이 된 고통과 절망, 4.25 네트워크의 활동, 나아가 JR에 대한 분노와 불신, 협상 경위 등이 적혀 있다. 즉, 이 책에서 지금까지 다룬 내용의 원형이라 할 수 있다. 중복되지 않는 부분을 발췌한다.

지금까지 1년간 항공·철도 사고조사위원회의 경과 보고를 비롯해 여러 각도에서 직간접적인 원인이 지적되었다. 제한속도 70킬로미터를 훨씬 웃도는 시속 110킬로미터 이상으로 R304(현장의 커브 구간)에 진입한 것이 직접적인 원인이었다고 한다. 그러나 이 비정상적 과속은 '원인'이 아니라 '결과'였다고 생각한다. 즉, 그러한 비정상적 운전을 하지 않으면 안 되었던, 혹은 그렇게 하도록 방조한 시스템 속에 진짜 '원인'이 있는 것이다.

먼저 운행 스케줄 문제가 있다. 시간표 편성에 정말 문제가 없었는가? 사고가 있고 나서 시간표를 개편했을 때, 역에서의 정차 시간을 늘리는 '여유 시간'을 강조했는데, 그것만으로는 부족하다. 시간표는 역 사이의 거리와 지형, 최고 속도, 차량 성능 등 모든 것을 감안해서 편성해야 한다. 스케줄이 지나치게 빠듯했는지 여부와 별개로 시간표 작성 방법을 근본적으로 검토할 필요가 있다.

또 운전 기술 미숙과 지령 방식 같은 휴먼에러 검증도 필요할 것이다. 그리고 그러한 문제들을 개선하고 나서도 발생할 수 있는 실수를 방지하는 게 ATS의 역할일 것이다. 그 신형 ATS 설치는 왜 늦어졌는가?

그 밖에도 일근교육 같은 징벌적 관리, 민영 회사들과의 경쟁을 중시한 이익 중심주의, 조직 안의 불통 등 JR의 '고질'적 병폐가 지적된다. 모두 사고의 배경이 되는 문제점일 것이다. 혹은 "민영화가 모든 일의 시작"이라는 논조도 있다.

그러나 "기업 문화가 나빠서 사고가 발생했다"라는 말은 우리 유가족에게는 핑계처럼 들린다. 기업 문화가 좋든 나쁘든 철도 사업자로서 지켜야 할 최소한의 안전의식만 철저히 했어도 이러한 참사는 막을 수 있지 않았을까?

그렇긴 하지만 JR이라는 괴물 같은 조직과 맞서면서 그 '문화'를 뼈저리게 느낀 일이 몇 번 있었다.

가키우치 사장이 집에 왔을 때 나는 이렇게 말했다.

"JR은 민영화하고 나서 국철계 노조 쳐부수는 것밖에 관심 없었죠?"

아무 반론을 못 하는 그에게 나는 "그런 일만 하니까 안전이라는 본질에 소홀해지는 것"이라고 말했다. JR 서일본에는 네 개의 노조가 있다. 각각 주장이 다른 건 이해한다. 노조활동 자체를 부정할 생각도 없다. 그러나 안전을 경시한 정치 투쟁은 용납될 수 없다.

유가족 중에는 사고 차량에 탑승했던 차장의 증언을 듣고 싶어한다는 사람도 있다. 그러나 노조의 비호 아래 휴직 중인 그에게는 회사도 연락이 닿지 않는다고 한다. 직원이라면 당연히 받아들여야 할 업무 명령조차 통하지 않는다. 그렇게 비정상적인 일이 만연한 것이다.

미리 말해두지만, 나는 이 문제로 어떤 정치 세력에도 가담하지 않을 것이고, 이용당할 생각도 없다. 정치인이나 정당에 의지할 생각도 없다. 피해자로서의 호소는 우리 스스로 순수하게, 정도正道라 생각되는 길을 걸으면 사회적 공감을 얻을 수 있으리라 생각한다.

수기는 지난 1년간의 심경 변화를 다시금 돌이켜보는 것으로 끝난다.

절망의 구렁텅이에 떠밀렸던 그날로부터 1년이 지났다. 빛도 없는 사막에 갑자기 내던져진 나는 내가 어디에 서 있는지, 어디로 가야 할지 아무것도 모른 채, 망연자실 몇 개월을 헤맸다. 가을이 될 즈음에야 겨우 내게 일어난 일을 직시할 수 있게 되었다. 그리고 "왜?"라고 묻기 시작했다. 새해가 되고 조금은 고개를 들 수 있게 되었다. 정리가 되었다거나 냉정해졌다는 뜻은 아니다. 그저 내가 해야 할 일이 보이기 시작했다. 그러나 목표 지점은 아직 멀다.

4월 25일, 우리를 지원해주는 시민단체가 주최한 추모 행사가 있다. 그 전에 아내의 1주기 제사를 해두려고 한다. 이제 겨우 사진을 정리하기 시작했는데 유품 정리는 아직 할 엄두가 나지 않는다.

사고가 있고 나서 내 휴대전화에 아내의 목소리가 남겨져 있다는 걸 알게 되었다. 버튼을 잘못 눌러서 우연히 저장된 모양이다. 사고 며칠 전에 녹음된 일 얘기였다. 가끔 재생해본다. 전화를 하면서 허리를 꼿꼿이 편 것 같은, 다소 깐깐한 말투가 아내답다고 느낀다.

나는 지금도 JR은 타고 싶지 않다. 아니, 탈 수가 없다. 그 쾌속 전철과 같은 은색 차량을 보면 지금도 심장이 두근거린다. 그렇지만 JR과의 싸움에서 망설이고만 있을 수는 없다. 허리를 펴자. 아내가 전화할 때처럼.

두번 다시 그러한 부조리 때문에 눈물 흘리는 사람이 나와서는 안 된다. 강렬히 염원한다. 그것이 아내와 여동생에 대한 진정한 애도가 될 것이다.

원고를 인쇄하고 나서 아마가사키에 있는 아사노의 회사에서 만났을 때, 아사노가 불현듯 내뱉은 말이 떠오른다.

"이런 걸 읽으면 그냥……."

수정할 부분이 있나 싶어서 고개를 들자, 아사노는 안경을 벗고 손수건으로 눈을 감싸고 있었다.

편집부가 지은 제목은 "JR 후쿠치야마선의 참극으로부터 1년" "독점 수기" "아내와 여동생의 억울함, 그리고 딸의 싸움"이었다. 아사노는 마지막 단락에 있는 "부조리"라는 말을 고집했지만, 내 역량이 부족했던 탓에 받아들여지지 않았다. 그러나 그에게 부조리와의 싸움이야말로 JR을 상대로 한 진심이었음이 지금은 이해가 된다.

후쿠치야마선 탈선 사고 1주기 추모식은 4월 25일, 한신阪神● 아마가사키 역에서 가까운 아마가사키시 종합문화센터 홀에서 JR의 주최로 열렸다. 참석한 92가족 577명 중에는 아사노와 기노시타도 있었다. 유가족, 부상자, 부상자 가족 대표가 '추모사'를 읽었다. 부상자 대표는 아사노의 딸 나호였다.

"왜 저만 살아남았는지 지금도 후회가 남습니다. 함께 죽고 싶었습니다. 재활을 하면서도 '무엇을 위해 사는 것일까' 하고 생각하는 때가 있습니다. 지금은 살아남은 제게 어머니와 고모가 사명을 주었다고 생각하게 되었습니다."

그날의 파란 하늘과 하얀 구름, 롯코산을 모사한 제단에서 울먹이는 목소리로 말하는 나호의 뒷모습을 나는 아사노의 옆자리에 앉아 지켜봤다.

나호에 앞서 유가족 대표로 추모사를 읽은 남성이 "작년에 당신이 떠난 뒤에 맹세했습니다. 사람들 앞에서는 울지 않겠다고, 불행의 주인공으로는 끝나지 않겠다고. 반드시 행복해지겠다고"라고 밝은 어조로 말하려 애쓰던 모습과 대조적이었다.

● 오사카와 고베 사이를 운행하는 민영 철도 회사. 간사이 지역에서 인기가 많은 프로야구 구단 '한신 타이거즈'의 모기업이다. 2006년, 한큐의 자회사가 되었다.

제 3 장

추적

들통난 '낙하산' 인사

야마자키로 사장이 교체되었지만, 사고로부터 1년이 지나도 JR은 실질적으로 변한 게 없었다. 민영화로 회사가 설립된 지 20년간, 나아가 그 전의 국철 시대부터 이어져 내려온 "몹시 경직된 관료주의, 책임과 잘못을 결코 인정하지 않고, 절대 양보도 하지 않는"(앞서 나온 사토 변호사의 말) 조직 문화는 그리 간단히 무너지지 않았다.

오히려 그렇게 큰 사고를 일으키고 회사 설립 이래 최대의 위기에 봉착했기 때문에 전보다 조직 방어 의식과 우리 편 의식이 더 강해졌고, 사고 대응도 좀더 관료적으로 경직되었을 수 있다.

그러한 분위기를 전하는 사고 2년차의 일들을 언급하고자 한다. 모두 아사노와 4.25 네트워크가 강력하게 문제를 제기하고 추궁한 사건이다.

하나는 '낙하산 문제'라 불린 퇴직 임원들의 처우와 은폐. 사고 직후에 책임지고 사임한 임원 3명이 관련 회사 사장으로 취임했다는 사실이 2006년 6월 주주총회를 계기로 표면에 드러난 것이다.

기술 부문 책임자였던 도쿠오카 겐조德岡研三 전무 겸 철도본부장은 '레일 텍' 사장으로 취임했다. 인사와 노무 관리를 총괄하던 사카타 마사유키坂田正行 전무 겸 종합기획본부장은 '서일본 JR 버스' 사장으로 취임했다. 사고 현장과 운전사, 차장의 소속 지구를 관할하던 하시모토 미쓰히토橋本光人 오사카지사장은 'JR 서비스 네트워크 가나자와' 전무로 취임했다. 게다가 JR은 그 사실을 유가족과 피해자에게 전혀 알리지 않았다.

특히 하시모토는 2005년도 지사 방침 5항목 중 첫 번째로 '(돈을) 번다'를 내걸고 훈시했던 인물이다(안전에 대해서는 두 번째 '추구한다' 항목으로 언급했다). 그래서 "안전보다 이익을 우선시했다"는 거센 비판이 일었고, 사고 당일 지사의 차장들이 볼링 대회를 열었던 사실까지 드러나 2005년 주주총회 전에 사임한 경위가 있었기에 불신감을 키웠다.

도쿠오카는 안전 대책을 담당하고 ATS 설치 계획을 세운 책임자였다. '낙하산'이 발각된 주주총회에서 주주들은 이런 의문을 제기했다.

"철도본부장으로 탈선 사고에 책임 있는 사람이 사임한 지 1년도 되지 않아서 자회사 사장 자리에 오르는 게 말이 되는가? 더군다나 '레일 텍'은 선로 보수라는 안전 기반을 책임지는 회사가 아닌가? 사고를 막지 못한 사람이 사장이 돼서 안전을 지킬 수 있겠는가?"

당연한 의문이다. 그러나 JR은 이렇게 대답했다.

"도쿠오카는 보선 업무에 풍부한 경험과 지식을 갖고 있다. 그것을 살리는 길이 그룹 전체의 발전으로 이어지리라 생각한다."

JR 경영진의 인식으로는 일반적인 그룹 인사에 속하는 일로 아무런 문제가 없었다. 그렇기에 유가족과 피해자에게 보고할 필요도 없다는 것이었다. 7월에 일련의 인사가 언론에 보도되기 시작했을 때도 "자회사의 요청을 받아들였을 뿐"본인들은 임원직을 사임함으로써 이미 책임을 다했다"라고 설명했다.

언론과 전문가들로부터 일제히 비난의 목소리가 쏟아졌다. "사고 당시 책임자를 안전과 관련된 자회사에 다시 기용해서 무슨 조직 개혁을 하겠다는 말인가?" "책임을 진다는 것은 말뿐이고, 근신이 끝나면 복귀하는 일본식 무책임의 전형이다." "사회적 상식과 피해자에 대한 배려가 너무나 부족하다." "사고를 진지하게 반성하고 있지 않다는 증거 아닌가?" 등등의 의견이었다.

4.25 네트워크도 강력히 반발했다. 어떻게 이런 인사가 가능한가? 왜 유가족에게는 설명이 없었는가? 납득되는 설명을 요구하며 항의를 거듭했다.

설명책임 분과 모임의 좌장이었던 기노시타는 이렇게 말한다.

"책임지고 사임한 임원들이 뭘 하고 있는지, 그들로부터 사고 설명을 듣고 싶다는 것은 많은 유가족이 요구했던 문제거든요. 그때마다 JR은 '퇴직한 사람들 일은 모른다'라고 말했어요. 그러다 낙하산이 발각되니까 '자회사가 정한 일'이라고 잡아떼는 거죠.

저희도 회사원 경험이 있는데, 상식적으로 생각하면 사장이나 임원 인사를 자회사가 마음대로 정한다는 건 불가능하잖아요. 심지어 그렇게 상명하복이 철저한 JR에서요. 이건 회사에 불리한 사실을 그 사람들이 말하지 못하게 하려는 은폐 공작이라는 생각밖에 안 들었어요. 재취직을 하지 말라는 게 아니라 감췄다는 사실이 용서가 안 됐어요."

유가족과 사회의 반발이 심해지자 JR은 7월 29일과 30일에 유가족과 부상자를 대상으로 설명회를 열어 도쿠오카, 사카타, 하시모토를 참석시켰다. 야마자키 사장이 "세 사람의 경험과 능력은 우리 그룹 전체에 불가결하다고 생각해 자회사의 요청을 승인했다"라고 변명했다.

세 사람은 굳은 표정으로 "명을 받아 취임하게 되었다"라고 말했다. 그리고 "JR과 그룹 전체의 신뢰 회복에 도움이 되도록 최선을 다하겠다"라고 말함으로써 사임 의사가 없음을 밝혔다. 그런데 이 자리에서 세 사람이 실제로는 임원직을 사임한 직후인 2005년 8월부터 이미 각각 별개의 자회사에서 고문으로 일했던 사실이 드러나면서 더 강한 반발을 불러일으켰다.

4.25 네트워크는 JR과 자회사를 몇 차례 찾아서 퇴임한 임원들에게 개별적 설명을 요구했다. 맹렬히 분노한 유가족 수십 명이 동참했다. 9월에는 '낙하산 임원 인사에 대한 요구' 문서를 제출했다. 전임 회장인 난야(이 시점에는 고문)와 전임 사장인 가키우치(이 시점에는 임원)를 포함한 5명이 4.25 네트워크 모임에 와서 사과와 경위 설명을 하도록 요구했다. 이에 대한 JR의 대답은 다음과 같았다.

"퇴임한 세 임원이 우리 그룹 자회사의 비상근 고문, 혹은 기술 고문으로 취임할 것을 각 회사가 요청했고, 승낙했습니다. 그 사실에 대해서는 각 회사로부터 연락이 있었기에 우리도 인지하고 있었습니다. 우리는 퇴직한 임원들의 고문 취임에 대해서는 원래 승인 절차 등을 필요로 하지 않았기에 어디까지나 관련 회사와 퇴직 임원들 사이의 개인적인 문제로 생각했습니다. 세 사람이 임기 도중에 퇴임한 사실 자체로 아주 호되게 책임을 졌다고 인식하고 있었기에 고문 취임에 대해 유가족분들에게 특별히 알려야 한다는 생각은 하지 못했습니다."

그렇게 기존 설명을 되풀이한 다음, '책임을 진다'는 인식에 유가족과 견해 차가 있었다, 기분을 상하게 해서 죄송하다, 그러나 이 건에 대한 설명은 이미 다 했으며 요구에는 응할 수 없다는 내용이었다. 끝까지 관료 조직다운 무례한 글이었다.

세 임원은 결국 1년 만에 자회사를 퇴직했다. 그 후 도쿠오카가 유가족과의 일대일 면담에 응했고, 사카타가 4.25 네트워크 모임에 참석하면서 몇 년에 걸쳐 서서히 수습되었다. 그러나 문제 발각 당시의 대응은 JR이라는 조직의 본질이 사고 후 1년이 지나도록 전혀 달라지지 않았음을 유가족과 부상자들에게 실감케 했다.

2차 피해

그런 와중에 유가족들에게 충격적인 사건이 일어났다. 사고로 파트너를 잃었던 32세 여성이 2006년 10월, 자신의 아파트에서 뛰어내려 사망한 것이다.

여성은 사고 희생자였던 남성과 12년간 동거한 사실혼 관계에 있었고, 4.25 네트워크에도 참가했다. 그녀의 주장에 따르면 JR은 사고 직후 두 달간은 생활비를 지급했지만, 혼인관계가 없었다는 이유로 중단했다고 한다. 변호사를 통해 협상한 끝에 생활비는 받게 되었지만, 아내나 유가족으로 대우받지 못한 점과 희생자 옆에 '존재하지 않았던 사람' 취급을 받은 점이 심적으로 고통스러웠다. 가족에게 남긴 유서에는 이렇게 적혀 있다(언론에 보도된 내용을 발췌했다).

"나오짱(사고로 사망한 남성)이 세상에 없다는 사실만으로도 견딜 수가 없는데, 왜 JR 때문에 이런 고통까지 겪어야 하나요? 여기는 지옥입니까? 억울해서 살 수가 없어요. 나오짱의 생명을 빼앗고, 우리 미래를 빼앗고, 내 전부를 빼앗은 JR이 미워서 어쩔 줄 모르겠어요.

저를 지옥으로 떠민 JR과 싸워주세요. 지고 싶지 않아요. 나오짱과 인생을 함께하고 싶었지만, 그럴 수가 없네요. 나오짱이 없는 세상은 살 수가 없어요. 싫어, 싫어, 싫어. 만나고 싶어. 만나려면 내가 가야 돼. 저는 나오짱과 둘이서 천국에서 지켜볼게요."

4.25 네트워크는, 1년 전부터 병 때문에 일도 못 하고, 경제적 기반도 잃은 그녀에 대한 지원을 JR에 요구해왔다. 그럼에도 불구하고 그녀를 구하지 못하고 '108번째 희생자'로 만들어버렸다는 사실에 유가족들은 충격을 받았다. 아사노는 신문사의 취재에서 "유가족들이 마음의 안녕을 얻을 수 있는 자리가 되기를 바라며 한 달에 한 번 정기 모임을 가졌는데…… 상당히 힘든 처지에 놓여 있었던 것 같다. JR이 제대로 대응하지 않았던 탓이다"라고 말했다.

한편 JR은 쓰치야 류이치로土屋隆一郎 전무 겸 피해자 대응본부장 명의로 "지금까지 최선을 다해 대응했던 분이었기에 갑작스러운 비보에 놀랐습니다. 삼가 명복을 빕니다"라는 코멘트를 했다.

JR은 유가족에게는 일실이익(피해자가 생존했더라면 얻었을 수입), 위자료, 장례 비용을 축으로 제시하는 한편, 부상자에게는 치료비, 휴업보상, 위자료를 원칙으로 한다는 보상 방침을 정해두고 있었다. 전임사장이었던 가키우치는 사임 기자회견에서 "몇몇 부상자와는 보상 협상에 합의했고, 일부 유가족과도 구체적으로 대화의 준비는 되어 있다"라고 말했다. 그러나 실제로 합의가 성립된 경우는 대부분 경상자였고, 중상자와 유가족은 앞서 말했던 것처럼 거의 협상을 시작조차 하지 못했다.

그러나 이 발언(아사노는 이를 빨리 협상을 진행시키고자 하는 JR의 '떡밥'으로 보았다)으로 인해 피해자들 사이에는 동요가 일어났다. "누가 합의한 거야"라는 의심을 키우거나 "우리는 언제 되나"라고 초조해하는 사람도 있었다. 당장의 생활비 등은 필요에 따라 지급되었지만, 자살한 여성처럼 주요 수입원을 잃은 가정에는 부족한 경우도 많았다. 사고 후, 시간이 지날수록 유가족과 피해자들 사이에서는 생활 격차가 커졌다.

4.25 네트워크가 지원한 부상자 가정 가운데 내가 취재한 곳이 있다.

이직을 위한 면접에 가던 남편이 사고를 당했다. 갈비뼈가 부러져 폐를 관통한 중상이었기에, 처음에는 "2주일도 버틸 수 없다"는 말을 들었다. 10시간이 넘는 큰 수술을 받아 다행히 목숨은 건졌지만, 입원 기간이 길어졌다. 부인은 사고의 충격에 더해 남편을 돌보고 어린 두 자녀를 양육하다 병이 났다. 사고 직후 남편의 충격적인 모습이 트라우마가 되었고, 중환자실의 광경이 이따금 눈앞에 펼쳐지는 PTSD(외상 후 스트레스 장애)였다. 밤에도 잠을 못 자고, 온몸이 납덩이처럼 무거웠다. 병원에서는 우울증 진단을 받았다. 일하던 직장도 사고 직후부터 휴직했고, 수입도 끊겼다.

"의사가 '일주일에 이틀은 간병을 쉬지 않으면 당신도 폐인이 된다'라고 말할 정도였어요. 사고 직후 1년간은 제 병 때문에 가족에게도 직장에도 민폐를 끼치고 있다는 생각에 죽고 싶은 마음밖에 안 들었어요."

사고의 직접적 피해자인 남편의 의료비는 JR이 전액 부담했지만, 아내의 병원비는 30퍼센트밖에 부담하지 않았다. 처음에 "완치될 때까지 전부 책임지겠다"던 담당자는 시간이 흐르자 "원래 부인 병원비까지

낼 법적 의무는 없다"라며 의료비 지원을 줄이도록 요구했다. 사고 부상자를 사칭해 위로금을 편취한 사람의 이야기를 아무 맥락 없이 꺼내기도 했다. 마치 그녀가 위법하게 금전을 요구하기라도 한 것처럼.

"지금은 어떻게 소강상태를 유지하고 있지만, 남편은 폐를 절제한 후유증과 정신적 충격으로 아직 일할 수 있는 상태가 아니고, 앞일을 생각하면……."

취재에 응하던 부인의 목소리는 가라앉아 있었다.

사고로 상처받고 고통받는 이들은 직접 피해를 입은 당사자만이 아니다. 가족과 주변 사람들까지도 생활과 건강, 정신을 파괴당하고 때로는 생명조차 잃는다. 아사노가 JR과의 협상에서 호소했던 '2차 피해'는 이렇게 현실이 되었다.

오만불손한 변명

JR이 전혀 '바뀌지 않았다는 것'은 간부 인사와 유가족 대응뿐 아니라 사고의 핵심에 있는 안전의식과 대책에서도 드러났다. 그 사실을 명명백백히 드러낸 것은 2007년 2월 1일, 항공·철도 사고조사위원회의 공청회였다. 국토교통부 10층에서 열린 이날 공청회는 조사위원회가 사고 원인을 특정하고, 최종 보고서를 작성하기에 앞서 관계자와 학자들의 참고 의견을 듣는 자리였다. 철도 사고 때문에 공청회가 열린 것은 처음이었다.

증인은 JR의 노사 양측 관계자, 철도 공학과 안전 문제 전문가, 그리고 아사노를 포함한 유가족 2명과 부상자 1명으로 총 13명이었다. 2006년 연말, 조사위원회가 공개한 '사고 조사에 관한 보고서 초안'(그때까지의 조사 결과를 종합한, 최종 보고서 초안)에 대해 각자의 관점에서 의견을 말하는 자리였다. 방청석은 4.25 네트워크에 참여한 유가족, 부상자 20여 명을 포함한 168명이 자리를 메웠다.

가장 먼저 증언한 사람은 JR의 마루오 가즈아키丸尾和明 부사장 겸 철도본부장이었다. 장기간에 걸쳐 압도적 권력자로 군림했던 이데 마사타카 전임 회장과 가까웠던 그는, 사고 직후 차기 사장으로 하마평이 나돌던 간부였다. 부사장으로 승진하기 전에는 후쿠치야마선 사고 대책심의실장을 역임했고, 행정직이면서도 사고 원인과 안전 대책에 정통한 인물이었다.

마루오는 조사위원들과 방청석을 향해 고개를 숙인 뒤 먼저 "진심으로 사죄드립니다"라고 말했다. 그러나 그 후에는 보고서 초안의 내용에 대한 반론을 시작했다.

"사고 발생자에 대한 재교육, 이른바 일근교육은 철도 수송의 안전 확보를 위해 필수 불가결하다고 생각합니다."

먼저 사고가 있고 나서 가장 많은 비판을 불렀던 일근교육(실수를 저지른 승무원을 일정 기간 업무에서 제외시킨 후 이뤄지는 재교육. 그 내용이 지나치게 징벌적이어서 운전사에게 압박을 가했음이 지적되었다) 문제를 꺼냈다.

자세한 내용은 나중에 다루겠지만, 보고서 초안은 다카미 류지로 운전사가 사고 10개월 전과 차장 시절을 통틀어 세 번 일근교육을 받았던 점, 반성문 등을 반복해서 써야 하는 것에 대한 불만과 업무에서 제외되는 것에 대한 불안을 친구들에게 털어놓았던 점을 지적했다.

그리고 같은 지구 운전사를 상대로 한 조사에서 "심문을 당할 때 몇 번이나 혼났다" "화장실에 갈 때도 상사의 허락이 필요해서 심한 스트레스를 받았다"라는 증언이 나왔음을 지적하며 운전 기술 재교육이 아닌 정신적 징벌에 가까웠다고 결론 내렸다.

마루오는 이에 대해 "실수를 저지른 승무원에게 사고 원인을 분석하게 해서 자각을 갖게 하고, 업무의 중요성을 이해시키고, 사고 방지에 대한 의식을 향상시키는 일은 철도 사업자의 책임"이라고 주장하며 JR이 '승소'한 재판 판례를 꺼냈다.

2001년에 자살한 JR 운전사 유가족이 "학대에 가까운 일근교육이 원인"이었다며 손해배상을 요구한 소송이었다. 2006년 11월 오사카 고법이 "안전 이념을 철저하게 하는 방법으로 일근교육은 적절한 방법"이었다며 유가족의 청구를 기각한 판결문의 일부를 읽었던 것이다. 판결문에서는 일근교육이 자살의 원인이 되었던 점은 인정했지만, 당연히 마루오는 그 부분은 말하지 않았다.

그리고 판결을 근거로 "의식 개선에 중점을 둔 재교육의 유용성은 승인받았다"라고 강조했다. 나아가 비판적 증언을 한 운전사들은 "함부로 운전석을 이탈해 승무원실에서 사적 잡무를 봤던 이들"로, 보고서에 인용하는 것은 부적절하다고 주장했다.

자살한 운전사나 조사에서 증언한 운전사가 회사에 적대적인 노조 소속으로 평소의 근무 태도가 나빴고, 재판과 조사에서의 증언은 신뢰할 수 없다고 마루오는 암시하고 있었다(노조 문제에 대해서는 4, 5장에서 자세히 다룬다).

실제로는 일근교육이 회사에 비판적인 노조를 제재하고 억압하려는 의도가 있었으며, 직장 통제와 노무 관리의 수단이었다고 관계자들은 입을 모아 말했다. 노사 대립이 심했던 국철 시대부터 비슷한 관리 방법이 있었지만, JR에서는 어반 네트워크를 확충하며 급성장한 1997년 무렵부터 심해졌다고 전해진다.

일근교육의 내용과 기간에 관한 규정은 없었다. 반성문과 업무 수

칙 받아쓰기, 선로의 잡초 처리, 화장실 청소, 플랫폼에 서서 열차가 도착할 때마다 인사하기 등의 일을 시켰다. 상사와의 면담에서 장시간에 걸쳐 욕설을 듣거나 인격 모독에 가까운 질책을 받았다는 직원도 많았다.

회사에 비판적인 노조가 오랫동안 시정을 요구했음은 물론이고, 회사에 협조적인 제1노조에서 행한 사고 직후의 설문조사에서도 운전사의 40퍼센트가 "징벌적, 모욕 주기"라고 불만을 표했으며, 80퍼센트 이상이 "필요 없다" "개선이 요구된다"라고 대답했다. 다카미 운전사 역시 제1노조에 소속되어 있었지만, 일근교육의 관행에 두려움을 느끼며 노이로제 상태였다.

사고를 계기로 회사 안팎에서 불만과 비판이 속출하자 JR은 일근교육의 내용을 좀더 실천적인 기술적 지도로 수정했다. 그러나 앞서 나온 판결 때문에 자신감을 가졌는지, 공청회에서 "문제없었다"라고 주장을 바꾼 것이다.

마루오는 보고서 초안에 대한 반론을 이어갔다. 그 내용을 요약하면 다음과 같다.

·브레이크 조작 등의 운전 교육에 문제는 없었다.

·차량 점검에도 부족함은 없었다.

·ATS-P 설치 계획은 차례대로 적절히 진행되고 있었다. 2005년 6월(사고 2개월 후)에야 사용이 시작된 후쿠치야마선의 설치 작업이 원래 계획보다 지연된 이유는 좀더 안전하고 확실하게 시공하기 위해 신중하게 작업한

결과다.

· 상식적으로 운전사가 커브 구간에서 제한속도를 대폭 과속하는 일은 예상할 수 없었다. 커브 구간에서의 ATS 설치는 정부 규정에 없지만, 안전성과 신뢰성을 위해서 만약에 대비해 정비하려고 했었다.

· 여유 시간이 없는 운행 계획(시간표 편성)이라도 운전을 표준적으로 한다면 정시운행은 가능하다.

· 하마터면 사고로 이어질 뻔한 사례를 승무원이 보고하게 하고, 다른 JR 회사들의 사고 등을 참조해 모든 면에서 안전 관리 체계를 정비해왔다.

· 보고서 초안에 나온 운전사들의 설문 결과(열차 지연에 대한 심리적 부담, 제한속도 인식 등)는 객관성이 부족하다.

· 사고 차량 차장(회사에 비판적 노조 소속)은 입원 중이어서 회사로서도 충분한 조사를 할 수 없었지만, 보고서 초안에 기록된 비상 브레이크의 작동과 차장의 진술 사이에 일치하지 않는 부분이 있다.

20분에 걸친 마루오의 발언은 처음에 "진심으로 사죄"를 언급하고, "저희 회사는 온 힘을 다해 안전을 최우선시하는 기업 문화 구축을 위해 노력하겠습니다"라고 끝맺었을 뿐, 그 내용은 변명과 책임 회피, 자기정당화밖에 없었고, 조사위원회의 조사 방법까지 비판할 정도로 반성의 기색은 보이지 않았다. 말투와 태도에서는 "멍청한 운전사가 실수한 탓에 엄청난 손해와 민폐를 떠안게 되었다"는 회사의 본심과 피해의식이 엿보였다.

조사위원회의 위원들은 불쾌감을 감추지 않았다.

"하는 말이 애매모호하다. 무엇이 원인이고, 무엇이 재발 방지를 위해 효과가 있는지 구체적으로 말해달라."

"판결을 인용했는데, 조사위원회의 취지는 재발 방지에 있다. 전혀 상관없는 얘기라 기이하다. 발언을 취소해달라."

"당신 회사는 여러 부서 사람들이 다들 그럴듯한 말로 변명한다. 그렇지만 사회적 책임이 큰 철도원으로서의 사명감은 보이지 않는다."

이례적으로 날이 선 지적을 받은 마루오는 굳은 표정으로 "(사고 원인은) 현재로서는 알 수 없다는 얘깁니다" "직원들에게는 책임의 무게와 의식을 철저히 갖도록 하고 있습니다"라고 동문서답만 되풀이했다.

진술이 끝나고 기자들이 몰려들자 "사실과 진술의 일부만이 인용된 부분에 대해 전체적으로 파악하는 게 좋다는 말씀을 드렸다"라고 말했다. 가해자로서의 진지한 반성은 끝까지 들을 수 없었다. JR 내부에서도 유가족 담당 직원들을 중심으로 "지금까지 간신히 구축해온 유가족과의 관계는 무너졌다"라는 비판의 목소리가 나올 정도였다.

잘못된 인간관, 왜곡된 안전의식

한편 아사노는 공청회에서도 지금까지 주장한 4항목, '일근교육의 내용과 타당성' '여유가 없는 시간표 편성' 'ATS-P 설치 지연 원인' '경영진 회의를 비롯한 안전 관리 체계'의 검증과 해명을 요구했다.

JR은 안전 운전의 책임을 운전사 개인의 기량과 경험 탓으로 돌렸다. 경쟁력 강화와 이용자 확대를 꾀하며 여유가 없는 시간표를 편성하면서도 충분한 안전 대책을 취하지 않았다. 경영 목표와 영업 방침만 우선시하고, 안전 점검 체계는 부실했다. 이 사고는 명백한 조직적 사고이며, 경영진의 책임을 물어야 한다. 이상이 진술 취지였다.

아사노는 진술을 다음과 같이 마무리했다.

"사고 원인 규명과 정보 공개는 유가족과 부상자의 치유, 철도 사업의 안전과 신뢰 회복에 불가결하고, 국민 전체에 대한 영향도 크다. 유가족과 부상자의 주장을 듣는 것은 조사의 중립성과 객관성에도 기여한다. 피해자를 직시한 조사 결과와 적절한 정보 공개를 요구한다."

부상자 대표로 진술한 사람은 둘째 칸에서 중상을 입고 기적적으로 살아남은, 4.25 네트워크의 핵심 멤버 오구라 사토시小椋聡였다. 오구라는 4.25 네트워크가 추진한 '희생자들의 승차 위치' 조사와 약

100명의 부상자에 대한 탐문을 바탕으로 특기를 살려, 보고서 초안에 없었던 승객 위치와 차내 상황을 일러스트로 재현했다. 오구라는 부상자에 대한 조사가 부족하다는 점을 지적했고, 조사위원회의 사토준조佐藤淳造 위원장(도쿄대학 명예교수)은 "우리의 정보가 불완전하고, 조사 방법에 개선의 여지가 있음을 알게 되었다"라고 대답했다.

전문가들은 JR에 대한 비판적 의견을 잇따라 내놓았다.

"사람의 주의력에는 한계가 있다. 일근교육 등으로 정신적 압박을 가하고, 불필요한 정보를 무선으로 흘려보냄으로써 주의를 분산시키는 상황을 유발했다."(시노하라 가즈미쓰 오사카대학 대학원 교통심리학 조교수)

"일근교육은 징벌적이다. 개인의 의욕을 통해 안전성을 높인다는 휴먼팩터의 교육 이념에 심하게 역행하고 있다. 안전 관리도 일반 기업보다 10년 정도 뒤처져 있다."(구로다 이사오 일본 휴먼팩터 연구소 소장)

공익 사업이 전문인 아베 세이지安部誠治 간사이대학 교수는 아사노의 문제 제기를 심화하면서 좀더 구체적으로 JR의 조직적 책임을 단호하게 추궁했다. 아베는 4.25 네트워크를 지원한 연구자 중 한 명으로, 사토 변호사와 함께 시가라키 고원철도 사고 조사에도 깊이 관여했다. 그는 "기업의 안전 확립에 관여하게 된 계기가 시가라키 사고였다"라고 말하며 사고 직후부터 JR의 조직적 결함, 특히 경영진의 안전 인식 부족을 거듭 지적했다. 그는 "철도는 사람과 시스템의 조합이라는 사실을 경영진이 모르고 있다. 사람의 실수를 백업할 수 있는 시스템을 정비해야 하는데, 직원을 엄격히 교육시키면 실수를 하지 않으리라는 잘못된 인간관을 갖고 있다"라고 말한 바 있다.

공청회에서 아베는 다카미 운전사가 사고에 이른 행동과 심리 상태를 분석하며 "운전 기술에 다소 문제가 있긴 했지만 평범한 운전사"였다고 판단했다. 그리고 다카미의 브레이크 조작이 늦어진 것은 사고 약 20분 전에 다카라즈카 역에 들어갔을 때의 실수에 그 원인이 있었다고 보았다. 속도를 초과해 ATS를 오작동시킨 데다가 관제센터에 무단으로 "복귀 신고"를 하며 규칙 위반을 범한 스트레스 때문에 이타미 역에서 72미터 오버런을 했다. 아베는 보고서 초안의 사실관계를 바탕으로, 다카미가 과거 일근교육을 받은 기억 때문에 차장에게 허위 보고를 부탁했던 것으로 미루어 운전사 자격을 박탈당하지는 않을까 하는 공포에 휩싸여 있었다고 추측했다.

그러면서 아베는 JR의 조직적 문제를 언급했다. 그중 하나가 여유 없었던 시간표 편성의 배경이었다. JR 서일본이 JR 동일본, JR 도카이에 비해 경영 기반이 가장 취약했다는 사실을 데이터를 통해 자세히 설명한 것이다.

JR 서일본은 주고쿠中國와 호쿠리쿠北陸●의 적자 노선을 떠안았다. 그리고 산요山陽 신칸센●●은 비행기나 다른 교통수단과의 경쟁에서 뒤처진 탓에 한창때보다 연간 1100만 명이나 승객이 줄었다. 주축으

● 주고쿠는 돗토리현, 시마네현, 야마구치현, 오카야마현, 히로시마현을, 호쿠리쿠는 도야마현, 이시카와현, 후쿠이현을 가리킨다. 혼슈의 다른 지방에 비해 대도시가 적은 지방이어서 적자 노선이 많다.
●● 오사카-후쿠오카 구간을 운행하는 신칸센. 도쿄-오사카 구간을 운행하는 도카이도 신칸센에 비해 비행기, 고속버스 등과의 경쟁에서 취약하다.

로 삼은 오사카, 교토, 고베의 도시권에서는 다른 민영 철도 회사들의 기반이 튼튼했기에 가격 경쟁력에서 밀릴 수밖에 없었다.

안정된 수익을 올리기 위해서는 오사카를 중심으로 배차 간격을 촘촘하게 편성하고, 출퇴근 시간대의 속도를 올리는 수밖에 없었다. 이것이 이데 마사타카가 추진한 어반 네트워크 구상이었다.

아베는 이어서 다음과 같이 진술했다.

"1987년 4월 JR 서일본이 발족했을 당시, 다카라즈카-오사카 구간은 가장 빨리 가면 31분이 소요되었다. 그런데 후쿠치야마선 사고가 발생하기 직전인 2005년 3월에는 22분까지 단축되었다. 같은 기간 한큐 전철은 36분에서 30분으로 단축시켰다. 즉, 원래 5분이었던 JR과 한큐의 소요 시간 차이는 8분으로 늘어난 것이다. 이 8분의 차이가 JR의 무기였다. 한큐의 다카라즈카-오사카 구간의 연간 이용객은 1995년도에 2억437만 명을 정점으로 2001년도에는 1억7885만 명까지, 2550만 명 감소했다. 그 이유 중 하나는 한큐 대신 JR을 선택하게 된 승객이 상당수 있었기 때문이다. (…)

특히 후쿠치야마선은 시간표를 개정할 때마다 여유 시간이 줄었고, 역에서의 정차 시간도 줄었다. 그 때문에 운전사들은 여유 없는 운전을 해야 했고, 열차 지연도 만성적으로 일어났다."

아베가 지적한 다른 문제는 ATS-P 설치를 늦춘 경영진의 판단 실수였다. 1997년 3월에 후쿠치야마선이 어반 네트워크에 포함되면서 아마가사키-사사야마구치 구간의 최고 속도가 시속 100킬로미터에서 120킬로미터로 완화되었을 때 ATS-P를 설치했어야 했다고 아베는 말한다. ATS-P 도입 계획은 1998년부터 있었지만 장기간 방치되었다. 그런데 후쿠치야마선 사고가 일어나자 국토교통부의 지시로 불과 한 달 만에 설치 공사를 완료했다. 그렇게 단기간에 설치가 가능했던 것을 왜 몇 년이나 방치했던 것일까? 만약 조금만 더 일찍 설치했더라면 사고는 막을 수 있었을 가능성이 높다.

"열차의 최고 속도를 완화하고, 여유 없는 시간표를 짜면서 그에 맞는 안전 시스템 개량은 방치되었다. 설비 투자에서도 신형 차량 도입 등 경쟁력 강화를 위한 투자를 우선시했고, ATS-P 설치 등 안전성 향상을 위한 설비 투자에는 현저히 적은 자금밖에 투입되지 않았다. (…) 역대 JR 경영진은 사고 방지를 위한 보안 시스템 정비의 중요성에 대한 인식이 부족했고, 휴먼에러에 대한 인식도 두드러지게 부족했다. 즉, 안전의식이 왜곡되었던 탓에 ATS-P 설치가 늦어졌고, 사고 열차의 과속을 방지할 수 없었던 것이다."

"잘못된 인간관"과 "왜곡된 안전의식". 아베의 말은 사고 후에 거듭 지적된 JR의 조직적 결함과 사고 배경을 단적으로 드러낸다.

또한 아베는 이 자리에서 정부의 책임도 물었다. 아베가 조사한 바에 따르면, JR이 "상식적으로 예상할 수 없었다"라고 주장한, 커브 구간에서의 과속으로 인해 발생한 탈선 사고는 과거 전국에서 다섯 건이나 발생했다. 1974년의 가고시마선 사고에서는 78명이 부상당했다. 하코다테선에서는 1976년, 1988년, 1996년에 화물 열차가 유사한 사고를 일으켰는데, 그중 두 건은 민영화 이후의 일이다.

"그럼에도 불구하고 국토교통부는 후쿠치야마선 사고가 발생할 때까지 철도 사업자에게 커브 구간 안전 대책을 지시하지 않았다. 관리 감독에 문제가 있었다고 하지 않을 수 없다."

운전사 개인의 실수로 결론 내리려 했던 JR의 의도와 달리 사고 조사와 공청회를 통해 여러 조직적 결함 및 구조적 요인이 드러난 것이다.

―――

최종 보고서 1: 허위 보고

2007년 6월 28일, JR 후쿠치야마선 탈선 사고의 조사위원회가 최종 보고서를 공개했다. 조사위원회는 원래 사고 2주기를 맞는 4월 말에 발표할 예정이었지만, 공청회 진술 등을 토대로 추가 조사를 하느라 두 달 늦어졌다.

본문 263페이지, 별책 자료 154페이지. 기자회견에서 고토 노리히로後藤昇弘 위원장(규슈대학 대학원 교수. 전임 위원장이었던 사토 준조는 공청회 이후 임기 만료)은 "1000명이 넘는 사람의 증언과 정보를 통해 필요한 사항을 보고서에 기재했다"며 조사에 자신감을 드러냈다.

지금까지의 내용과 일부 중복된 부분이 있지만, 최종 보고서로부터 사고 당일 다카미 운전사의 행적을 요약하겠다(속도는 모두 시속).

승무 행로/ 사고 열차 5418M 출발까지

사고 당일은 이틀에 걸친 근무 중 2일차였다. 전날은 오후 1시부터 11시까지 근무했고, 모리노미야 지구의 하나텐 역에서 도착 점호를 받고 근무를 마쳤다. 동료 운전사들과 잡담한 다음 오전 0시 무렵 숙직실에 들어갔다. 기상 후 오전 6시 8분, 아침 점호를 받았다. 일곱 칸으로 편성된 회송 열차를 출고해서 하나텐 역에서 마쓰시타 마사토시_松_{下正敏} 차장을 태운 뒤, 마쓰이야마테 역으로 출발했다.

점호를 한 계장이나 인사를 나눈 차장에 따르면 몸이 아프거나 졸린 것 같은 이상 증세는 없었다고 한다. 전철은 마쓰이야마테 역에서 교바시 역까지 구간쾌속으로 운행했다. 그리고 종점인 교바시 역에서 다시 아마가사키 역으로 보통 열차로 운행했다.

아마가사키 역보다 한 역 앞의 가시마 역 직전의 커브에서 ATS가 작동하면서 운전실에 경보음이 울렸다. 다카미는 브레이크를 조작하려 했으나 ATS의 브레이크가 먼저 감속하면서 시속 65킬로미터로 커브 구간에 들어갔다. 차장은 이 급격한 감속을 눈치채지 못했다. 8시 26분 30초, 아마가사키 역에 도착했다.

아마가사키 역에서 다음 운행 구간의 출발 역인 다카라즈카까지 회송 열차로 운행했다. 그러나 다카라즈카 역 바로 앞까지 온 8시 53분, 운전에 착오가 생기기 시작했다. 진입하는 2번 플랫폼은 노란색 신호였는데, 제한속도 55킬로미터를 초과한 탓에 운전실에 다시 ATS 경보가 울렸다. 다카미는 브레이크를 걸었지만, 원래는 45킬로미터까지 감속했어야 할 구간을 65킬로미터로 통과하는 바람에 차량이 크게 흔들렸다. 비상 브레이크가 작동하면서 역 앞에서 정지했다. 다카미는 플랫폼에 들어가기 위해 ATS를 해제했다. 그러나 이때 관제센터에 연락을 하지 않았다.

열차는 2번 플랫폼으로 들어가려 했지만, 지정된 위치가 아닌 곳에 한 번 정차한 탓에 ATS의 오출발 검지 기능이 작동하면서 다시 비상 브레이크가 걸렸다. 결국 다카라즈카 역에는 정각보다 약 44초 늦은 8시 56분 14초에 도착했다.

제한속도를 초과한 채 역에 들어간 것은 졸음운전이 원인으로 추정된다. 그 사실을 감추기 위해 ATS를 무단으로 해제한 것이 첫 번째 도미노였다.

5418M 전철은 다카라즈카에서 방향을 바꿔 도시샤마에행 쾌속으로 출발해야 했다. 그래서 마쓰시타 차장은 플랫폼을 걸어서 첫째 칸에서 일곱째 칸으로 향했다. 그런데 다카미가 운전실에서 꾸물거리는 바람에 30초 정도 기다렸다. 원래는 역에 도착한 뒤 1분 만에 운전실을 나와야 하는데, 다카미는 약 2분 50초 걸린 것이다. 그사이 무엇을 했는지는 알 수 없다. 최종 보고서에서는 비상 브레이크 등 기기를 확인했거나 휴대전화로 온 문자를 봤을 가능성을 제기한다. 마쓰시타 차장은 교대하면서 해당 구간에 ATS-P가 작동했다고 착각해서 "P 때문에 멈춘 기가?"라고 물었다. 그러나 다카미는 부루퉁한 표정으로 아무 대답 없이 첫째 칸으로 이동했다.

승무 행로/ 사고 열차 5418M 출발 후

다카라즈카발 도시샤마에행 쾌속 5418M은 다카라즈카 역을 정시보다 약 15초 늦은 9시 4분경 출발했다. 첫 번째 정차역은 나카야마데라中山寺 역이었다. 출발 직전에 뛰어들어 승차한 승객이 있어서 정시보다 약 25초 늦은 9시 7분 40초에 출발하게 되었다. 다음의 가와니시이케다 역에서는 타는 승객이 많았던 데다가 출발 직전에 뛰어들어 승차한 승객까지 있어서 정시보다 35초 늦은 9시 11분 20초에 출발했다. 그다음 기타이타미 역은 약 34초 늦게 통과했다. 속도는 약 시속 120킬로미터까지 올라가 있었다. 다음 정차역인 이타미 역이 가까워져도 전철은 거의 속도를 늦추지 않았다.

정지 위치 643미터 앞에서 ATS가 "멈추세요. 멈추세요"라는 경고를 보냈지만 다카미는 그대로 직진했다. ATS의 정차역 통과 방지 기능으로 "멈춰. 멈춰"라는 경고와 경보음이 다시 울리고 나서야 다카미는 브레이크를 걸었다. 그때가 9시 14분 35초 무렵이었다.

그러나 속도가 붙어 있던 전철은 이타미 역 플랫폼을 시속 83킬로미터, 원래 정차 위치를 시속 46킬로미터로 지나쳤다. 마쓰시타 차장이 비상 브레이크를 건 직후에 감속하고, 어지간하면 사용하지 않는 예비 브레이크까지 쓴 다음에 겨우 멈췄다. 정차 위치를 72미터나 지나친 오버런이 발생했다.

다카미는 정지 후 차내 전화로 마쓰시타 차장에게 "지금 후진한다"고 전한 뒤, 제한속도보다 빠른 시속 16킬로미터로 후진했다. 그 때문에 이타미 역에는 정시보다 1분 08초 늦은 9시 15분 43초에 도착했다. 이타미 역을 출발한 것은 1분 20초 늦은 9시 16분 10초. 이나데라 역을 9시 17분 38초에 통과한 다음, 직선 구간에서 속도를 높였다. 속도는 쓰카구치 역 신호기 앞에서는 시속 124~125킬로미터에 달했다. 이때 운전실 속도계는 오차로 인해 시속 121~122킬로미터로 표시되었다고 추정된다.

쓰카구치를 통과한 28초 후의 9시 18분 50초경, 사고 현장 오른쪽 커브(반경 304미터)에 진입했을 때의 속도는 시속 116킬로미터. 커브 제한속도인 70킬로미터를 대폭 초과한 상태였다. 그 직후에 수동 브레이크(8단계)를 약 0.0~2.4초 동안 사용했고, 105킬로미터까지 감속했다. 그러나 브레이크 작동은 제한속도로 늦추기 위해 필요한 시각보다 20초 정도 늦었다.

9시 18분 54초, 첫째 칸이 왼쪽으로 기울어지면서 탈선, 이어서 둘째 칸부터 다섯째 칸까지 차례로 탈선했고, 마쓰시타 차장이 타고 있던 일곱째 칸은 9시 19분 04초에 정지했다. 현장 조사에서 선로와 차량에 탈선의 원인이 될 만한 이상 징후는 발견할 수 없었고, 과속으로 인한 초과 원심력이 원인으로 추정된다.

무선 내용/ 사고 직전

마쓰시타 차장의 진술에 따르면 오버런이 발생한 이타미 역을 출발한 직후 "다음 역은 아마가사키"라는 안내 방송을 했을 때, 다카미가 "수화기를 들라"는 연락 신호를 보내왔다. 마쓰시타는 방송을 멈추고 수화기를 들었다. 구체적인 표현은 잊었지만 "좀 봐주이소"라는 말을 들었다. 오버런 거리를 관제사에게 축소 보고해달라는 의미로 이해했다. 잠시 생각한 다음 "너무 마이 갔다 아이가"라고 대답했다. 직후에 객실에서 문을 두드리는 승객이 있어서 수화기를 놓고 대응했다.

"사과 방송을 와 안 하노?"

"늦어놓고 사과도 안 하는 기가?"

승객은 그런 불만을 토로했고, 차장은 "지금 방송할 테니 잠시만 기다려주세요"라고 대답한 뒤, 사과 방송을 내보냈다. 그러나 일곱째 칸의 상황을 모르는 다카미는 통화가 일방적으로 끊긴 탓에 차장이 화를 냈다고 오해했을 수도 있다고 마쓰시타는 말한다.

사과 방송을 마친 다음 종합 관제센터에 정차 위치 오버런과 그로 인한 열차 지연을 무선으로 보고했다. 오버런한 거리는 눈으로 보기에 30~40미터였지만, 운전사에 대한 처벌이 심하지 않도록 "8미터"라고 말했다. 지연 시간은 시계로 확인하지 않고, "1분 30초"라고 말했다.●
모르는 사이도 아닌 운전사를 배려해서였다. 허위 보고가 들키리라고는 생각하지 않았다.

당시 무선 대화가 보고서에 기록되어 있다.

관제사: 여기는 관제센터. 오버.

차장: 5418M(오천, 사백, 십팔, 엠) 차장입니다. 오버.

관제사: 5418M 차장, 내용을 말하세요. 오버.

차장: 오버런, 후방 한계 표시 약 8미터 초과해서, 운전사와 합의해서 후진, 1분 30초 늦게 출발했습니다. 오버.

관제사: 후방 한계선 8미터 오버런, 후진, 승객 승하차하고, 지연 시간은 몇 분입니까? 오버.

차장: 1분 30초입니다. 오버.

관제사: 1분 30초. 그럼 5418M 운전사, 응답할 수 있습니까? 오버.

● 앞서 언급된 것처럼 실제 오버런 거리는 72미터, 지연 시간은 1분 20초였다.

무선은 여기서 끊겼다. 딱 1분간이었다. 마쓰시타 차장이 보고를 마치고 안심했을 무렵, 갑자기 부딪힌 것 같은 충격으로 열차가 멈췄다. 비상 브레이크보다 훨씬 더 강한, 지금까지 경험한 적 없는 브레이크라고 생각했다.

보고서에서는 다카미가 차장에게 전화로 허위 보고를 요구한 시각은 이타미 역을 출발한 지 약 35초 뒤인 9시 16분 45초경으로 보고 있다. 그리고 브레이크를 걸기 시작했어야 할 위치를 통과한 것은 관제사가 "후방 한계선 8미터 오버런"이라고 복창한 9시 18분 30초경이었다. 관제사가 운전사를 부르던 순간에 탈선했다.

"너무 많이 갔다 아이가"라는 소극적 대답을 끝으로 전화가 끊겼던 탓에 다카미는 차장이 어떻게 보고를 하는지 무선에 유난히 신경을 곤두세우고 있었거나 일근교육을 피하기 위해 "8미터 오버런"에 맞는 변명을 생각하고 있었을 것이라고 보고서는 결론 내린다.

나아가 무선 내용을 메모하려 했을 가능성도 있다. 운전사의 시신은 오른손만 장갑을 벗고 있었고, 운전실에는 그의 것으로 보이는 JR의 빨간 연필이 떨어져 있었다. 직접적인 사인은 복부 타박으로 인한 출혈이었다.

무선 내용/ 사고 직후

사고 직후 마쓰시타 차장과 관제사의 휴대전화 통화도 보고서에 기록되어 있다. 상황을 파악하지 못한 채 보고하는 차장과 보고를 이해하지 못하는 관제사의 착각이 생생하다.

관제사: 어, 차장님, 진정하고 천천히 말하세요.

차장: 네. 이타미 역을 후방 한계 오버런했다가, 원래 위치로 이동하고 출발한 다음에 연락했습니다. 관제센터에. 그리고 말을 하다가 "운전사"라고, 관제사가 운전사한테 연락을 했어요. 그다음 브레이크를 밟아서 정차 중입니다.

관제사: 지금 기다리고 있다꼬?

차장: 네.

관제사: 왜 멈췄는데?

차장: 잘 모르겠습니다.

관제사: 운전사한테, 무선이 안 터지면, 운전사 비상용 휴대전화에 연락해서 삐삐 울려주세요.

차장: 앗! 잠깐만요. 지금, 엇, 탈선했습니다.

관제사: 탈선했다꼬?

차장: 탈선했심더.

관제사: 어, 뭐라꼬?

차장: 탈선했어요.

관제사: 뭐라꼬? 다시 한번 천천히 말하소.

차장: 탈, 선, 했, 습, 니, 다.

마쓰시타 차장은 관제사에게 현재 위치를 전하고, 전화를 든 채 앞쪽의 상황을 보러 갔다. 관제사는 자동차와 충돌한 건널목 사고를 의심했지만, 차장은 그렇지 않다고 말하고, "앞쪽이 완전히 박살났습니다"라고 말했다. 그래도 사태를 이해하지 못한 관제사는 운전사를 바꾸라고 말한다. 차장은 사고 현장에 있던 후속 열차 운전사에게 전화를 바꿨다.

관제사: 운전사.

후속 열차 운전사: 후속 열찹니다.

관제사: 후속 열차. 해당 열차 운전사는 없나?

후속 열차 운전사: 저도 찾고 있습니다.

관제사: 없어?

후속 열차 운전사: 없어요. 잘 모르겠는데 전철이 완전 박살 나서, 셋째 칸까지 완전 박살 나서, 어디가 선두 차량인지도 모르겠어요.

관제사: 맞나? 그마이 심하나?

후속 열차 운전사: 완전 박살 났어요. 상행선, 하행선에 차량이 쓰러져 있어서.

관제사: 완전히 쓰러졌다꼬?

후속 열차 운전사: 쓰러졌다기보다…….

관제사: 기울었어?

후속 열차 운전사: 아뇨. 그런 차원이 아니에요.

탈선 사고가 일어났을 때 관제사가 확인해야 할 사항 등에 대한 매뉴얼은 없었다. 예상치 못한 사태에 직면한 사고 현장은 혼란스러웠고, 상황을 파악하지 못한 채 애매한 보고만 반복하고 있었다. 사고 현장과 온도 차가 있는 관제사는 과거의 경험과 선입견 때문에 정확히 사태를 파악할 수 없었다. 인간의 인지능력이 원래 그런 것인지는 몰라도, 매일 시속 100킬로미터 이상으로 운행하는 열차를 지탱하는 시스템이 이렇게나 허술한가 싶었다.

―――
최종 보고서 2: 일근교육

다카미가 과거 세 차례 일근교육을 받았던 사실은 앞서 언급했다. 그 내용과 운전사로서의 적성은 어땠는지 보고서에 의거하여 인간상을 요약하겠다.

가족과 친구들의 말에 따르면 밝고 쾌활한 성격으로 친구도 많았고, 고민이나 낙담을 드러내지 않았다고 한다. 철도에 특별히 관심이 많았던 것은 아니지만, 고등학교를 졸업하고 열여덟 살 때 JR에 들어가 본인의 희망대로 운전사가 되었다. 가족들에게는 "신칸센 운전사가 되는 게 꿈"이라고 말했다고 한다. 고등학교 친구들과는 이메일과 휴대전화로 연락을 이어가고 있었는데, "근무 중에 답장이 오는 일은 없었다" "일을 할 때는 성실하게 임했다. 무슨 일이든 요령껏 무난하게 해내는 성격"이라는 증언이 있었다.

JR 근무는 5년 남짓. 역 근무와 차장을 거쳐 2004년 5월에 운전사로 교바시 지구에 배정되었다. 사고 당시 운전사 경력은 11개월 7일이었다. 건강 상태와 근무 태도에 문제는 없었고, 교바시 지구의 근무 평가 종합점수는 10점이었다(해당 지구 운전사 평균 점수는 7.3점이었다). 소견란에는 "기본 동작은 큰 소리로 잘하고 있다"라고 적혀 있다. 사고

엿새 전에 있었던 개인 면담에서는 "특급 열차를 타고 싶다" "신칸센 운전사"가 희망이라고 말했다.

한편 입사 이후 네 번의 징계 처분을 받았다. 차장 시절에 역을 통과해버리면서 훈계 처분. 후배 차장의 지도를 위해 탑승했다가 졸아서 주의를 받았다. 그때 각각 나흘과 하루 동안 일근교육을 받았다. 역 근무 시절에는 3분 지각으로 주의를 받았다. 모두 해고나 정직에 이를 정도의 무거운 처분은 아니지만, 횟수는 적지 않다. '정해진 일을 확실히 할 것'이 요구되며, 시간에 철저한 철도 업계에서는 결코 우수한 직원이었다고는 할 수 없을 것이다.

운전 기술 역시 마찬가지였다. 특히 브레이크 조작 미숙이 눈에 띈다. 운전사가 되고 난 처음 두 달 동안 오버런을 세 번 했고, 5개월차에는 역에 정차할 때 ATS-P를 작동시켜버렸다. 특히 2004년 6월 8일 가타마치선 시모코마 역에서 100미터 오버런을 해서 8분 연착한 일이 사내 규정의 '반성 사고'에 해당된 탓에 13일간의 일근교육을 받기도 했다.

사고 당일, 세 명의 상사로부터 1시간 30분에 걸친 조사를 받았다고 보고서에 첨부되어 있다. 처음에 "거짓말은 절대 하지 마라. 다시 거짓말하면 운전 못 하는 수가 있어"라는 말을 듣고, 실수의 자세한 내용을 추궁당했다. 정차 확인은 했는가, 어디서 했는가, 브레이크는 어디서 조작했는가, 그때 무슨 생각을 했는가 등등. 게다가 운전사로서의 자세와 마음가짐에 대해서도 추궁이 있었다.

"본인 실력에 그렇게 자신 있어?"

"아닙니다."

"운전사 일을 뭘로 보고. 이게 장난 같아?"

"아닙니다."

"이대로 역을 지나쳤으면 회사의 신용이 어떻게 돼? 시모코마 역을 지나쳤다고 또 언론이 떠들썩할 거 아냐."

"……"

다카미는 일주일 전에도 시모코마 역에서 정차 위치를 지나쳤다가 "무단으로 후진했다"고 혼났다. 게다가 처음에 실수의 원인을 "일단 브레이크를 작동했는데 느슨해졌다"라며 사실과 다른 보고를 했고, 그 때문에 "거짓말을 했다"라는 질책을 들었다.

"와 '브레이크가 느슨해졌다'고 했노?"

"오버런한 걸 보고하는 게 무서웠어요."

"와 그런 말을 했노?"

"어떡하지, 어떡하지 하다가 조금은 괜찮지 않을까 싶어서."

"조금은 괜찮다꼬?"

"일어난 일을 왜 그렇게 됐는지 끼워맞추다가, 어떻게 그렇게 됐는지……."

"브레이크에 손도 안 대놓고 느슨해졌다는 건 정신 감정 받아야 돼. 운전사 그만하고 싶나?"

"죄송합니다."

"거짓말하지 말라고 안 캤나? 사회인 실격이데이."

"예."

"와 처음에 거짓말했노?"

"숨기고 싶은 마음에."

"뭘 숨겨?"

"브레이크를 잡는 지점이 평소보다 들어갔을 때였습니다."

"거짓말하면 안 되는 줄 몰랐나?"

"알고 있었습니다. 죄책감은 있었는데, 전에도 그런 실수를 해서 무서웠습니다."

"뭐가 무서워?"

"승객들에게 피해를 끼쳐서 얼마나 혼날지 두려웠습니다."

　내용을 읽으면 다카미는 졸음 때문에 멍해져서 브레이크 조작이 늦어진 것을 숨기려 했던 모양이다. 그 점이 의심을 사서 혼났는데, 상사가 위압적인 말투로 집요하게 반복적으로 추궁하는 장면은 인격 모독, 괴롭힘, 혹은 경찰 취조를 연상시킨다. 실제로 "실수를 저지르면 범죄자 취급을 받는다"라고 말한 운전사도 있다.

　JR이 제출한 이 문서는 보고서 초안에는 생략되어 있었다. 조사위원회 내부에서도 "굳이 징벌적 분위기만 강조할 필요는 없지 않나"라는 목소리가 있었던 것이다. 그러나 공청회 이후 분위기가 달라졌다. 조직의 책임을 반성하는 대신 변명과 정당화만 되풀이하는 JR의 태도 때문에 일근교육의 실태와 그 조직적 문제를 여실히 드러내는 자료로 추가되었다.

다카미는 일근교육 기간에 시말서와 반성문을 시작으로 매일 다른 주제로 리포트를 써야 했다. 20통 이상에 달한 리포트의 주제는 다음과 같다.

- 실수가 게시판에 적히고, 개별적으로 지도를 받았을 때 사고를 일으키지 않겠다고 다짐했는데, 왜 오버런을 했는가?
- 앞으로 스스로와 동료들에게 어떻게 모범이 될 것인가?
- 왜 자신은 괜찮다는 생각을 했는가?
- 집중력을 환기하기 위한 방법
- 이제 제 몫을 하는 운전사가 되었다는 자만심에 대하여
- 정차역을 그냥 지나쳐버리는 사고를 방지하기 위한 대책
- 자신의 약점과 그 극복
- 자신이 이상으로 삼는 운전사 모델
- 앞으로 어떻게 바뀔 것인가?
- 사회인으로서 자신의 잘못을 은폐하려 한 것에 대해 어떻게 생각하나?

추상적인 정신론만 되풀이하고 있을 뿐, 브레이크 조작에 대한 항목은 보이지 않는다. 점호를 같이 받는 운전사들도 무슨 말을 써야 할지 몰라서 괴로워하는 다카미의 모습을 지켜봤다. 어떻게든 말을 짜내서 겨우 써도 지도 담당자는 즉시 받아들이지 않았다. 동료 운전사는 "반쯤 썼다가 지우고 다시 쓰는 등 몇 번이나 고쳐 썼다"라며 동정어

린 시선을 보냈다. 점호를 할 때, 그의 실수 내용이 '주의 환기'라는 명목으로 낭독되었다. 괴로웠을 것이라고 말한다.

다카미는 이때의 일을 아는 여성과 친구들에게 말했다.

"하루 종일 작문만 해야 되고, 화장실에 갈 때도 상사의 허락을 받아야 해서 힘들다."

"사훈 같은 걸 받아 적기만 하는데, 무슨 의미가 있는지 모르겠다."

"그동안의 월급은 깎이고, 정말 싫다."

"다음에 실수를 저지르면 운전사를 그만둬야 한다."

"잘리면 어떡하지?"

일근교육은 근무 형태를 '승무원'에서 '일근'으로 변경하기 때문에 승무원 수당 등이 깎인다. 다카미는 일근교육을 받은 13일 동안 4만 7000엔 남짓 수입이 줄었고, 5만 엔의 보너스도 못 받게 되었다.

그러잖아도 실수를 저지른 죄책감이 있는데, 엄격한 추궁과 질책, 매일 계속되는 리포트 작성, 공개적인 망신 주기, 수입 감소 등이 겹쳤다. 게다가 일근교육이 얼마나 계속될지도 알 수 없다. 오사카 지사에서는 일근교육이 한 달 이상 지속되거나 무려 44일까지 계속된 사례도 있다.

다카미의 근무 태도와 능력은 보는 관점에 따라서 의견이 갈린다. 다만 승무원 지도 매니저는 "운전사가 된 지 1년도 안 돼서 미숙한 점이 있었다. 오버런 횟수가 그리 많은 것은 아니다"라고 말한다. 당시 921명의 운전사가 있던 오사카 지사에서는 2004년도에 비슷한 수준의 오버런이 14건 보고되었다. 그보다 작은 실수는 보고하지 않는 운전사도 있었다.

또한 최종 보고서 공개 전에 JR이 공개한 조사에 따르면, 2005년 9월부터 2006년 12월까지 발생한 "정차 위치 불량"은 약 2400건. 그중 오버런이 70퍼센트 이상을 차지했다. 5미터를 넘긴 경우가 812건, 차량 두 칸 길이인 40미터를 넘긴 경우가 100건 이상이었다. 그렇게 큰 사고가 있고 난 뒤에도 그 정도였다.

우수하다고는 할 수 없지만, 특별히 열등한 것도 아닌 "평범한 운전사". 아직 경력이 길지 않았기에 상사와 동료들부터 "앞으로의 성장이 기대되던 젊은이"라는 평가를 받았던 것이 실상에 가깝다. 그의 기술과 적성을 향상시키기 위해 일근교육이 정말 효과가 있었을까? 오히려 지나친 스트레스와 공포심을 주어 은폐와 허위 보고, 나아가 사고까지 일어나게 한 것은 아닐까?

보고서에는 일근교육을 긍정적으로 바라보는 증언도 있다.

"운전 기술이 부족하면 운전 조종을 몇 번 시키면 되지만, 멍하게 있었다거나 깜빡 잊었던 것이라면 자각을 하게끔 책임의 중요성을 가르칠 필요가 있다."

"미리 이틀이나 사흘로 기간을 정해두면, 본인이 충분히 이해하지 못한 채 시간만 때우게 된다."

"요즘은 집에서도 학교에서도 혼내지 않는다. 인격 육성이나 교육은 회사에서 하는 시대다."

그러나 이렇게 말하는 사람들은 대부분이 관리직, 즉 '혼을 내는' 쪽이다. 일선의 운전사들은 앞서 나왔듯이 대부분이 "필요 없다" "개선할 필요가 있다"고 생각하고 있다. 이 차이야말로 아베 교수가 지적한 JR 경영진의 "잘못된 인간관"을 말해주고 있지는 않은가?

보고서에서는 '운전 기술에 관한 교육의 개선'을 제언했다.

① 인시던트(사고 일보 직전의 위험한 상황) 등의 정보를 분석해서 얻은 지식을 바탕으로 교육을 한다.

② 알기 쉽고 이해하기 쉬운 자료와 운전 시뮬레이터 등을 사용한다.

③ 과속의 위험성을 충분히 인식시키는 등 실천적인 교육을 강화한다.

일근교육에 대해서는 "일부 운전사에게는 징벌로 느껴지고 있다"면서 "정신적인 교육에 치우치지 않고, 사고 방지에 효과적인 재교육이 되어야 한다"라고 결론지었다.

최종 보고서 3: 조직 문화

일근교육이 크게 주목을 받았지만, 조사위원회의 최종 보고서가 지적한 JR의 조직적·구조적 문제는 거기서 그치지 않았다. 아사노가 요구한 4항목 중 나머지 세 항목에 대해서도 개략적으로 정리해두겠다.

시간표(열차 운행 계획)

다카라즈카-아마가사키 구간의 기준 운전 시간은 2002년 3월의 시간표 개정 이후 세 번에 걸쳐 합계 50초 단축되었다(나카야마데라 역에 쾌속이 정차하게 되면서 연장된 45초는 제외). 그 결과, 사고 당시에는 15분 35초까지 단축되었다.

시간표에 따르면 사고를 일으킨 쾌속 열차 5418M은 직전의 특급 열차가 출발하고 나서 1분 30초 뒤에 다카라즈카 역을 출발하게 되어 있었다. 그러나 조사위원회가 조사한 결과 특급 열차가 출발하고 나서 쾌속 열차가 출발할 수 있게 신호가 바뀔 때까지 평균 1분 33초 소요되었다. 전철의 문을 닫는 시간까지 포함하면 처음부터 10초 가까이 늘어질 수밖에 없었다. 그리고 정차 시간으로 설정된 나카야마데라 역의 15초, 가와니시이케다 역의 20초, 이타미 역의 15초 역시 실제 필요한 시간보다 3~5초 부족했다. 문이 닫히기 직전에 뛰어드는 승객들까지 감안하면 더 늦어질 수밖에 없었다.

기준 운전 시간과 세 역의 정차 시간을 더해 16분 25초로 설정된 다카라즈카-아마가사키 구간은 지연이 일상적일 수밖에 없었다. 사고 전의 평일 65일을 보면 절반 이상이 아마가사키 역에 1분 이상 늦게 도착했고, 평균 지연 시간은 100초였다.

JR은 열차가 30초 이상 지연될 때는 운전사에게 보고를 요구했고, 1분 이상 늦었을 때는 '반성 사고'로 분류하고 일근교육을 시켰다. 그러나 애초에 정시운행이 불가능한 시간표였던 것이다.

보고서에서는 그 배경으로 1988년 경영 회의 자료에 "여유 시간 폐지"가 기록되어 있다는 사실을 지목했다. 그 이전에는 기준 운전 시간에 여유 시간이 포함되어 있었는데, 속도를 높이기 위해 없앤 결과 운행 계획 자체가 사고로 이어질 위험을 내포하게 되었음을 지적했다.

ATS-P 설치 지연

JR은 국철 시절 ATS의 개량형인 ATS-SW를 사용했다. 선로에 설치된 두 개의 지점 사이를 주행한 시간 차이로부터 속도를 파악하고, 신호 위반의 위험이 있으면 자동으로 열차를 멈추는 기능이다. 그러나 이 경우에는 비상 브레이크를 작동하고 정지했다가 다시 주행하는 절차와 시간이 필요해진다.

그 때문에 속도를 연속적으로 체크해서 일반 브레이크로 자연스럽게 감속시키는 ATS-P가 개발되었다. 1990년부터 한와阪和선, 오사카 순환선, 간사이선, 도자이선 등 도시부 노선부터 순차적으로 정비되었다. 가타마치선, 도카이도선, 산요선 등에서도 기존의 SW형을 이용해서 비용을 절감하는 '거점 P'가 사용되었다. 후쿠치야마선에서도 1998년도 중장기 계획에 예산이 편성되면서 사고 발생 이전인 2004년도 말까지 거점 P 정비가 완료될 계획이었다. 그렇게 되면 커브 입구에 이르기 전에 제한속도로 감속시킬 수 있었을 것이다.

그러나 경영 회의에서 최종적으로 투자 결정이 난 것은 2003년 9월의 일이었다. 담당하던 오사카 지사에서도 공사 기한 인식이 충분하지 않았던 탓에 설계와 공사 발주가 늦어졌다. 그 결과, 공정을 재고해 2005년 6월에야 사용을 시작할 계획이었다. 설비 투자 담당자는 "생각을 바꾸거나 멈춘 게 아니라 결과적으로 늦어지는 경우는 종종 있다"라고 말했다. 안전추진부장도 "늦어질 것 같다는 얘기는 들었지만, 공사를 서두르면 사고 위험이 커진다"라며 기한을 지키라는 지시를 내리지 않았다. 또한 커브에서의 과속으로 탈선이 일어날 가능성은 이해하고 있었지만, "구체적인 위험 요소로 인식하지는 않았다"라고 말한다.

보고서에서는 1996년 12월에 사고 현장의 커브 구간 선로를 교체하면서 현재와 같은 모양이 되었을 때 대책을 강구해야 했고, 직전 구간의 최고 속도가 커브에서의 전복 한계인 104킬로미터를 크게 웃도는 120킬로미터였던 점을 생각하면, 커브 구간에서의 ATS-P 정비는 "우선적으로 했어야 한다"라고 결론 내렸다. 정부가 커브 구간에서의 속도 조절 기능을 의무화하지 않았던 점도 원인의 하나라고 지적했다.

안전 관리 체계

 JR에는 철도본부장을 위원장으로 하는 '안전추진위원회'가 있어서 사고 사례 보고와 안전 대책 등을 논의하고 있었다. 사고 1년 6개월 전까지는 사장이 위원장을 맡고, 회장, 부사장, 종합기획본부장 등의 간부가 참석하는 '종합안전추진위원회'도 매년 두 번 열렸다. 그 자리에서 어느 위원이 "직원이 사고가 날 뻔한 사례를 부담 없이 보고할 수 있도록 책임을 묻지 않는 게 어떤가?"라는 제안을 했다. 그러나 "시기상조"라거나 "내용에 따라서는 지도할 필요가 있다"라는 이유로 무산되었다.

 그 때문에 일선에서는 일근교육이나 인사 평가에 대한 우려 탓에 실수를 보고하지 않거나 축소해서 보고하는 게 일상다반사가 되었다. 다카미가 일으킨 다카라즈카 역 진입 시의 실수나 사고 현장 커브 구간의 과속 역시 유사한 사례가 있었지만, 보고되지 않았던 탓에 사고가 나기 전까지는 발각되지 않았다. 사고 현장 커브 구간에서 과속한 적이 있는 운전사는 "그 직전에 내가 저지른 브레이크 조작 실수에 대한 변명을 생각하며 운전했던 탓에 커브 직전에 브레이크를 거는 게 늦어졌다"라는 증언을 했다.

 커브 구간에서의 과속 대책은 안전추진위 자료에서 "시속 130킬로미터 구간에서 R600 미만 곡선에 대해서는 2002년도에 정비 종료"되었다고 나올 뿐, "장래의 정비 계획"에는 나와 있지 않았다.

 또한 운전석의 속도계에 오차가 발생하는 불량은 이미 사고 1년 전 검사에서 드러났다. 그러나 교체를 요구하는 의견이 일선에서 소장으로, 소장에서 지사장으로 올라가는 과정에서 "조금만 더 참을 수 없겠나?"라는 말에 묻히면서 고장 난 채 계속 사용하게 되었다.

"(돈을) 번다"라는 지침을 필두에 내걸었던 오사카 지사장은 "일선에서는 번지르르한 말만 한다고 들어주지 않는다. 즐거운 이야기부터 하고 나서 분위기를 봐가며 가장 중요한 사고 방지 이야기를 하려 했다" "사고가 나긴 했지만, 문제는 없었다고 생각한다"고 해명했다.

이상과 같은 사실관계와 분석을 토대로 최종 보고서는 다음과 같이 말한다.

지금까지 말했던 것처럼 열차 운행 계획 작성, ATS 정비, 운전사 기술 향상을 위한 교육 등 안전과 관련된 중요 사항에 대해 JR의 본사, 지사, 일선 조직 등은 완전한 체계를 갖추고 있었다고 보기는 어렵다. 이러한 사실들을 생각하면 경영진의 수장 내지는 그에 가까운 인물이 안전 면에서 각 조직을 유기적으로 통합하고, 철저한 철도 운영을 통해 안전성을 추구할 필요가 있다.

JR은 이익 추구를 위해 속도를 높이고, 직원들을 지나치게 억누르는 한편, 안전 투자는 게을리했고, 일선의 의견은 듣지 않은 탓에 실수를 보고하기 어려운 조직이었다. 사고 이후 여러 곳에서 지적된 "조직 문화"와 "기업 체질" 문제를 조사위원회는 끈질긴 인터뷰와 자료 조사를 통해 구체적으로 명시했다. 그것이 사고의 배경이 되었음을 분명히 지적했다. 그리고 이 책의 프롤로그에서 언급한 "원인"을 결론으로 제시했던 것이다.

사고의 직접적인 사실관계뿐 아니라, 사고를 일으킨 조직적·구조적 문제까지 다룬 최종 보고서는 높은 평가를 받았다. 예를 들어 휴먼 팩터 분석의 전문가인 하가 시게루芳賀繁 릿교대학 교수(교통심리학)는 다음과 같이 말한다.

실수에는 이유가 있다. 시스템이나 매니지먼트의 불량이나 인간과 기계 사이의 문제 같은 것이 쌓이고 쌓여서 실수가 일어난다. 운전사가 위반이나 실수를 저지르고, 차장이 사고가 난 뒤 아무 조치를 취하지 못한 데서도 구조적 문제가 드러난다.

보고서에는 "인간은 실수도 할 수 있고, 사고로 충격을 받으면 배웠던 일도 못 할 수 있다"라는 생각이 전면에 드러나 있다. 휴먼에러는 하나의 원인이 아니라 여러 요인이 직간접적으로 복잡하게 얽혀 있다. 조사위원회의 가장 중요한 사명은 사고의 재발 방지다. 제기된 가능성을 사고 방지의 중요한 자료로 활용해야 한다.

또한 보고서에는 '○○이므로 ○○해야 한다'는 식의 제안이 일일이 나와 있다. 다각적인 대책을 제안하고 있다는 점에서 높은 평가를 내린다.(『고베신문』 2007년 6월 30일)

그러나 하가는 이렇게 덧붙인다.

다만 독자가 받는 인상은 "역시 일근교육이 나빴다" "회사 잘못이다"라는 결론으로 귀결된다. 여러 문제점을 지적하고 있음에도 불구하고, 마지막 원인 부분에서 일근교육 등 일부 요인만 다루는 것은 지나친 단순화라고 생각한다.

아사노 역시 같은 생각이었다.

"조사위원회는 우리 유가족이 알고 싶었던 문제를 잘 조사해줬지. JR이라는 기업의 실태를 백일하에 드러냄으로써 사고를 사회화하는 데 도움이 됐다고 생각해.

그렇지만, 그렇게 심도 있는 내용이었는데도 왜 결론 부분에서 사고의 직접적인 원인과 일근교육의 영향을 언급하는 것으로 끝냈을까? ATS나 배차 간격 문제는 어디로 간 거지? 논리 구조를 전혀 제시하지 않고 갑자기 열두 줄 결론으로 마무리한 거야. 그러면 JR이 말하는 것처럼, 운전사 개인의 실수로 끝나고 말잖아. 그 부분이 도무지 납득되지 않았어."

사고 조사의 목적은 책임 추궁이나 처벌이 아니라 어디까지나 원인 규명이라는 점은 이해하고 있었다. 그렇기 때문에 기대도 했다. 그러나 배신당했다. 도저히 납득할 수 없었다.

최종 보고서 공개로부터 열흘 뒤, 조사위원회가 유가족, 부상자를 대상으로 연 설명회(이러한 설명회가 열린 것 자체가 이례적이었다)에서는 네 시간에 걸쳐 34명이 질문했다. 모두들 사실관계가 밝혀진 점은 높이 평가하면서도, 그것을 어떻게 활용할지는 정부의 지도와 가해 기업의 자기 개혁에 맡길 수밖에 없는 현실에 답답함과 씁쓸함을 토로했다.

조사위원회 보고서를 JR은 어떻게 받아들였을까? 그 거대한 관료 조직이 가해 당사자라는 자각과 책임을 가질 수 있을까? 피해자들을 대상으로 직접 설명할 수 있을까? 그리고 정말 안전을 최우선시하는 기업으로 바뀔 수 있을까?

아사노의 싸움은 여기서부터 본격적으로 시작되었다.

제 2 부

조직 문화란 무엇인가

조직이 새로운 환경 변화에 직면했을 때, 가장 곤란한 과제는 그때까지 축적된 조직 문화를 어떻게 개혁하는가에 있다. 조직 문화란 조직의 전략과 행동을 근본적으로 규정하기 때문이다.

도베 료이치 외, 『실패의 본질: 일본군의 조직론적 연구』

독재

—

JR 서일본의 천황

JR 서일본 본사 안에 있는 기자실, 일명 '청등青燈 클럽'에 가맹한 언론사에 배부되어, 담당 기자들에게 대대로 전해지는 화려한 표지의 책이 있다.

『언론을 통해 본 이데 마사타카 소사小史』. 1999년 7월 회사 홍보실에서 감수해 만들었다. 청등 클럽 담당이 된 기자가 부임 인사를 하러 가면, "이 책을 읽으면 우리 회사의 발자취를 알 수 있습니다"라고 일독을 권하던 회사의 역사책 같은 것이다. 그러나 JR 서일본 10년사는 이미 1998년에 정식으로 출간되었다. 이듬해에 새삼 제목에 개인 이름을 붙인 이런 책이 만들어졌다는 사실이 "JR 서일본의 천황"이라 불린 이데의 권세와, "이데 그룹"이라는 야유를 듣는 거대 기업의 실태를 드러내고 있다.

상자에서 꺼내 암녹색 가죽에 금박 글자가 박혀 있는 거창한 표지를 넘기면 국철 민영화로 시작된 12년간의 역사가 펼쳐진다. 이데의 부사장 시대(1987년 4월~1992년 6월), 사장 시대(1992년 6월~1997년 3월), 회장 시대(1997년 4월~출간 당시)로 구분해서 기고문과 축사, 인터뷰, 대담, 좌담, 인물 소개 기사를 옮기는 식으로 구성되어 있다. 기사는 일반 신문, 업계 신문, 종합 월간지, 주간지, 경제지, 사내 신문에 실린 것들인데 합계 225개에 달한다. 어느 페이지를 펼쳐도 이데의 자신만만한 표정과 발언이 눈에 들어온다.

제2차 세계대전 이후 최대의 행정 개혁이라는 국철 개혁의 사명을 띠고 탄생한 JR 서일본은 취약한 경영 기반과 고베 대지진의 위기를 극복해 1996년에는 바라고 바랐던 주식 상장에도 성공했다. 그 발자취에는 늘 강력한 추진력을 지닌 이데가 있었다. 당시 홍보실장이 쓴 서문은, 마치 위대한 창립자의 카리스마를 추앙하는 것 같다.

2004년 3월에는 제2권도 발행되었다. 표지는 간소해졌지만, 스타일은 동일하다.

이러한 독재 체제가 "할 말을 못 하는 상명하복의 분위기" "징벌적인 직원 교육" "이익 중시, 안전 경시"의 조직 문화를 만들었다는 비판이 후쿠치야마선 사고 직후부터 강하게 제기되었다. JR 사상 최악의 사고를 일으킨 원흉은 바로 "국철 개혁 삼인방" 중 한 명으로 JR을 탄생시킨 장본인이었던 것이다. 국철 개혁과 민영화 이후, 분열 공작으로 약체화되었던 노조가 반격이라도 하듯 일근교육을 거듭 비판했고, 언론도 이에 호응해 이데가 원흉이라는 논조를 펼쳤다.

그러한 비판 자체에는 정당한 측면이 있을 것이다. 사고 당시에는 고문으로 물러난 상태였지만 오랜 기간 인사, 재무, 사업 계획까지 전부를 사실상 혼자서 좌지우지했던 인물이다. 경영자로서의 책임을 면할 수 없을 것이다.

그러나 이데 개인을 단죄함으로써 만족하는 것도 잘못이지 않을까? 회장이나 간부가 나빠서 그렇게 되었다고 단순화하는 것은, 회사 측이 운전사 개인의 잘못으로 몰아가려 했던 것과 무엇이 다른가? 조직 속에서 개개인이 자신의 책임을 모른 척하고, 다른 사람에게 뒤집어씌우는 그러한 '꼬리 자르기'야말로 조직 전체를 무책임한 체질로 만들어버렸던 것이 아닐까?

이데가 회사의 모두가 두려워한 "천황"이었던 것은 사실이다. 그러나 한편으로는, 아니 그렇기 때문에, JR의 간부와 노조 관계자, 간사이의 재계와 지자체 관계자, 사고 전부터 JR을 취재했던 기자들에게 그에 대해 물으면 경영 수완과 통솔력은 물론, 사람들을 홀리는 인간적 매력을 호의적으로 평가하는 사람이 많다.

"평범한 관료와는 다르다. 위험과 비판을 두려워하지 않고, 선견지명이 있었다. 위기 국면에서 강하다. 비판도 있지만, 그 사람이 아니었다면 JR 서일본은 이렇게 큰 회사가 되지 못했을 것이다."

"시도 때도 없이 출근 탑승(출근 시에 운전실에 타는 것)이나 현장 시찰을 해서 신호기 숫자부터 신호 표식까지 다른 어떤 간부들보다 더 잘 알고 있었다. 그래서 일선에서도 인기가 많았다."

"말할 거리가 많고, 상대방이 어디에 반응하는지도 잘 알고 있었다. JR 간부들끼리 간담회를 가지면, 자연스럽게 이데 주변에 사람들이 몰렸다. 청주를 손에 들고 밤늦게까지 대화를 이어갔다."

혼자서 회사를 창업한 것이나 마찬가지다. 회사에 대해서는 사업 내용도, 경영 상황도, 직원들의 마음도 자신이 제일 잘 알고 있으며, 성공의 단맛도, 역경의 쓴맛도 잘 알고 있다는 강한 자부심이 다른 한편으로 부하들에게 엄격하고, 조언에 귀를 기울이지 않는 오만함으로 이어졌다. 강경한 저항과 수많은 난관을 타개하고 국철 개혁을 성공시킬 수 있었던 이유는 그의 배짱과 선견지명, 사람들을 움직이는 정치력, 기존의 규칙과 권위에 얽매이지 않고, 현실에 안주하지 않으려 한, "평범한 관료와는 다른" 인간성에 있었다.

사고 직후 언론에 나온 "오만한 독재자" 이미지와 내가 취재를 통해 들은 그에 대한 반론. 두 가지 극단적인 평가의 간극을 메우기 위해 나는 이데를 만났다. 후쿠치야마선 사고 이후 12년 만에 들을 수 있었던 육성은 제6장에서 자세히 다루기로 하고, 일단 이데가 어떻게 "천황"이 되었는가, 그의 지휘 아래 JR 서일본은 어떻게 급격한 성장을 이룰 수 있었는가를 이데 자신의 증언을 바탕으로 추적하기로 한다.

국철 개혁 삼인방

"국철 개혁 삼인방이라고들 하는데, 역할의 크기로 보면 가장 연장자인 이데 씨가 총사령관, 두 기수 아래인 마쓰다 마사타케松田昌士(JR 동일본 사장, 회장을 역임. 현재 고문) 씨가 참모총장, 그보다 두 기수 아래의 가사이 요시유키葛西敬之(JR 도카이 사장, 회장을 역임, 현재 명예회장) 씨가 돌격대장이라고 할 수 있죠. 그 부분은 세 명 다 동의할 겁니다."

『일본경제신문』 기자 출신의 저널리스트 마키 히사시牧久의 말이다. 그는 국철 붕괴로부터 민영화까지의 20년을 여러 관계자와 방대한 자료를 조사한 끝에 검증한 『쇼와 해체: 국철 분할·민영화 30년의 진실』이라는 책을 2017년에 출간했다.

원래 정부가 운영했던 국철은 제2차 세계대전으로부터 얼마 지나지 않은 1949년, 전국에 61만 명의 직원을 둔 공기업으로 재출발했다. 시작부터 9만5000명의 인원을 정리해야 했던 데서 알 수 있듯이, 그 발자취는 합리화를 추진하고자 하는 당국과 거기에 반발하는 노조 사이의 대립과 투쟁의 역사였다.

한창때는 50만 명의 조합원이 소속되었던 '국철 노조'(1947년 발족)와 운전사 조합인 '국철 동력차노조'(1959년 발족)를 중심으로 일본 노동운동의 최대 거점이었다. 국철 노조가 핵심이 된 '총평'(일본노동조합총평의회)은 사회당의 지지 기반이었다. 국철은 사회당이 자민당과 격렬히 대립하면서도 균형을 이룬 이른바 1955년 체제●의 상징이자, 공산당의 세력 확장의 원천이기도 했다.

공기업이었던 국철 직원은 파업권이 인정되지 않았지만, 노조는 준법투쟁(업무 능력을 고의로 저하시킴으로써 열차 지연 등을 발생시키는 합법적 투쟁), 현장 협의(각각의 작업장 담당자를 상대로 한 단체 협상)는 물론이고, 때로는 불법 파업에 나서며 실력을 행사했다. 그럴 때마다 당국은 어쩔 줄 몰라했고, 일선은 혼란에 빠졌다.

특히 1971년의 생산성 향상 운동(연수와 강의를 통해 국철 직원의 자각을 요구하는 정신운동 과정에서 노조 탈퇴를 종용하는 등의 부당행위가 있었기에 국철 총재가 사과하고 운동이 중지되었다)의 실패 이후에는 현장관리와 인사권까지 노조가 쥐게 되었다. 근무를 하지도 않았는데 급여나 수당을 지급하는 악습이 횡행하게 되었다. 노조원의 반항이나 괴롭힘에 가까운 비난 때문에 자살하는 역장도 있었다. 격렬한 노사 대립은 일선의 비엘리트 관리직을 몰아세웠던 것이다.

한편 도카이도 신칸센이 개통한 1964년, 국철은 적자로 전락했다. 거액의 누적 적자가 드러나면서 1967년에는 5만 명을 정리해고했다. 당시 소장파였던 이데, 마쓰다, 가사이를 포함해 "학사님"으로 불린 엘

● 1955년 보수 정당인 자유당과 민주당이 합당하면서 자민당이 창립되고, 좌우파로 나뉘어 있던 사회당이 합당하면서 확립된 정당 체제. 이후 1993년까지 보수 정당인 자민당이 장기 집권에 성공했다.

리트 관료들에게는 매년 증가하는 적자 해소와 노사 대립으로 황폐해진 작업장의 정상화, 즉 노무 관리가 가장 중요한 과제가 되었다.

국철 해체와 분할 민영화는, 그러한 상황에 위기감을 느낀 삼인방이 구상하고, 소수의 소장파를 모아 궐기한 '혁명'이었다. 국철 총재를 비롯한 당시 경영진은 개혁의 필요성은 인정하지만, 분할 민영화에는 반대한 '국철 사수파'였다. 물론 노조 역시 맹렬히 반대했다.

삼인방은 행정 개혁과 총평=국철 노조 파괴를 동시에 꾀한 나카소네 야스히로中曾根康弘● 총리와 그 밑에서 교통부 장관을 지낸 미쓰즈카 히로시三塚博, 그 뒤를 이어 장관이 된 하시모토 류타로橋本龍太郎●● 등 자민당의 거물 정치인들과 물밑에서 연락을 취했다. 회사 안에서는 '국철 사수파'와 암투를 벌이는 한편, 노조에 분열 공작을 꾀했다. 때로는 좌천을 당하기도 했지만, 남몰래 동지들을 모아 개혁의 길을 개척했다.

당시 30~40대였던 소장 개혁파들이 동지들의 결속을 확인하고, 물러서지 않겠다는 결의를 다지기 위해 '연판장'을 만들었던 사실이 알려져 있다. "개혁은 분할 민영화를 하지 않고는 불가능하다"라고 선언한 15명의 '결의문' 그리고 "국철 경영의 현재 상황은 언제 파탄 나도 이상할 것 없는 파국이다. (…) 지금이야말로 굳센 마음으로 화근을 뿌리 뽑는 근본적 개혁을 단행할 때"라며 경영진의 총사퇴를 요구한

● 71~73대 총리(재임 기간은 1982~1987). 재임 중 국철 외에도 전신전화공사(현재의 NTT), 담배와 소금을 판매하는 전매공사(현재의 JT)를 민영화했다. 1985년에는 A급 전범이 합사된 (1979) 뒤의 야스쿠니 신사를 참배한 최초의 총리이기도 하다.
●● 82~83대 총리(재임 기간은 1996~1998). 재임 중 22개였던 정부 부처를 12개로 통폐합하는 행정 개혁을 단행했다.

20명의 '궐기 취지문'이다. 개혁이 실패할 경우 서명한 이들은 국철에서 쫓겨날 것을 각오했다.

마키 히사시는 하급 무사들이 궐기해서 에도 막부를 무너뜨린 메이지 유신에 비유해 "국철 유신"이라 말한다. 그것은 '제2차 세계대전 이후의 사회'와 '쇼와昭和•'를 해체한 일이기도 하다는 것이다.

1968년 사회부의 청년 기자로 국철을 담당했던 마키는 국철 관계자들 사이에서 발이 넓다. 심도 있게 이데를 인터뷰했고, 개인 소장 자료와 미발표 회고록 등도 참고해서 500페이지가 넘는 『쇼와 해체』를 저술했다.

마쓰다와 가사이는 국철 개혁을 회상한 책을 출판했지만, "총사령관"이었던 이데는 저서 형태로 기록을 남기지 않았다. 후쿠치야마선 사고 때문이라고 한다. 사고가 없었다면, 『일본경제신문』의 명물 코너인 '나의 이력서'에 연재할 예정이었다. JR 발족 20주년인 2007년에 미발표 회고록과 『일본경제신문』 연재를 바탕으로 스스로의 국철 개혁론을 출판할 예정이었다고 한다.

그러나 사고 이후 고문을 사임하게 된 이데는 몇몇 예외를 제외하면 언론 취재를 거부하고 거의 입을 다물게 되었다. 그런 의미에서 마키의 『쇼와 해체』는 국철 개혁의 중심에 있었던 이데의 사관이 가장 정확하게 반영된 귀중한 역사적 자료라 할 수 있다.

책의 후반에 이르러 이데가 하시모토 장관으로부터 JR 서일본 부임

• 히로히토 일왕의 재위 기간(1925~1989)을 일컫는 연호. 국철 민영화(1987)와 거의 동시에 쇼와 시대가 끝났다.

을 통보받는 부분이 있다. 분할 민영화로 탄생한 JR의 일곱 개 회사 회장 자리에는 지역 재계의 중진을 앉히고, 사장에는 국철과 교통부 간부들을 세운 하시모토는 삼인방에게 이렇게 말했다고 한다.

"서일본은 경영 기반이 약하고, 지역 재계와의 대립도 있어서 인선이 어려웠네. 결국 교통부 출신으로 해상보안청 장관을 역임한 쓰노다 다쓰오角田達郎에게 (사장 자리를) 부탁하게 됐다네.

쓰노다가 사장이 되려면, 국철 출신이 부사장으로서 도와야 하는데, 자네들 중에 지금 당장 대표권을 행사할 수 있는 사람은 연차로 볼 때 이데 군밖에 없네. 이데 군에게 서일본 부사장을 부탁하네. 쓰노다를 도와주게. 마쓰다 군은 홋카이도로 갈 예정이었지만 동일본으로 가주고, 가사이 군은 예정대로 도카이로 가주게. 셋이서 혼슈의 세 곳을 맡아주게. 부탁이네."

삼인방의 시나리오로는 이데가 JR 동일본을 담당할 예정이었다. 다른 국철 간부들이나 언론도 삼인방의 리더였고 개혁파가 승리한 뒤에 국철 총재실장으로서 조직과 인사의 전권을 행사했던 이데가 동일본의 임원이 되어 장래에는 사장이 되리라고 보고 있었다. 그래서 이 뜻밖의 인사에 대해 "도대체 무슨 일이 있었던 거야?"라며 놀라움을 금치 못했다. 이데 역시 그 자리에서 즉답할 수 없었을 정도로 받아들이기 힘들었다. 이러한 하시모토와의 대화는 가사이의 회고록『국철 개혁의 진실』에 거의 같은 내용으로 서술되어 있다.

그러나 마키의 책에는 그다음 상황이 전개되어 있다. 결국 이데는 이튿날 하시모토의 비서를 만나 "뭐가 불만이어서 어제 대답을 않은 건가? 하시모토는 당신한테 모든 걸 걸었다고"라는 말을 들은 뒤 승낙하게 된다. 마키는 그 의미를 이렇게 해설한다.

"하시모토는 삼인방의 리더인 이데를 JR 서일본에 끌어들여 (…) 자신의 지역구를 탄탄히 하려는 의도가 있었다고 볼 수 있다."

중대선거구제●였던 당시 하시모토의 지역구는 JR 서일본이 관리하는 오카야마 2구였다. 이곳은 같은 자민당의 실력자였던 가토 무쓰키加藤六月의 지역구이기도 했기에 "육룡六龍 전쟁"이라 불리는 선거전을 매번 벌여야 했다. 하시모토는 이데를 자신의 지역구로 끌어들여 JR 서일본의 지원을 받으려 했던 것이다.

정치적 의도로 인한 인사 개입이 있었다고는 해도, 국철 총재가 승인한 이상 이데가 거부할 수는 없었다. 이데 역시 총재실장으로서 엘리트 관료들에게 "어딜 가게 되어도 불평불만하지 말고 따르라"고 말해왔던 것이다. 간부들의 증언에 의하면 희망지를 쓰긴 했지만, 대부분이 홋카이도, 동일본, 도카이, 서일본, 시코쿠, 규슈, 화물순으로 써냈다. 실제로는 이데를 비롯한 삼인방이 알아서 배정했다.

어쨌든 이렇게 국철 개혁의 "총사령관"은 JR 서일본의 부사장으로 오사카에 부임하게 되었다. 오사카 지사에서는 "도쿄에서 엄청나게 유능한 엘리트가 오게 됐다"며 떠들썩한 화제가 되었다.

● 지역구에서 당선자가 한 명인 소선거구제와 달리 당시 중대선거구제에서는 2~6명이 당선되었기에, 같은 자민당 후보자끼리의 경쟁이 치열했다.

―――
'성장'과 '안전'

앞서 언급한 JR의 『언론을 통해 본 이데 마사타카 소사』에는 이데가
자신의 성장 배경부터 어린 시절, 국철 개혁을 비롯한 경력, 철도 사업
에 대한 마음가짐, 간사이 활성화를 위한 제언, 그리고 JR 서일본의 목
표를 말하고 있다.

　남북조 시대의 무장 구스노키 마사시게楠木正成●의 후손으로, '구스
노키 동족회' 회장이라는 사실. 내무 관료였던 아버지가 제2차 세계
대전 직후의 헌법 제정●●에도 관여했고, 젊은 나이로 문부성 사무차
관을 역임했다는 사실(훗날 법학자가 된 이데 세이조). 가쿠슈인學習院●●
● 초등과부터 도쿄대학 경제학부까지 럭비에 매진하며 체력과 투지를
길렀던 사실. 입사 직후의 수습 기간에 오사카에서 역 근무, 운전, 보
선 작업을 경험했던 사실.

　인터뷰에서 국철에 입사한 동기를 물으면 꼭 이렇게 대답한다.

●　남북조 시대는 일왕가가 남조와 북조로 갈라져 서로 정통성을 주장하며 대립한 시기
(1337~1392). 구스노키 마사시게는 남조의 충신으로 유명하다.
●●　1946년 미군 점령기에 만들어진 일본국헌법. 평화주의와 주권재민 사상이 담겨 있다.
●●●　황족과 귀족 자녀들을 위해 만들어진 학교. 1947년 법인화된 후에는 일반인에게도 문
호를 개방했다. 유치원부터 대학원까지 있는데, 이데는 초등과와 중등과를 나왔다.

"수십만 명의 거대한 조직을 움직이고 싶었다."

이외에도 자주 입에 담는 인상적인 말이 몇 가지 있다.

예를 들어 "건전한 위기감"이라는 말로 민영화 직후 JR 서일본 내부의 분위기를 표현한다. 수도권의 JR 동일본, 도카이도 신칸센이라는 알짜 노선이 있는 JR 도카이와 비교했을 때, JR 서일본의 경영 기반이 취약하다는 사실은 분명했다. 국철의 마지막 해인 1986년도에 흑자였던 노선은 산요 신칸센과 오사카 순환선뿐이고, 나머지 52개 노선은 모두 적자였다. 게다가 일본에서 가장 발달한 민영 철도 회사들과도 경쟁해야 했다. 그렇기에 이전의 국철로 돌아갈 수는 없다, 정부가 어떻게든 해주리라는 안일한 생각을 버리고 민간 기업으로 다시 태어나야 한다는 분위기를 이데는 "건전한 위기감"이라고 부른다.

"야전"이라는 말도 있다. 민영화 직후에는 전시와 같은 빠른 결단이 필요했다, 일일이 서류에 도장을 받고 있을 여유가 없었다며 스스로의 상명하복 방식을 설명한다. 이 말은 고베 대지진 이후의 복구 작업을 회상할 때도 자주 나온다.

쓰노다 다쓰로 사장, 무라이 쓰토무村井勉 회장이 이데의 상사였지만, 실질적인 '대장'은 부사장이던 이데였다. 부사장실 앞 복도에는 매일 아침 보고를 하거나 결재받으러 오는 직원들의 '참배' 행렬이 늘어섰다. 장사진이 너무 길어져서 의자를 놓았더니 대합실 같았다고 한다.

"리딩 컴퍼니" "1조 엔 기업"을 목표로 세워 직원들을 질책하고 격려한 이데의 지휘로 JR 서일본은 성장을 거듭한다. 시속 120킬로미터로 주파할 수 있는 신형 차량의 독자 개발과 대량 보급, 재래선●을 강화한 어반 네트워크, 교토 역 건물의 대규모 리모델링, 관광업과 상업 시설 분야로의 사업 확장, 그리고 궁극적으로는 주식 상장.

재래선에 애칭을 붙인 것도 이데의 지시였다. 도카이도선의 오사카-교토 구간을 "JR 교토선", 도카이도선의 오사카-고베 구간과 산요 본선의 히메지까지를 "JR 고베선", 가타마치선을 "JR 학연도시선"이라 불렀다. 후쿠치야마선 중 오사카-사사야마구치 구간은 "JR 다카라즈카선"이라고 부르기로 했다. 이미지를 제고하고, 수익성을 높이는 것이 민간 기업의 사명이라는 이데의 생각이 그 근저에 있었다.

1987년도의 영업 이익은 7631억 엔. 정부의 예상보다는 못했지만, 호황 덕분에 성장세가 이어졌다. 이데가 부사장으로, 사장으로 승진할 때까지의 5년 동안 9172억 엔까지 성장했다.

직원들은 매일 아침 조회 때 경영 이념 6개조를 복창했다.

"안전하고 정확한 운수 제공" "고객 중심의 서비스"에 이어 다음 항목이 있다.

"회사의 발전은 우리의 행복: 우리는 모든 기회를 살려 매출 증가를 위해 노력하고, 항상 비용을 의식하고 업무를 효율화함으로써 회사를 발전시키고, 주주의 신탁에 부응하면서 우리의 행복을 만들겠습니다 ('주주의 신탁'은 주식 상장 후에 추가되었다).''

"다른 회사를 능가하는 강한 잠재력 만들기: 우리는 항상 창의적으로 생각하도록 노력할 것이며, 다른 회사를 능가하는 강한 잠재력을

● 신칸센이 아닌 노선.

만들기 위해 온 힘을 다하겠습니다."

'진정한 민간 기업'에 대한 강력한 희망이 담긴 경영 이념은 명찰 뒷면과 급여명세서에까지 적혀 있었다. 국철 개혁이 실패하게끔 해서는 안 된다, 무슨 일이 있어도 성공시켜야 한다, 그리고 동일본의 마쓰다, 도카이의 가사이에게 질 수 없다는 이데의 강한 집념이 드러나 있었다. "다른 회사"는 얼핏 보면 경쟁하는 민영 전철 같지만, 본의 아니게 서일본으로 오게 된 이데가 느낀 다른 JR 회사들에 대한 경쟁심으로도 비친다.

이러한 이익 추구와 성장 중심 노선 때문에 안전의식은 희박해졌다. 이데가 안전에 대해 말하지 않았다는 지적이 후쿠치야마선 사고 이후 언론 보도에 자주 나왔다. 그러나 발언을 자세히 살펴보면 그렇지 않다. "철도 회사인 이상 안전이 가장 중요하다. 그 전제하에서 고속화를 꾀하겠다" "안전은 무엇보다 중요하다. 아낌없이 투자하겠다"라며 거듭 언급하고 있다.

문제는 그 안전의 내용을 누가 어떻게 책임지고, 어떤 시스템을 통해서 실현할 것인가에 대한 구체적인 방법과 적극적인 노력이 부족했던 것이 아닐까? 최종 보고서에서 일근교육이 정신 교육이었다는 점을 지적하고 있듯이, 결국 직원의 의식이 문제라고 이데는 생각했던 것이다. 실수하면 실수를 저지른 사람의 잘못이고, 반성해서 고치게 하면 된다는 것이다. 조직으로서 실수를 어떻게 만회하고, 이중 삼중으로 막을 수 있는 시스템을 어떻게 만들 것인가에 대한 발상은 없었다. 간사이대학의 아베 교수가 "왜곡된 안전의식"이라고 말했던 것처럼 "안전"이 빈말로 그쳤던 것이다. 나는 그렇게 생각한다.

민영화로부터 2년 뒤인 1989년 8월, 덴노사天王寺에서 있었던 사고 (플랫폼에서 쾌속 전철이 방지턱과 충돌하면서 45명이 부상)에 대해 이데는 이렇게 말한다.

"우리 회사는 차량을 비롯해 안전에 대한 설비를 최우선으로 생각 하면서 경영하고 있다. 그러나 '절대 안전'이란 말은 '무한'과 마찬가지 다."

"안전을 확보하면서 (…) 경영하기 위해서는 그 사이에 직원들의 프 로페셔널한 역량과 지혜가 최대한 요구된다."

프로페셔널한 의식을 요구하는 말로 이해할 수 있다. 그러나 그 말 에서는 아무리 성실하게 일해도 인간은 실수를 하기 마련이라는 휴먼 에러에 대한 생각이 보이지 않는다.

시가라키 고원철도 사고 1: 후쿠치야마선 사고의 원점

1991년 5월 14일 오전 10시 35분, 시가현 고가甲賀군 시가라키(현재의 고가시)에서, 시가라키 고원철도SKR의 시가라키발 기부카와貴生川행 열차(4량)와 JR 서일본의 교토발 시가라키행 임시 쾌속 열차(3량)가 정면으로 충돌하는 사고가 일어났다. 사망자 42명, 부상자 628명. 사망자 중 30명은 JR의 승객이었다.

시가라키에서 열리던 '세계도예축제'로 향하던 열차는 교토 역을 출발할 때부터 통근 시간에 버금갈 만큼 사람이 미어터졌다. 사고 발생 당시 승차율이 250퍼센트, 정원의 2배 이상이었던 점이 피해를 키웠다.

이 사고를 후쿠치야마선 사고의 원점이라고 보는 유가족, 피해자, 지원자가 많다. 한편 JR에서는 "사고를 당한 쪽이다. 원인도, 책임의 경중도 후쿠치야마선 사고와 다르다"라는 주장이 많다. 그러한 견해차는 어디에서 나왔는지 그 경위를 살펴보고자 한다.

시가라키 고원철도는 원래 국철 시가라키선이었다. 시가라키선은 적자 노선으로 폐지 대상이 되었는데, 1987년에 시가현과 시가라키가 제3섹터•로 만들면서 존속시켰다. 불과 14.7킬로미터 거리의 시가라키와 기부카와 사이에는 여섯 역밖에 없었다. 전기화도 되지 않은 단선에 한두 칸짜리 열차가 왕복하는 산간 노선이었다. 국철과 지자체에서 긁어모은 직원은 21명으로, 민영화 이전보다 절반으로 줄었다. 사장은 시가라키의 촌장이 겸임했다. 운전사는 다섯 명이었고, 보유 차량은 네 대밖에 없었다.

그런데 1991년 4~5월에 세계도예축제가 열리면서 수송력 증강이 필요해졌다. 37일간 예상 방문객 35만 명 중 9만 명은 철도를 이용할 것으로 예측되었다. 그래서 그 기간에는 오사카와 교토에서 JR 직통 열차를 운행하기로 하고, 운행 스케줄도 평소의 하루 왕복 횟수를 18회에서 26회로 증편했다.

JR과 SKR은 서둘러 오노타니小野谷 신호장과 대피 선로를 만들어, 자동 제어를 통해 열차가 부딪치지 않고 지나갈 수 있는 시스템을 구축했다. 문제는 사전 훈련과 협의가 부족했고, 소통이 잘 되지 않았다는 것이다. 게다가 SKR은 신호 제어 타이밍을 바꾸는 공사를 했고, JR은 원격 조작을 통해 진행 방향을 하행선으로 고정시키는 공사를 했다. 둘 다 자기 회사의 열차를 순조롭게 운행할 목적의 공사였다. 그러나 서로 연락도 하지 않았고, 당국에도 통보하지 않은 무허가 개조였다.

이 공사로 인해 발생한 모순이 사고를 일으켰다.

사고 당일 아침, 시가라키 역의 출발 신호가 빨간불로 고정되어

● 지자체와 민간에서 공동으로 출자해 만든 회사. 일본에서는 폐지 대상이 된 적자 노선을 존속시키기 위해 지자체가 출자해 살리는 경우가 종종 있다.

바뀌지 않았다. JR이 하행선의 지연을 방지하기 위해 방향을 고정시킨 탓에 시가라키 역의 오출발 검지 기능이 작동했던 것이다. 그러나 SKR은 그 사실을 몰랐다. 상행선 열차를 출발시키지 못하고 당황한 업무과장(국철 기관사 출신)은 신호 기사에게 출발신호기 수리를 지시했다. 그러나 바로 복구되지 않으리라 판단되어 비상시 방법인 '대용 폐색'을 사용하도록 지시했다.

폐색閉塞, block system이란 두 개의 신호를 통해 선로를 일정 구간으로 구분하고, 한 구간에 두 열차를 동시에 들이지 않는 철도 신호 시스템이다. 대용 폐색을 사용할 때는 신호장에 직원을 보내 신호기를 정지하고, 선로에 다른 열차가 없음을 확인하는 절차가 필요했다. 그러나 SKR은 확인도 하지 않은 채 신호가 빨간불인데도 억지로 출발시켰다.

그리고 시가라키 역의 출발 신호기 수리를 하던 기사는 열차 운행 중에는 절대로 해서는 안 될 작업을 했다. 즉, 오출발 검지 기능을 해제함으로써 하행선 신호를 파란불로 바꾼 것이다. JR의 하행선 운전사는 옆 선로로 지나갔어야 할 SKR 전철이 지나가지 않았음에도 파란불 신호를 믿고 직진했다.

그리고 신호를 지나 몇 분 뒤, 기부카와 역으로부터 9킬로미터 지점에 있는 시야가 불분명한 커브 구간에서 두 열차는 정면으로 충돌했다. JR의 하행선 선두 차량이 SKR 상행선 선두 차량 위에 올라탄 것처럼 구부러졌다. 첫째 칸의 앞쪽 절반이 하늘을 향해 꺾이는 큰 손상을 입은 것이다.

양쪽 회사의 착오와 위반이 겹친 단선에서의 정면충돌 사고였다. 그러나 JR은 처음부터 "사고를 당했다"라며 책임을 전혀 인정하지 않았다. "SKR이 운행 관리 책임을 져야 할 선로에서 발생한 사고였고, 우리 회사는 차량과 운전사를 빌려줬을 뿐"이라고 주장했다.

당시 사장이었던 쓰노다는 사고 한 달 뒤에 있었던 추모식에서 유가족에게 등을 돌리고 조사를 읽었을 뿐, 사과 한마디 하지 않았다. 그뿐만 아니라 직후에 열린 유가족 설명회에도 불참했다. 기자회견에서 사과 요구가 있자, "사과는 잘못을 저지른 쪽에서 하는 것이다. 아직 잘잘못이 가려지지 않은 단계에서 사과하는 것은 적절하지 않다"고 말했다.

철저히 제삼자, 아니 피해자처럼 구는 JR의 태도는 유가족의 분노에 불을 붙였다. 사과와 설명, 원인 규명을 요구하는 유가족 모임이 꾸려졌다. 모임에 지원한 젊은 변호사 중에 사토 다케무네가 있었다. 그가 JR에 대해 말한 "경직된 관료주의" "자신들의 책임과 잘못을 결코 인정하지 않으며, 절대로 양보하지 않는" 조직의 특성은 시가라키 사고 이후 10년 이상 재판과 협상의 진행 과정에서 실감한 것이었다.

유가족의 요구로 사고 후 1년 동안 네 번의 설명회가 열렸지만, 결국 쓰노다 사장은 한 번도 출석하지 않았다. 1주기 추모식에서는 이렇게 말했다.

"사고 원인은 지금 수사 당국에서 규명 중입니다만, 책임 소재와는 별개로 우리 열차에 여러분의 가족분이 타셨습니다. 사고 이후 유가족분들을 지원할 수 있도록 가능한 한 노력해왔습니다만, 제 부덕의 소치로 사과의 심정이 여러분에게 전달되지 않았음을 이 자리를 빌려 깊이 사과드립니다."

그 말을 듣고 분노를 참을 수 없었던 유가족이 사과 내용을 묻자 쓰노다는 이렇게 말했다.

"책임 소재와는 별개로, 회사 차원에서 사과드린다고 말씀드린 겁니다."

처음에는 "사과"한다고 했지만, "책임 소재와는 별개로"라는 말을 하면서 "사과의 심정이 전달되지 않았음"을 사과하는 태도가 진정성 있는 사과일 리 없었다. 유가족의 분노와 고통은 더 심해졌을 뿐이다.

같은 날, 사고 현장의 추모식에서 유가족 대표가 이런 추도사를 했다.

"우리는 고인들(희생자)에게 사과해야 합니다. JR의 사장은 완강하게 사과를 거부하고, 두 회사는 참사 원인이 된 구조적 문제에 대해 아무리 물어도 책임을 회피하려 할 뿐입니다. 오늘 이 자리에서 우리는 분명한 사고 원인을 보고할 수 없습니다. 교통부와 경찰의 조사 결과가 곧 발표된다고 합니다만, 우리는 어디까지나 두 회사에 문제점 해명을 요구합니다. 그리고 JR 최고 책임자의 사과를 요구합니다. (…)

JR은 이익만을 추구하지 말고, 노조는 국철 시절처럼 사고를 손쉽게 인사 문제로 연결시키지 말고, 노사가 안전 운행을 위한 기업 운영을 해내가기를 바랍니다."

가해 기업에 의한 구조적 원인의 해명과 설명, 이익 추구 대신 안전을 추구할 것. 아사노가 JR에 요구한 것과 같다고 할 수 있다. 유가족과 피해자는 사고를 일으킨 기업이 당사자로서의 의식을 가지고, 직접적인 원인뿐 아니라 조직의 문제를 외면하지 않고, 사고를 교훈으로 삼아 안전을 가장 우선시하는 기업으로 다시 태어나길 바라는 것이다.

피해자들이 시가라키 고원철도 사고가 후쿠치야마선 사고의 원점이라고 말하는 이유는 안전보다 정시운행을 우선시한 잘못이 전혀 고쳐지지 않은 채 14년 뒤에 같은 일이 반복되었기 때문이다.

시가라키 고원철도 사고 2: 반성 없는 태도

사고 수사와 재판 과정에서 SKR뿐 아니라 JR 쪽의 문제점도 연달아 밝혀졌다.

앞에서 나온 진행 방향 고정기를 무단으로 설치한 문제도 그렇지만, 직원이 고정기에 대해 "사용이 어렵고, 보안에도 취약하다"라고 지적했던 점, 그 부분을 삭제한 채 매뉴얼을 경찰에 제출했던 점, 그리고 설계 자체에 실수가 있었던 점이 드러났다. 게다가 시범 운전 기간을 포함한 3주간 신호기 관련 문제가 세 번이나 있었던 사실도 드러났다.

그때 이미 SKR이 절차를 무시한 '대용 폐색'을 했음에도 불구하고 운전사를 비롯한 JR 관계자들은 시정을 요구하지도 않았고, 본사에 보고하지도 않았다. 특히 사고 열하루 전인 5월 3일에는 사고 당일과 같은 시각, 같은 열차에서 출발 신호가 빨간불에서 파란불로 바뀌지 않았다. 간신히 사고는 피했지만, 시스템의 문제를 인식할 수 있는 명확한 징조가 있었던 것이다.

형사재판에서는 SKR의 사고 당일 역장이었던 운행 주임(역장은 당번제였다), 시설과장, 신호기사가 기소되어 각각 업무상 과실치사 등으로 유죄 판결을 받았다. 대용 폐색을 지시하고 사고 열차에 탔다가 사망한 업무과장, 운전사 등 3명도 피의자가 사망한 상태로 검찰에 송치되었다.

그러나 유가족이 JR의 사장, 철도본부장, 운전사 등 9명을 고소했음에도 불구하고 오쓰大津지검은 불기소 내지 기소유예 처분을 내렸다. 유가족은 형사책임을 묻기 위한 서명운동을 벌였고, 검찰심사회도 "불기소는 부당하다"는 평결을 내렸지만, 바뀌지 않았다. 그로 인해 JR은 더욱 기세등등하게 "사고를 당했다"라고 주장하며 자신들과는 무관하다고 발뺌하게 됐다.

그러나 유가족들은 포기하지 않고 JR과 SKR에 손해배상을 요구하는 민사소송을 시작했다. 소송 이유로 "두 철도회사의 법적 책임을 명확히 함으로써 희생자들의 죽음이 적어도 장래의 공공 교통의 안전에 기여할 수 있기를 바라기 때문"이라고 말했던 것처럼, 책임 회피를 계속하는 JR의 법적 책임을 밝히는 것이 목적이었다.

그리고 이 소송에서 오사카지법은 JR의 신호 시스템, 교육 훈련, 보고 체계, 운전사 판단의 네 항목에서 "주의 의무 위반이 있었다"라며 과실을 인정했다. JR은 항소했지만, 오사카고법 역시 JR의 과실을 인정했다. JR이 상고를 단념함으로써 2002년 12월에 판결이 확정되었다. 사고로부터 11년이 지나는 동안 사장은 쓰노다에서 이데로, 이데에서 난야로 바뀌었다.

판결 확정으로부터 3개월 반이 지나고 유가족 앞에서 난야는 다음과 같이 사과했다.

"시가라키 고원철도에서는 새로운 신호 시스템을 시작했고, 그런 점을 포함해 보고와 연락 체계도 잘 정비했어야 했는데 반성할 부분이 많습니다."

그때까지 일관되게 부인했던 회사의 책임을 인정하는 발언이었다. 허술한 시스템을 간과하고, 보고를 게을리한 일선의 직원뿐 아니라 그러한 체계를 방치한 간부의 과실, 즉 조직 전체의 결함을 지적한 것은 이 소송의 큰 성과였다.

시가라키 사고 유가족들이 거둔 성과는 하나 더 있다. 일본의 철도 사고 조사 시스템을 크게 발전시킨 것이다.

제3장에서 말한 것처럼, 사고 조사의 목적은 경찰 수사나 형사 재판의 "개인의 책임을 물어 죄를 벌하는" 관점과 달리 어디까지나 "원인 규명"에 있다. 일본에서 항공 사고는 항공사고조사위원회, 선박 사고는 해난海難 심판청이 담당했지만, 철도 사고는 상설 수사 기관이나 제도가 없기에 일반 자동차 사고와 같은 취급을 받았다. 시가라키 사고 때는 교통부가 전문가들을 모아 조사위원회를 꾸렸지만, 인원도 부족했고, 목적과 권한도 명확하지 않았다.

사고 원인 규명을 요구했지만 경찰의 비밀주의와 교통부의 비협조적 대응에 가로막혔던 유가족과 변호사들은 미국연방교통안전위원회 NTSB를 찾아 선진적인 사고 조사에 대해 배웠다. NTSB는 항공, 철도, 선박, 고속도로, 파이프라인 등의 교통 분야 전반의 사고에 대해 교통부가 독립적으로 조사하는 대통령 직속 기관이다.

유가족은 이와 같은 수사 기관을 만들고자 먼저 시민단체인 '철도안전추진회의TASK'를 설립했다. 서양의 사고 조사 선진국에서 관계자를 초빙해 심포지엄을 열고, 국회와 교통부에 영향력을 행사하기도 했다. 대규모 철도 사고가 일어나면 독자적인 조사를 통해 성명문을 발표하고, 그러한 연구와 활동 보고서를 출판하기도 했다.

10년간의 운동 끝에 2001년 10월, 항공·철도사고조사위원회가 발족했다. 국토교통부 장관 직속으로, 완전한 독립 기관은 아니지만, 일본의 철도 사고 조사 체계가 비약적으로 진보했음은 두말할 나위 없다.

그리고 새로운 사고조사위원회가 처음으로 활동한 대규모 철도 사고가 후쿠치야마선 사고였다. 그런 의미에서도 시가라키 사고는 후쿠치야마선 사고의 '원점'이었다.

나는 취재 과정에서 사고 현장에 몇 번 가봤다. 옛날에 닌자들이 수행했다는 한도飯道산에 가는 기부카와 역, 나라 시대에 잠시 수도가 되었던 시가라키구시 역을 거쳐, 너구리 모양의 도자기 인형으로 유명한 시가라키 역으로 한두 칸짜리 열차가 커브가 많은 산간을 느긋하게 달린다. 속도는 시속 50~60킬로미터 정도다.

시가라키 역을 출발하고 10분이 지나면 사고 후에 사용하지 않게 된 오노타니 신호장과 대피 선로가 보인다. 신호기는 고개를 돌린 것처럼 방향이 틀어져 있다. 그곳에서 3분 30초를 지나면 사고가 난 현장이다. 선로 옆에는 추모비가 보인다. 합장하는 두 손이 하늘을 향해 옥玉을 떠받드는 디자인이다. 그 정점이 선로에서 내려다보이지 않는 높이로 만들어달라는 것이 유가족들의 요구였다고 한다.

열차에서 내려 기도를 하러 가자 한 쌍의 산딸나무(사고 10년째에 심어졌다)가 무성하고, 그 안쪽에 추모 공간이 마련되어 있다. 비석에는 SKR 직원을 비롯한 희생자 전원의 이름이 새겨져 있고, 향과 차 등이 때때로 아무도 모르게 놓여 있다.

종점인 시가라키 역에는 사고 유물과 TASK 등 유가족의 활동을 전하는 자료가 전시되어 있다. JR 선두 차량에 달려 있던 세계도예축제 시가라키호 마크, SKR 차량의 제어판, 양쪽의 차량 번호 등. 모두 무참히 구부러지고 찌그러져 사고의 충격을 짐작게 한다.

그러나 그러한 희생을 치른 사고도, 재발 방지를 기원한 유가족들의 노력도 JR이라는 기업의 본질적인 부분을 바꾸지는 못했다.

TASK의 사무국장이었던 사토 변호사는 이렇게 말한다.

"고법 판결이 확정되고 난야 사장이 사과한 다음, 재판이 끝난 지금이야말로 JR과 안전에 대해 대화하고 싶다고 유가족분들이 말씀하셨습니다. 그래서 TASK와 JR이 두세 번 만나서 의견 교환을 했습니다. 거기서 저희는 시가라키 사고의 검증 작업을 해달라고 회사에 요구하고, 그때까지 연구했던 유럽이나 미국의 사고 조사와 재발 방지 방법을 제안했습니다.

예를 들어 미국항공우주국NASA은 사고가 나기 직전까지 간 인시던트 보고를 익명으로 수집하고, 내용을 정리 분석해서 항공사와 승무원들에게 전달합니다. 그렇게 항공 안전성을 높이고 있는데, JR은 여전히 징벌적인 일근교육을 하고 있어서야 되겠냐고 했죠.

그렇지만 그 사람들은 진지하게 들으려 하지 않았어요. 대충 듣는 시늉만 하고 애매모호한 답변만 되풀이할 뿐, 제대로 논의하겠다는 태도가 아니었죠. 시가라키 사고를 반성해서 안전 문제에 민감해진 것 같지도 않았고요.

지인을 통해서 JR 간부가 이렇게 말했다는 얘기를 들었어요. '난야 사장이 사과한 건 재판에 져서 어쩔 수 없이 그런 것이다. 사실 그 판결은 잘못됐다고 생각한다.' 재판에서도 거듭 주장했던 것처럼 사고를 당한 쪽이라는 생각이 고쳐지지 않은 겁니다."

TASK 부회장이었던 아베 세이지 교수 역시 의견 교환 자리에 대해 기억에 남는 얘길 했다.

"2005년 1월인가 2월이었습니다. 당시 안전 담당 부장한테 JR은 휴면팩터에 대한 인식이 부족하다, 일근교육은 시대착오적인 방식이라고 설명했습니다. 그런데 그 부장은 '엄하게 처벌해야 실수를 안 한다'는 말만 반복하면서 완강하게 부정하더군요. 지시, 명령, 원칙을 확실하게 지키는 규칙적인 정확성이 철도에 중요한 건 당연합니다. 그렇지만 너무나 군대식으로 밀어붙이는 바람에 병든 조직이 됐어요. 개인의 책임을 추궁하는 게 직원들 관리하기에도 쉬우니까요.

언성을 높이다가 저는 홧김에 '그런 식으로 하다가는 언제 대형 사고가 날지 몰라'라고 말했어요. 그로부터 몇 달 뒤에 후쿠치야마선 사고가 일어날 줄은……."

내가 인터뷰했을 때, 이데는 "상고를 안 하기로 한 건 난야가 결정한 일"이라고 말했다. 은연중에 자신은 지금도 판결을 인정할 수 없다는 뉘앙스였다.

지진 복구의 '야전'

고베시 나다灘 구의 롯코미치 역. 역사 입구에는 은색으로 빛나는 기념비가 있다. 자세히 보는 사람은 거의 없지만, 1995년 1월 17일의 고베 대지진 이후, 전 구간 철도를 복구한 뒤 1년째 되는 4월 1일에 설치되었다고 명판에 나와 있다. 짧은 설명문에는 "회사 전체가 한마음으로" "시련을 극복" "감동과 교훈" "대동맥으로서의 기능을 제고하겠다"라는 고양감이 드러나는 글귀가 새겨져 있다.

기념비에는 전 구간이 복구될 때까지의 일정이 새겨져 있다.

1월 19일, 아마가사키-고시엔구치 구간 운행 재개, 다카라즈카-히로노 구간 운행 재개

2월 8일, 아시야-스미요시 구간 운행 재개. 대체 버스 스미요시-산노미야 구간으로 변경

3월 10일, 신나가타 역이 가설 역사, 가설 플랫폼으로 영업 재개

4월 1일, 스미요시-나다 구간 운행 재개(JR 고베선, 74일 만에 전 구간 개통)

4월 8일, 신오사카-히메지 구간(신칸센) 운행 재개(산요 신칸센, 81일 만에

전 구간 개통)(발췌)

그 위에는 규모 7.3, 최대 진도 7을 기록한 지진의 파형 그래프가 있다. 막대한 피해를 입고 폐쇄된 스마구의 JR 다카토리 공장에서 기록된 것이다. 이렇게 무시무시한 자연의 맹위에 맞서 싸운 끝에 극복했다는 스토리가 담겨 있다.

롯코미치 역은 이데가 당시 살고 있던 나다구의 주택가에서 가장 가까운 JR 역이었다. 지진 당일 아침, 이데가 처음으로 달려간 장소이기도 하다. 그 역은 JR 재래선 중에서 가장 큰 피해를 입었다. 고가식 플랫폼과 역사驛舍가 무너졌고, 선로는 절단되었다. 기념비에 있는 "스미요시-나다 구간 운행 재개"는 두 역 사이에 있는 롯코미치 역이 복구됨으로써 가능해졌다.

오사카와 고베 사이를 JR과 병행해서 운행하는 한큐 전철의 전 구간 복구는 6월 12일, 한신 전철은 6월 26일에 이뤄졌다. JR보다 두 달 이상 늦었다.

눈에 띄지 않게 세워진 기념비는 일찍이 없었던 대지진을 극복하고 경쟁자인 민영 회사들보다 압도적으로 빨리 복구에 성공한 JR의 '승리 선언'이자 자신감과 성공 경험의 상징이었다.

당시 『고베신문』 기자였던 나는 JR의 눈부신 복구 속도와 불통 구간을 달리던 대체 버스의 귀중함을 기억하고 있다. "요금이 비싸서 지금까지 JR을 안 탔는데, 한큐나 한신보다 빠르고 편리하구만"이라는 말을 자주 들었다. 나 역시 그렇게 생각했다.

그러한 복구 공사와 비상시 대응은 잠자는 시간도 아낀 직원들의 노력과 임기응변, 그리고 '야전'을 지휘한 이데의 수완과 결단력이 있었기에 가능했다. 많은 관계자가 그렇게 말한다.

복구 기간 설정이 대표적이다. 선로와 역사뿐 아니라 차량, 가선, 전기 케이블, 터널, 고가의 교량과 지주, 운행과 매표를 담당하는 컴퓨터 시스템까지 모든 기계 설비와 구조물이 손상된 것을 본 대부분의 간부는 복구까지 빠르면 6개월, 길면 1년 이상 걸리리라고 생각했다. 그러나 이데는 "3개월 안에 끝내"라고 지시했다. 사장으로 승진하고 2년 6개월이 지나 명실상부 '대장'이 된 이데의 명령은 절대적이었다.

철도본부장이었던 우메하라 도시유키梅原利之(나중에 JR 시코쿠 사장, 회장을 역임)는 이렇게 말한다.

"본사 복구 대책본부에서는 그 밑의 수송 대책본부와 복구공사 대책본부가 두 축이 되어 복구 계획의 설정과 실시에 대해 연일 열띤 토론을 했다. 우선 언론에 발표할 복구 예정에 대한 토론이 있었다. 철도 복구는 피해지역 복구 스케줄의 중요한 조건인 이상, 무슨 수를 써서라도 복구 계획을 수립해야 했다.

사장은 3개월이면 어떻겠냐고 했지만, 절대 불가능하다고 대답했다. '6개월 정도' '가설로만 지어도 3개월로는 안 된다' '역시 4, 5개월은 필요하다'라고 몇 번이나 말을 바꿨지만, 결국 '잘하면 2~3개월'이라는 표현을 쓰게 됐다. 그래도 언론에 발표할 때는 너무 불안해서 입술이 떨렸다. 결과적으로는 사장의 직감대로 3개월도 안 돼서 성공했지만……."

당시 신문을 보면 이데는 지진 이튿날에 벌써 "복구까지 3개월"이라는 예정을 밝혔다. 우메하라가 말한 언론 발표는 그 후 피해 조사와 복구 방법을 검토한 뒤 "5월 연휴가 끝날 때까지는 전 구간을 복구하겠다"라고 정식으로 발표한 2월 2일의 일일 것이다.

당시의 기사는 다음과 같다.

"JR은 부서진 다리와 궤도, 기둥 등을 조사해 고가 교각 등 704개가 손상되었음을 밝혀냈다. 그러나 강도에 문제가 없으면 낙하한 것들을 재사용하도록 검토하고, 복구 방법의 자세한 내용을 살핀 결과, 5월 초순에는 복구가 가능하다는 결론을 내렸다. 공사가 순조롭게 진행되면 더 빠른 복구도 가능하다고 한다."(『고베신문』 1995년 2월 3일)

JR 내부에서 이데가 상당히 강하게 밀어붙이며 서둘렀던 사실을 알 수 있다.

내가 인터뷰했을 때, 이데는 이렇게 회상했다.

"국철 경리국 시절에 재해 피해액을 정산하는 일을 해봐서 그런 일은 빠삭하게 꿰고 있었거든. 직감으로 피해액 1000억 엔, 복구까지 3개월 걸린다고 알았지. 대강 맞았지?(최종적인 복구 비용은 1020억 엔.) 간부들은 주저했지만, 하라고 했지. 반드시 할 수 있다고 나는 확신하고 있었거든."

JR 그룹 차원에서 지원을 받을 수 있다는 강점도 있었다. JR 동일본과 JR 도카이에서 자재와 기술자를 빌렸고, 전국의 공사 업자들로부터 중기와 작업 차량을 모았다. 다른 민영 회사들이 따라할 수 없는 물량 작전으로 단숨에 공사를 진행했던 것이 승리 요인이었다.

이와 동시에 일찍이 없었던 재해가 일선 직원들의 의식 개혁을 촉진했던 부분이 크다고 이데는 자랑스럽게 말한다.

"예를 들어 고가와 철교 지주를 보강하는 데 두르는 철판이 있거든. 그런 걸 대량으로 조달할 수 없었지. 그랬더니 어떤 직원이 조선소로 달려가서 뭐든 좋으니 남은 철판을 빌려달라고 협상했어. 우리가 필요한 건 법으로 정해진 두께 6밀리미터의 철판인데, 9밀리미터밖에 없다길래 그거라도 괜찮다고 했대. 가격은 비싸지만, 서두르기도 했고, 강도는 더 강할 거라면서 그 자리에서 다 사왔어. 그 직원이 와서 사과하더라고. '예산을 초과했습니다. 죄송합니다. 시말서를 쓰겠습니다'라고. 나는 칭찬했어. 예산이나 전례에 얽매이지 않고 자기 판단으로 임기응변을 했다고 말이야.

그리고 신칸센 신고베 역 근처에 긴 터널이 있는데, 거기 피해 상황을 몰랐어. 내부가 붕괴돼 있을지도 몰랐으니까. 그런데 용감한 보선작업자가 지진 후 일주일도 안 돼서 걸어갔다 왔대. 둘러봤는데 문제없다고 하더라고. 나는 철도원의 기개가 있다고 칭찬했지."

그 밖에도 일선에서는 여러 도전과 궁리를 했다. 역이 없던 곳에 가설 플랫폼을 만들었다. 인입引込선에 전기를 통하게 해서 전철을 달리게 했다. 상행선이었던 곳을 하행선으로 썼다. 차량을 늘려서 수송력을 확보하고 플랫폼을 연장했다. 매일 열차 시간표를 바꿨다. 우회 루트를 설정하고 안내했다. 직원들의 수기에는 "곡예" "외줄타기" "혈안" "신에게 빌었다"는 말이 여러 번 등장한다.

이데는 민영화 9년차에 JR 서일본이 "진정한 민간 기업"이 되었다고 자평한다. 민영화 직후의 "건전한 위기감"은 6, 7년 만에 희박해져 있었다. 힘을 빼고 요령껏 해도 회사가 망하지는 않는다는 국철 시절의 분위기가 되살아나고 있었다. 예정하고 있던 주식 상장을 위해 다시 한번 기강을 다잡아야겠다고 생각하던 차에 지진이 일어났다. 위기에 직면해 불가능을 가능하게 만든 결과, JR은 진정으로 다시 태어났다고 이데는 말한다.

신속히 복구에 성공한 JR은 한큐, 한신으로부터 승객을 빼앗았다. 지진이 있었던 1994년도●에는 수익이 감소했지만, 1995년도의 영업 이익은 전년 대비 7퍼센트 증가하며 지진 전의 수준을 회복했다. 1996년도의 영업 이익은 9560억 엔을 기록하며 역대 최고치를 갱신했다. 재래선과 신칸센을 포함한 수입도 역대 최고치인 8391억 엔에 달했다.

지진 1년 뒤의 인터뷰에서 이데는 "우리 회사는 120퍼센트 복구에 성공했습니다"라고 자랑스럽게 말했다. 그리고 1996년 10월, JR 서일본은 도쿄, 오사카, 나고야의 증권거래소에서, 발족할 때부터 "최우선 과제"로 꼽았던 주식 상장에 성공했다.

적자 노선이 많고 경영 기반이 취약해서 "미니 국철"이라는 야유를 들으며 출발했던 JR 서일본은 "민영화의 모범 사례"로 불리게 되었다.

지진 복구를 계기로 급성장한 JR은 이데의 말처럼 진정한 민간 기업으로 거듭났다. 동시에 이데의 카리스마를 강화하고, 권력 집중을

● 일본의 회계연도는 4월에서 시작되어 3월에 끝나기 때문에 고베 대지진이 일어난 1995년 1월은 1994년도에 포함된다.

결정지은 사건이기도 했다. 간부들은 "지진 이후로 누구도 이데 사장 한테는 아무 말도 못 하게 되었다"라고 말한다. 이데 역시 그 사실을 인정한다.

이데의 독재 체제는 이렇게 완성되었다.

후쿠치야마선 사고는 롯코미치 역의 기념비에 찬연히 새겨진 전 구간 복구로부터 10년 뒤에 일어난다.

혼란

——

위원장의 제안

월요일 아침 첫 소식을 들었을 때, 그는 JR이 경영하는 골프장에 있었다.

"아마가사키의 후쿠치야마선에서 건널목 사고가 났습니다. 부상자가 대여섯 명 발생했습니다."

비가 와도, 몸이 안 좋아도, 무슨 일이 생겨도 중단한 적이 없을 정도로 골프 중독이었다. 그러나 이때는 왠지 모를 불길한 예감이 들었다. 골프를 중단하고, 50킬로미터 떨어진 사고 현장으로 달려갔다.

아마가사키에 가까워질수록 하늘 위에 헬리콥터가 몇 대나 날았고, 불길한 예감은 커졌다. 교통 정체와 검문을 뚫고 도착한 현장 상황은 예상보다 훨씬 더 심각했다. 사고 직후의 참상과 혼란에 숨을 죽이고, 그길로 오사카 본사로 향했다. 임원들이 있는 6층의 고문실로 직행했다. 고문실의 주인에게 단도직입적으로 말했다.

"이데 씨, 당신이 사장 해주이소. 그럴 각오로 지휘를 해주이소. 당신이 만든 회사 아입니까. 당신 말고 할 사람이 없다 아입니까. 이건 보통 사고가 아입니더. 난야나 가키우치로는 수습이 안 됩니더."

이데는 긍정도 부정도 하지 않았지만, 무슨 말인지는 이해한 듯했다.

"그랬구먼…… 음, 그랬군……."

뭔가 복안이 있는 것처럼 보였다. 그걸로 대화를 마치고 "나도 지금부터 사고대책본부를 만들어야 한다"며 자신의 사무실로 갔다. 본사에서 도보로 몇 분 안 되는 곳에 있는 '서일본 여객철도 노동조합' 중앙본부, 그의 직책은 중앙집행위원장이었다. 약 2만6000명이 소속된 제1노조를 이끌던 모리 마사아키森正暁가 회상한 2005년 4월 25일이었다.

JR 서일본에 네 개의 노조가 있다는 사실은 앞서 말했다. 사고 당시 재직 중이던 3만1210명의 직원 중 88퍼센트가 가입했던 곳이 제1노조인 '서일본 여객철도 노동조합'이었다. 이어서 '국철 노동조합 서일본 본부' 약 2200명, 'JR 서일본 노동조합' 약 1200명, '전일본 건설교통 노동조합 서일본 철도본부' 소속이 약 80명이었다. 이러한 분열 상태는 국철 시절부터 이어진 노선 대립과 이합집산의 결과였다.

국철 시절 최대 노조였던 국철 노조는 민영화에 마지막까지 반대했지만, 결국 민영화되면서 급격히 힘을 잃었다. 한편 노사협조 노선을 걸었던 '철도노동조합'(1968년 발족)과 도중에 민영화 찬성으로 돌아선 (강경한 반대에서 180도 태세 전환하면서 '코페르니쿠스적 전환'으로 불렸다) '국철 동력차노조'는 민영화 이후 단일 조직으로 결합한다. 이들이 바로 '1기업 1노조'를 지향한 '서일본 여객철도 노동조합'이다.

그러나 상부 단체인 'JR 총련'에 파업권을 위양하는 문제, 동력차노조와 과격파인 가쿠마르革マル●파의 관계 등으로 인해 격렬한 내부 대

립이 발생했다. 1991년 5월, 국철의 동력차노조 출신을 중심으로 조합원 4800명이 탈퇴해 'JR 서일본 노동조합'을 발족한다. 시가라키 사고가 나고 9일 뒤였다.

'철도노동조합' 출신의 잔류파는 같은 해 7월 JR 총련을 탈퇴한 뒤, 12월에 '서일본 여객철도 노동조합'을 재결성해 노사협조 노선을 걷게 된다. 이듬해 5월에는 JR 도카이, JR 규슈, JR 시코쿠의 주요 노조와 함께 JR 연합을 결성했다. 한편 탈퇴파인 'JR 서일본 노동조합'은 일근교육에 대한 법정투쟁을 전개하는 등 회사와의 대립을 선명히 했다.••

이데를 비롯한 경영진에게는 국철 시절과 마찬가지로 노조 대책이 중요한 현안이었고, 노조와 격렬히 대립하던 시절의 직원 관리 방법이 그대로 이어졌다. 노조끼리 조합원 획득을 위한 치열한 싸움이 펼쳐졌지만, 이 책에서 자세한 내용은 생략한다. 제3장에서 썼던 것처럼 후쿠치야마선 사고를 일으킨 다카미 운전사는 제1노조 소속이었고(마쓰시타 차장은 'JR 서일본 노동조합' 소속), 무엇보다 사고 직후 모리 마사아키가 말했던 것처럼 "안전 문제 앞에 이념은 없"기 때문이다. 그러나 사고의 중요한 배경인 조직 문화 중에서 일근교육을 비롯한 직원 관리, 승진과 대우 등에서 소속 노조에 따른 명백한 차별이 있었음은 확인할 필요가 있다.

● 정식 명칭은 '일본 혁명적 공산주의자 동맹 혁명적 마르크스주의파'. 1960년대에 만들어진 신좌익 분파들 중에서 현재까지 영향력을 가진 조직 중 하나다.
●● 노조의 명칭이 지나치게 복잡해 혼란을 초래할 수 있으므로 이후에는 '서일본 여객철도 노동조합'을 "제1노조" 혹은 "회사에 우호적인 노조"로, '국철 노조'와 'JR 서일본 노동조합'을 "국철계 노조" 혹은 "회사에 비판적인 노조" 등으로 문맥에 따라 달리 옮긴다.

어쨌든 제1노조 위원장이었던 모리 마사아키는 간부 인사에 막강한 영향력을 행사했다. 이데를 비롯한 역대 임원들과의 교류도 깊었고, 그들의 능력과 성격도 잘 알고 있었다. 사고 당일 가장 먼저 고문실로 가서 사장 복귀를 개진한 것은 그 때문이었다.

사장 인사의 내막

임원들이 있는 6층에서는 사고 이튿날인 26일부터 사장 인사에 대한 밀실 회담이 시작되었다. 참석자는 이데, 난야 회장, 가키우치 사장, 인사 담당 전무 사카타 마사유키였다. 그러나 이 네 명이 동시에 모이지는 않았다. 난야와 가키우치, 사카타가 매일 밤 협의한 뒤, 이튿날 난야와 가키우치가 고문실의 이데에게 찾아가 의향을 물었다. 이데의 반응을 난야와 가키우치가 듣고 와서 다시 사카타와 함께 검토했다. 그런 식으로 몇 가지 방안이 6층을 오갔다.

이데는 고베 대지진으로부터 2년이 지난, JR 발족 10주년을 맞이한 1997년 4월 1일 회장이 되었고, 6년이 지난 2003년에 고문으로 물러났다. 고문이 되었을 때, 대표권은 포기했다. 그러나 뒤를 이은 난야와 가키우치 역시 이데가 지명한 인물들이다. JR 서일본의 '천황'이라 불린 이데의 위엄은 아직 건재했다.

먼저 난야와 가키우치의 사임은 불가피하다는 합의를 전제로 후임에 누구를 앉힐 것인지가 현안이었다. 난야와 가키우치가 처음에 이데에게 올린 후보는 JR 도카이의 상무 이시즈카 마사타카石塚正孝였다. 그는 국철 시절에 오사카에서 근무한 경험이 있었다.

그러나 이데는 단칼에 거절했다. JR 도카이와는 회사 분위기가 많이 다르기도 하고, JR 서일본의 경쟁사이기도 했기 때문이다. 그런 회사에서 온 사람에게 맡길 수는 없다는 것이었다.

대신에 이데가 제시한 것은 사카타를 회장으로, 상무인 마루오 가즈아키를 사장으로 삼아 세대교체를 하는 것이었다. 사카타는 이데보다 14기수, 난야보다 9기수, 가키우치보다 4기수 아래였다. 마루오는 사카타보다 두 기수 아래였다. 사고가 일어나지 않았다면 주주총회 이후 사카타는 공석이었던 부사장으로 승진할 예정이었다. 그런데 사장을 건너뛰고 회장으로 만들자는 것이었다. 모리가 짐작했던 이데의 복안은 이 시나리오였다.

사카타가 국철에 들어간 해는 1973년, 생산성 향상 운동이 실패하고, 국철 총재가 국회에서 사과한 이듬해였다. 노조는 기세등등했고, 일선은 황폐했다. 언론과 사회의 비판 역시 거셌다.

"오히려 그런 조직일수록 제가 들어가서 재건해야겠다는 생각이 강했어요. 처음부터 노무 관리를 지망했습니다."

그런 기개 덕분에 국철 시절에는 대부분의 노조 대책 등 노무 관리를 담당했다. 노동과에서 일할 때는 단체 협상 창구를 맡았다. 노조의 요구를 무조건 거부하는 대신 시시비비를 가리자는 자세였기에, 비굴하다거나 노조 편을 든다는 말도 들었다. 분할 민영화에는 반대했기에 "하마터면 국철 개혁 때 잘릴 뻔했어요. 아직 피라미였던 때여서 살아남았지만"이라며 쓴웃음을 짓는다.

JR 서일본에 온 뒤에는 인사부 근로과장을 시작으로, 인사부장, 경영기획부장, 종합기획본부장 등 요직을 역임했다. 종합기획본부는 본사에서 가장 막강한 권한을 가진, 꼭대기로 가는 지름길이었다. 난야와 가키우치 역시 이곳의 본부장을 역임했다.

사카타의 순조로운 출세는 이데의 마음에 들었다는 뜻이었다. 그러나 노조 관계자는 "이데 회장의 눈치만 보는 임원이 많았지만, 사카타 씨는 예스맨이 아니라 할 말은 했다. 뭐든 치우치지 않고, 냉철하며 정확하게 판단할 수 있는 사람"이었다고 평가했다. 이데는 사카타의 그러한 성격을 높이 산 모양이었다. 사카타 역시 이데의 능력과 수완을 흠모했던 터라 때로는 수족처럼 일하면서 가르침을 받았다.

그러나 이데가 사카타를 회장으로 타진했을 때 그는 즉각 거절했다. 이유에 대해서는 이렇게 말했다.

"사장을 건너뛰고 회장부터 하라는 게 말이 안 되거니와, 제 직책 문제만이 아니라 저는 이데 회장님이 돌아오길 바랐어요. 고베 대지진 때처럼 이데 회장님이 사고 처리를 담당해야만 난관에서 벗어날 수 있다고 생각했죠. 굳이 사장이 아니라도 직책과 상관없이 말이죠. 이데 회장님을 위해서는 기꺼이 피땀 흘려 고생할 각오가 돼 있었거든요.

그런데 이데, 난야, 가키우치가 6월 1일부로 사임한다는 거예요. 주주총회도 하기 전에 말이죠. 도망치려는 걸로 보였어요. 사고 처리는 아랫사람들한테 떠넘기고, 자기들은 고개조차 숙이지 않으려 하다니, 그건 안 될 일이죠."

그때까지 이데에게 심취했던 만큼 실망도 컸다. 사카타는 "100년 묵은 사랑도 하루아침에 깨졌다"라고 말한다.

그러나 거절하려면 대안을 제시해야 했다. 회장은 외부의 재계 인사를 초빙하더라도 사장은 내부 인재가 아니면 이데도 납득하지 못할 것이다. 사카타는 두 사람의 이름을 난야와 가키우치에게 올렸다.

한 명은 가나이 아키라金井耿. 부사장을 역임했지만, 4년 전 계열사인 '일본여행' 사장으로 나갔다. 인망이 두터워서 사장 하마평에도 올랐지만, 한 기수 아래인 가키우치와의 경쟁에서 지고 밀려난 형국이었다. 이데의 의향을 노조의 모리 마사아키 위원장이 받아들인 결과였다고 한다.

JR 서일본의 불행은 가나이처럼 이데를 두려워하지 않고 할 말은 하면서 사장이 될 수 있는 인재가 이때는 회사 안에 남아 있지 않았다는 것이었다. 이데의 후계자로 확실시되었던 시라카와 슌이치白川俊一, 난야를 대신하거나 후임에 적합하다는 평가를 받던 다카하시 히로아키高橋宏彰. 둘 다 상무와 부사장까지는 역임했지만, 요절하고 말았다. 과로 탓이 컸을 것이다. 사카타 역시 전무가 되고 나서 큰 병을 앓고 겨우 목숨을 건진 처지였다.

그리고 사카타가 올린 또 한 명의 사장 후보가 상무와 철도본부장을 역임한 야마자키 마사오였다. 안전 대책을 열심히 추구했던 전문가였고, 종합기획본부의 사무직이 압도적으로 강한 회사에서 껄끄러운 관계에 있던 철도본부 출신으로 상무까지 지낸 기술직의 유망주였다. 사카타는 국철 시절에 함께 일한 적이 있기에 처세술은 서툴지만 성실한 그의 인품을 잘 알고 있었다.

그러나 야마자키도 자회사로 보내진 뒤 7년이 지났다. 기술직이 사장 자리에 오른 전례도 없었다. 이데는 난색을 표할 터였다. 하지만 달리 사람이 없었다. 난국을 타개하기 위해서는 기술직에게 맡겨보는 것도 좋지 않을까?

밑져야 본전이라는 심정으로 난야를 통해 이데에게 제안했는데, 의외의 대답이 돌아왔다.

"야마자키가 괜찮겠다고 하시더군."

사카타의 제안을 꺼내기도 전에 이데가 먼저 야마자키의 이름을 말했다는 것이다. 야마자키는 기술직 중에서도 운전직이니 적합했다.

그렇게 야마자키를 차기 사장직에 앉히기로 네 사람은 합의했다. 5월의 연휴가 끝난 직후였다. 그러나 교체 시기에 대해서 이데와 난야 사이에 견해차가 생기면서 두고두고 화근이 된다.

야마자키가 사장 자리를 권유받은 것은 사고로부터 3주가 지난 5월 18일이었다. 신오사카 역 가까운 곳에 있는 청소 회사 'JR 서일본 메인텍'의 사장실로 난야가 전화를 걸어왔다.

"지금 당장 본사로 와주게."

우메다에 있는 본사 6층 회장실로 들어가자 난야와 가키우치가 나란히 앉아 있었다. 난야는 다짜고짜 이렇게 말했다.

"사장을 맡아주게. 자네밖에 없어."

다음은 야마자키의 증언이다.

"그런 사고를 일으킨 이상 경영진의 책임은 피할 수 없었지. 안전 대책도 다시 짜야 하고, 내 경력으로 봤을 때 안전 담당 간부가 될지는 모른다고 생각했어. 전화를 받았을 때도 그렇게 생각했는데, 설마 사장이라니…….

처음엔 '못 합니다'라고 했어. 가나이 아키라가 더 적합하다고 이름까지 콕 집어 말했지. 그런데 난야 회장은 물러서지 않았어. '회사를 위해서라고 생각하고 받아주게'라고 하더군.

그래도 그 자리에서 대답할 수는 없었지. 일단 가족과 상의하게 해 달라고 했어. 나는 도쿄 출신이고, 오사카에는 혼자 와 있었거든. 그날 바로 도쿄로 가서 아내와 아들한테 얘기했어. 예상대로 반대하더라고. 회사가 이렇게 어려운 상황에서 굳이 고생길을 찾아갈 필요가 어디에 있냐면서.

사실 그때 나는 도쿄로 돌아가기로 돼 있었어. 몇 달 뒤에 '메인텍' 사장을 그만두고 도쿄에 있는 JR 관련 단체에 가기로 돼 있었지. 민영화와 함께 시작된 간사이 생활…… 18년이었나? 그것도 이제 곧 끝날 거라고 생각했어.

게다가 나는 7년간 본사를 떠나 있었잖아. 그사이에 사람도, 조직도, 경영도 다 바뀌었고 공백이 너무 커. 애초에 나는 기술자라서 재무나 인사 같은 경영 경험도 거의 없었고, '메인텍' 사장을 했다고는 해도 JR 본사와는 규모나 책임 면에서 비교가 안 되지. 할 수 있을 리가 없다는 마음이었어."

그날은 도쿄의 자택에서 잠을 이룰 수 없었다. 승객 106명의 목숨을 앗아간 엄청난 사고, 철도 안전을 바로 세워야 한다는 사명감, 한때 안전 대책의 선봉에 섰던 자부심과 책임감, "회사를 위해서"라는 난야의 말.

한편으로는 가족들의 맹렬한 반대, 7년간의 공백, 거대 조직의 정점에 서는 압박감, 눈에 훤히 보이는 가시밭길······.

결정은 이튿날 아침 오사카로 가는 신칸센 안에서 내렸다.

"수락한 이유? 그건 내 성격이라고밖에 할 수 없어. 남자다움이라고 할까, 기개라 해야겠지. 내가 거절하면 회사도 곤란하잖아. 나 말고 할 사람이 없다는데 어쩔 수 없지."

오사카에 도착한 직후 난야에게 수락하겠다고 전했다. 조건은 단 하나뿐이었다. "아내가 오사카에 와준다면"이라는 조건이었다.

'운전직'의 내력

사고 후 JR을 맡게 된 야마자키는 어떤 인물인가? 그 경력을 따라가보기로 한다.

1943년, 도쿄의 아사쿠사, 료고쿠와 가까운 다이토구 도리고에鳥越에서 태어났다. 큰 가마를 끌고 다니는 것으로 유명한 도리고에 전통 축제가 열리는 서민 동네다. 목수였던 아버지는 장롱과 뒤주 등 가구를 잘 만들었다. 작업장에서 망치와 대패를 빌리거나, 대패로 갈고 난 나무 찌꺼기를 가지고 놀면서 어린 시절부터 기술에 친근감을 가졌다. 간사이에서 오래 살아도 지울 수 없는 도쿄 방언 역시 이때부터였다.

어린 시절부터 탈것을 좋아했다. 중학생 때는 혼자서 기차를 타고 정처 없는 여행을 떠나곤 했다.

"지금도 기억하는 건 우스이碓氷 고개야. 그 근처를 달리던 구식 열차를 타고 차량과 선로 사진을 찍었어. 요즘 말로 '철덕'●이라고 하나? 또 보소房総반도를 일주하거나 도카이도선을 여행하기도 했지. 대학 시절에는 프리 패스를 사서 홋카이도나 규슈에 여행을 갔어. 큰 배낭

● 철도 오타쿠의 준말. 취미로 전철, 기차를 타거나 사진을 찍는 애호가.

을 메고 다녀서 당시에는 '꽃게족'●이라고 불렸지.

철도뿐 아니라, 고등학생 때는 오토바이 면허도 따서 혼다의 50cc 오토바이 '커브'로 이즈伊豆반도를 일주하기도 했지. 대학생 때는 자동차 동호회에서 활동하기도 했는데, 타기만 한 게 아니라 엔진을 열어서 정비나 수리도 했고. 탈것이나 기계를 다루는 게 좋기도 했지만, 어디론가 자유롭게 다닐 수 있다는 게, 과장되게 말하면 세계가 확장되는 것 같아서 즐거웠거든."

도쿄대학 공학부 항공학과를 나왔다. 재료역학을 전공하면서 강도와 내구성이 뛰어난 금속 접착제 연구를 했다. 당시의 도쿄대학 공학부는 과학입국으로 고도성장을 견인하는 기술 관료를 양성하던 곳이었지만, 정부 부처에 들어갈 생각은 없었다.

"관료는 기본적으로 사무직의 세계라서, 상사가 누구고, 대학 선후배가 누구고, 동기가 누구고, 그런 인간관계로 움직이잖아. 기술직도 있긴 하지만, 그중에서 힘을 쓰는 건 토목 쪽이었지. 특히 도로 건설의 전성기였으니까."

같은 관료여도 구체적인 현장에서 실제로 사람과 물건을 움직이는 일을 하고 싶었기에 국철에 들어가게 되었다. 어린 시절부터 철도와 여행을 좋아했던 것도 영향을 미쳤다. 1966년 국철이 적자로 전락한 지 2년 뒤였지만, 아직 그리 심각한 수준은 아니었다. 오히려 도카이도 신칸센 개통으로 고도성장의 선두에 서서 미래로 질주하는 밝은 인상이

● 일본에서 국내 배낭여행이 유행한 1960~1970년대, 여행객들이 등에 배낭을 짊어진 모습이 꽃게를 연상시킨다는 뜻으로 붙여진 이름.

었다.

오사카 철도관리국에서 1년간 연수를 받고 나서 업무를 익혀가던 야마자키에게 잊을 수 없는 기억이 있다. 입사 6년차였던 1971년, 스물일곱 살에 시즈오카의 누마즈沼津 지구장이 되었을 때였다. 2년간의 임기 중 악명 높은 생산성 향상 운동을 경험한 것이었다.

"누마즈 지구는 830명이 일하는 큰 작업장이었어. 원래 국철 노조가 강했고, 운전사와 기관사가 60퍼센트였기에 동력차노조도 강했지. 그런 데서 머리에 피도 안 마른 애송이가 지구장이 되었으니, 호랑이 굴에 들어간 셈이었지. 일단 각오를 단단히 하고, 거친 호랑이들 사이에 뛰어들 수밖에 없었어. 보통 일이 아니었지.

특히 생산성 향상 운동에 대한 반발이 심했어. 본사에서 보내온 교과서를 읽으면서 강의하는데 반대파들이 공개적으로 반항하거나 폭력을 휘두르기도 했거든. 그래도 일대일로 흉금을 터놓고 얘기하다보면 이해해주는 사람도 있어서, 일에 대한 고민이나 국철에 대한 충성심을 울먹이면서 얘기하기도 했어. 전철도 매일같이 탔고, 술자리도 많이 가지면서 인간관계를 쌓다보니 조금씩 협력자도 생기더라고.

위에서 명령만 하는 게 아니라, 현장에 내려가서 잔꾀 부리지 말고 정면에서 부딪치는 게 중요하다는 '현장 중심'을 2년 동안 배웠지. 국철 직원으로서만이 아니라 개인적으로도 말이야."

현장에 나간 엘리트 관리직의 업무는 노무 관리, 즉 노조 대책이 대부분이었다. 야마자키는 '현장 중심'으로 난관을 타개하고 경험을 쌓았다. 야마자키가 본사로 돌아가고, 훗날 JR로 민영화되고 난 뒤까지 당시 지구 부하들과 '야마자키 동창회'를 가졌다고 한다.

국철 본사에서는 전공인 운전 계통 부서에서 경력을 쌓았다. 교육과 연수를 포함한 승무원 관리, 지구의 감독과 지도, 차량 점검, 시간표 편성, 관제센터 등의 운영…… 열차를 움직이는 시스템과 소프트웨어 전반이 '운전직'의 일이었다.

4년간 경영기획실에서 국철 재건 계획에 관여한 적도 있다. 개혁 삼인방 중 가사이와 마쓰다가 상사였고, 이데도 자주 들락거렸다. 그러나 기술자였기 때문인지, 개인적 성격 때문인지는 몰라도 야마자키는 사내 정치에 무관심했다. 국철 개혁 당시의 생각을 묻자 "민영화에는 완전 찬성, 분할에는 반대였다"라고 대답한다.

그러나 스스로가 "굽히지 않고 자기 길을 걷는 성격"이라고 말하듯이 일 때문에 상사와 대립하는 경우도 종종 있었다. 신칸센 관제 시스템 때문에 운전국의 실력자와 격한 토론을 벌인 적도 있다. 회사 안에 고성이 울려 퍼졌는데, 천적인 "코브라와 몽구스의 대결"이라 불렸다. 그 상사는 "다시는 너랑 일하고 싶지 않다"라고 말했다.

사카타는 훗날 JR 서일본으로 옮긴 뒤의 일을 야마자키의 성격을 잘 드러내는 에피소드로 들었다.

"야마자키 씨가 사업 계획 자료를 갖고 저한테 왔어요. '지금부터 이데 사장님한테 보고하러 갈 건데, 뭐라고 하면 좋을까?'라고 묻더라고요. 그래서 자료를 보고 제 나름대로 회장님 생각이나 포인트를 설명하고, 어떻게 프레젠테이션 하면 좋을지 조언했죠. 야마자키 씨는 고개를 끄덕이면서 듣다가 마지막에는 '그렇구먼. 그래도 나는 정공법으로 갈 거야'라고 말하면서 가더라고요. 돌아가는 길에 만나서 어떻게 됐냐고 물었더니, '아, 역시 깨졌어'라며 풀이 죽어 있더라고요. '그러길 래 제가 뭐랬어요'라고 했죠.

성실하고, 일도 열심히 하고, 인품이 훌륭한 건 알겠지만, 처세에는 서툴렀죠. 예전부터 완고하고 투박한 기술자라는 인상이에요. 물론 그 건 장점이기도 해요. 그래서 당시에 사장으로 추천했던 거죠."

현장을 중시한 안전 전문가

분할 민영화가 결정된 뒤, 야마자키는 JR 서일본 설립준비실 차장으로 1986년 12월 오사카에 부임하게 된다. 도쿄에 집을 산 직후여서 내심 동일본으로 가고 싶었지만, 오사카와 오카야마에서 근무한 경험 때문에 서일본으로 가게 되었다. 회사가 마련한 효고현 니시노미야시의 무코가와武庫川 단지에서 혼자 살다가 교토의 나가오카교長岡京로 이사했다. 웃으면서 "조금이라도 도쿄에 가까운 동쪽으로 가고 싶었다"라고 말한다.

신칸센 운행본부의 운수부장을 거쳐 철도본부 운행관리부장으로 재직하던 1991년 5월, 시가라키 고원철도 사고가 일어났다. 마침 장기 입원으로 인해 휴직 중이었지만, 사고 원인이 밝혀지자 책임감을 느꼈다. 그러나 제4장에서 다루었듯이 회사는 철저히 "사고를 당한 쪽"임을 주장하며 어떠한 과실도 인정하려 하지 않았다. 야마자키는 "그건 교통부에서 낙하산으로 내려온 쓰노다 사장을 이데 부사장이 조종하고 있었기 때문이 아닌가 추측했다"라고 말한다.

야마자키는 1993년 4월에 철도본부 부본부장 겸 안전대책실장에 취임했다. 이 인사 이동은 매년 6월에 있는 정기 인사가 아니라 예상

밖의 파격이었다. 그 직전에 사고가 빈발한 탓에 전임 철도본부장과 부본부장이 이데의 역린을 건드려 해임된 것이다. 당시 일어난 사고의 개요는 다음과 같다.

고베 역 쾌속 열차 탈선 사고(1993년 1월 30일): 역에 들어온 쾌속 열차가 분기점을 통과하던 중 앞쪽의 세 칸이 탈선, 피신하던 승객 1명이 부상당했다. 당시 다른 사고로 인해 시간표가 뒤엉켜 평소 사용하지 않던 분기점으로 유도했는데, 정비 불량으로 선로가 마모되어 있었던 것이 사고 원인이었다. 마모 상태를 알면서도 방치한 보선부장 등 2명이 검찰에 송치되었다.

이바라키 역 화물 열차 탈선 사고(1993년 2월 24일): 야간에 화물 열차가 역을 통과하던 중 대피 선로로 들어가면서 전기 기관차와 화물 세 칸이 탈선했다. 신호와 분기점을 제어하는 기계 교체 공사 때문에 수동으로 조작하던 진로 변환 장치를 역무원이 잘못 조작한 것이 원인이었다.

아이오이시 건널목 사망 사고(1993년 3월 11일): 수리 중이던 건널목으로 경차가 실수로 진입하면서 화물 열차와 충돌, 3명이 사망했다. 차단기를 열어둔 채 감시원도 없이 작업했고, 정지 신호도 원활하지 않았던 것이 원인이었다. 신호와 통신 책임자들이 체포되었는데, 수사 과정에서 감시원이 있었다고 거짓으로 입을 맞췄던 사실 역시 발각되었다. 업무상 과실치사로 2명이 유죄 판결을 받았다.

연이은 사고를 무겁게 본 교통부는 이례적으로 "안전 관리가 불충분"하다는 경고 문서를 JR 서일본에 보냈다. 노조와 언론은 촘촘한 배차 간격과 인원 감축이 원인이라고 비판했지만, 이데는 이를 부인하면서 "사고와 인원 감축은 무관하다. 정해진 규칙을 안 지킨 게 잘못"이라고 말했다.

안전대책실장이 된 야마자키는 구체적이고 실효적인 계획을 짜기 위해서 현장을 중시하는 특유의 방법을 썼다. 직원 1600명에게 설문 조사를 하고, 310개 작업장을 조사하며, 420명을 면담했다. 본인도 양복을 벗고 작업복 차림으로 현장을 방문했다. 일상적인 업무의 세부를 관찰하면서 운전사와 차장의 이야기를 들었다.

1994년부터 시작된 SA 계획에서 중시한 것은 기본 동작, 특히 수신호와 복명복창을 철저히 하는 것이었다. 승무원, 역무원, 보선 및 전기 작업원이 모든 분야에서 작업할 때 수신호를 하면서 확인 사항을 소리 높여 말하는 것이다. 결코 참신한 방법은 아니었지만, 이것만 확실히 해도 실수가 6분의 1로 줄어든다고 했다. 초심으로 돌아가 안전 의식을 환기함으로써 휴먼에러를 줄이려 한 것이다.

그러나 계획은 현장의 직원이 그 의미를 이해하고 실행하지 않으면 안 된다. 당시 운전사였던 사람은 내게 이렇게 말했다.

"예를 들어 운전 중에 정차역을 확인할 때도 역 이름을 바로 슬라이드시키는 대신에, 위에서부터 손가락으로 확인하다가 해당 역을 옆으로 슬라이드시키라고 했어. 그러니까 L자를 그리면서 하라는 말이지. 다들 '귀찮게시리' '애들도 아니고'라며 불만을 토로했지."

운전사들 중 경험과 실력에 자신감을 가진 사람이 많았기 때문이다.

안전 대책을 지시한 이데 역시 관용적이지 않았다. 예를 들어

1995년 12월 25일(고베 대지진 복구 이후 상승세를 타던 시기였다), 후쿠치야마선 아이모토 역에서 이런 사고가 일어났다.

폭설이 내린 밤이었다. 네 칸짜리 상행선 쾌속 열차가 바로 앞 역인 구사노 역에서부터 브레이크에 문제가 생겼다. 그 때문에 아이모토 역에 진입할 때 제대로 멈추지 못했다. 적설량은 20센티미터. 그대로 120미터 오버런한 뒤 대피 선로 뒤의 자갈밭에 열차가 들어가고 말았다. 부상자는 없었지만, 이데에게 사고를 보고하러 가자 불같이 화를 냈다.

"그딴 운전사는 잘라버려!"

야마자키는 "원인은 아직 조사 중입니다만……"이라고 대답할 수밖에 없었다. 사고 관련 기사에는 "브레이크 고장의 원인이 밝혀지지 않아서 승무원의 조작 실수, 혹은 차량 결함의 양방향에서 조사를 한다"라는 JR의 코멘트가 실려 있다(『고베신문』 1995년 12월 26일). 조사 결과, 사고 원인은 차량에 부착된 눈이 브레이크에 영향을 미친 것으로 확인되었다. 이를 계기로 눈이 와도 문제가 없는 브레이크가 도입되었다.

"이데 회장님은 사고가 나면 일단 '운전사 잘못이야. 군기가 빠져서 그래'라고 말씀하셨지. 무슨 일만 있으면 '잘라버려!'라고 화를 내셨고. 화가 나면 수습이 안 됐어. 운전사 중에는 동력차노조 출신이 많았던 것도 눈꼴사나웠을 거야. 결과적으로 운전직 출신으로 안전대책실장이었던 나한테 불똥이 튀었지. 회사 안에서도 유명했어. '오늘도 야마자키가 또 혼났다'라고."

같은 후쿠치야마선에서는 1994년 8월에도 산다 시내의 건널목에서 사망 사고가 발생했다. 경보기만 있고 차단기는 없던 건널목에 진입한 트럭과 보통 열차가 충돌하면서 두 칸이 탈선해 쓰러졌다. 트럭 운전사와 승객이 사망했고, 사망한 승객의 남편은 부상을 입었다.

　나는 이 사고를 취재했기에 지금도 기억에 생생하다. 사고 현장은 시내에서 유일하게 남았던 구식 건널목이어서 이전부터 사고가 빈발했다. 차단기를 설치하려는 공사가 예정되어 있었지만, 한발 늦었던 것이다. 당시 산다는 뉴타운 개발로 인해 인구가 급증했고, 후쿠치야마 선을 오가는 열차가 5년 사이에 두 배 넘게 늘었다. 그때부터 이미 "안전 대책은 뒷전이다" "언젠가 대형 사고가 일어날 거다"라는 지적이 있었다.

　야마자키가 주력한 SA 계획을 경영진부터 일선까지 침투시키기는 쉽지 않았다. 사고 원인에 대한 인식을 바꾸고 안전의식을 향상시키기 위해서는 일상적인 업무 속에서 시간을 두고 천천히 하는 수밖에 없었다. 1996년에 철도본부장으로 승진한 뒤 'SA Ⅱ' 계획을 세우고 정착시키려 했다.

　그러나 그 결의는 도중에 꺾이고 만다. 'SA Ⅱ' 계획을 세운 직후인 1998년 6월, 자회사인 'JR 서일본 메인텍'으로 발령받았다. JR 서일본의 차량, 역, 호텔 등의 청소 업무를 담당하는 회사다. 게다가 역대로 운전직이 맡던 사장 자리 대신, 새로 만든 부사장 자리로 가라고 했다 (1년 뒤에 사장으로 승진). 원래는 3~4년 임기인 철도본부장 자리를 2년만에 그만두게 되었다. 기술직 중에서는 드물게 상무까지 승진하며 안전 대책을 맡았던 야마자키는 사다리를 걷어차인 형국이었다. "이데 회장한테 미운 털이 박혔다"라는 소문이 돌았다.

"그야 충격이었지. 철도본부장을 최소한 1년은 더 할 생각이었으니까. SAⅡ 계획도 본격적으로 하려던 때였고, 풀이 죽을 수밖에 없었지. 그렇다고 낙담하고 있을 수만도 없었어. 메인텍에도 3000명의 직원이 있었으니까. 선배가 그만큼 책임이 크다고 말해줘서 긍정적으로 생각하기로 했어."

여기서도 야마자키는 현장을 중시했다. 스스로 회사 화장실을 청소하고, 교토의 청소 연수 시설에 들어가 일반 가정의 청소도 해봤다.

"내 신념은 현장을 중시하는 것, 그리고 '솔선수범'이지. 청소 회사 사장이 청소 일을 모르면 말이 안 되잖아."

청소부들이 자부심을 가질 수 있도록 유니폼을 밝고 세련된 디자인으로 바꾸었다. JR 그룹 외의 일도 맡기로 하면서, 오사카국제회의장, 유니버설스튜디오재팬 등의 일도 수주했다.

그렇게 7년이 흘렀다. 2005년 6월의 인사 이동으로 퇴임한 뒤 고향인 도쿄로 가기로 결정되었다. 이제 JR로 돌아갈 일은 없다, 그렇게 생각하던 중 후쿠치야마선 사고가 일어났다. 그리고 난야의 전화를 받았던 것이다.

세 개의 기둥과 세 개의 벽

후쿠치야마선 탈선 사고 후, JR이 인사 혁신안을 발표한 것은 한 달가량 뒤인 2005년 5월 26일이었다. 이날 이사회에서 승인된 인사는 다음과 같다.

· 이데는 고문을 사임하고, 자문으로 취임.
· 난야 회장, 가키우치 사장은 유임. "유족 대응과 안전 대책에 일정한 성과가 확인될 때까지"를 조건으로 하되, 시한은 미정.
· 사카타, 도쿠오카 전무는 사임.
· 안전성 향상을 담당하는 부사장을 신설, 그 자리에 야마자키가 취임.

야마자키의 이름을 보고 차기 사장으로 내정된 복귀라고 생각한 기자는 없었다. JR 서일본에서, 아니 JR 동일본이나 JR 도카이에서도 기술직이 사장이 된 사례는 없었다. 7년의 공백 끝에 복귀한 데다가, 경력이나 성격 면에서 이데가 만든 조직의 사장으로는 어울리지 않았다. 그리고 종합기획본부를 실질적으로 이끌던 사무직의 에이스인 마루오 가즈아키가 있었다. 야마자키는 다크호스조차 되지 못하는 무명의 존재였다.

사고 직후부터 인사에 대한 예상이 여러 신문에 나왔지만, 먼저 이데가 어떻게 책임질 것인가, 다음으로 난야와 가키우치는 사임할 것인가, 그렇다면 차기 사장은 누가 될 것인가가 초점이었다.

처음에 사임 의향을 내비쳤던 난야와 가키우치가 입장을 바꾼 시기와 이유는 명확하지 않다. 그러나 세 명이 함께 사임할 것을 주장한 이데와의 사이에 틈이 생겼음을 언론은 지적한다.

"이데 씨는 원전 사고(2004년 8월 미하마 원전 3호기 파손 사고)의 경영자 책임을 제대로 묻지 않은 간사이 전력이 여론의 질타를 받았던 일을 염두에 두고 있었다. 그러나 국토교통부는 '유가족에 대응하는 와중에 인사 이야기는 부적절하다'라고 했고, 사외이사인 노무라 아키오野村明雄 오사카 가스 회장도 '그만두는 건 도망치는 것'이라고 쐐기를 박았다.

이데 씨는 세대교체를 통한 사장·회장 퇴임 후의 쇄신을 원했지만, 난야 회장은 외부 인사 초빙을 주장했다. 국토교통부가 일관되게 난야 회장의 주장을 지지하면서, 이데 씨는 조금씩 수정하지 않을 수 없었고, 인사에 대해서도 입을 닫게 되었다."(『일본경제신문』 2005년 5월 27일)

기사에 나오듯이 이데는 사고 후에 침묵했지만, 사고 직후였던 5월 17일에는 『고베신문』, 24일에는 『아사히신문』의 단독 인터뷰에 응했다. 인터뷰에서 말한 대략의 내용은 다음과 같다.

"JR이 발족하고 18년이 지나면서 일선의 기강이 해이해졌다. 국철 말기의 불건전한 관료 문화, 무책임한 문화를 뿌리 뽑지 못했다는 책임이 내게도 있다."

"실수한 운전사를 재교육하는 건 당연하다. 실수를 여러 번 반복하면 탑승을 못 하게 하는 것도 당연하다. 배차 간격이 지나치게 빠듯한 것도 아니다. 도쿄에 비하면 훨씬 여유 있다."

"경영 효율을 높이는 것도 당연하다. 속도를 올린 것 역시 승객을 위해서였다. 그렇다고 해서 안전에 대한 투자를 소홀히 한 것도 아니다. 후쿠치야마선의 ATS-P 설치는 어쩌다보니 늦어진 것뿐이다."

『고베신문』과의 인터뷰에서는 "이런 사고를 일으킨 이상 책임을 지는 게 당연하다. 어물쩍 넘어갈 수는 없다. (난야, 가키우치를 포함해) 세 명 모두 그렇게 생각하고 있고, 도망칠 생각은 없다"라고 밝혔다. 인사 문제로 언론 플레이를 하는 이데에 대한 난야의 반발 역시 이튿날 신문에 실렸다.

"5월 17일 밤, 고베시의 자택 앞에서 난야 씨는 언성을 높였다. '인사를 결정하는 건 국토교통부가 아니고, 이데 씨도 아니고, 회장인 나다.' 회장, 사장 모두 사임할 것이라는 이데 씨의 발언을 보도한 본지에 불쾌감을 드러냈다."

야마자키에게 차기 사장 취임을 의뢰하기 전날이었다. 이때는 이미 난야와 가키우치가 당분간 유임하는 대신 사카타와 도쿠오카를 전무에서 사임시키는 그림을 그리고 있었는데, 쓸데없는 참견을 하지 말라는 이데에 대한 분노로 읽힌다.

난야가 사카타에게 사임을 종용한 것은 5월 12일이었다.

"당분간 떠나 있어주겠나? 때가 되면 잘 대우하겠네."

그 처우가 그해 8월의 자회사 고문 취임, 그리고 이듬해 유가족이 "낙하산 인사"라고 맹렬히 반발한 '서일본 JR 버스' 사장 취임이었다. 회사는 "자회사와 본인의 의향을 승인했을 뿐"이라고 주장했지만, 유가족이 지적한 것처럼 자회사의 인사가 본사를 무시하고 결정될 수 있을 리 없다는 것을 인사 담당자였던 사카타 본인이 가장 잘 알고 있었다.

"그래도 회사 지시 때문에 유가족분들 앞에선 그렇게 말할 수밖에 없었어요. 그런 뻔한 변명을 하니까 믿어주지 않는 거라고 알고는 있었지만……."

이라며 잘못을 반성했다.

일단 발표되었던 이데의 자문역 취임은 결국 불발되고, 대신 자회사 고문으로 취임했다. "고문에서 자문으로 명함이 바뀐다고 조직 개혁이 되겠는가"라는 비판이 쇄도했기 때문이다. 6월 23일의 주주총회에는 모습을 드러냈지만, 발언 기회는 주어지지 않았다. 끝나고 난 뒤 기자들이 몰려들자 "제 입장은 말하지 않겠습니다. 제 뜻대로 하겠습니다"라는 말만 남긴 채 차를 타고 사라졌다. 이후로는 취재에 응하지 않았다.

이렇게 난야와 가키우치가 남고, 야마자키가 안전 담당 부사장으로 취임한 뒤 이듬해 2월 1일의 사장 취임까지 8개월을 보냈다. 언제 승진할지는 발표 직전까지 몰랐다고 한다.

"일정한 성과를 보일 때까지"라고 유임에 조건을 달았던 난야와 가키우치가 퇴임할 때까지 어떤 "성과"도 만들지 못했음은 제2장에서 다룬 바와 같다. 오히려 유가족과 피해자의 반발, 불신을 키웠을 뿐이다. 야마자키는 "지금 생각하면 그 8개월은 허송세월이었다"라고 회상한다.

2006년 2월 1일, 사장으로 승진한 취임사에서 야마자키는 직원들에게 이렇게 말했다.

"이 사고를 계기로 우리는 다음의 두 가지 문제에 대해 깊이 생각해볼 필요가 있습니다.

하나는 '국철 말기에 대한 반성이 지나쳐서 너무 많은 것을 요구하지는 않았나' 하는 점, 또 하나는 '고베 대지진의 조기 복구와 주식 상장, 완전 민영화 달성과 같은 성공 경험이 이어지면서 우리도 모르는 사이에 우리 자세에 변화가 생긴 것은 아닌가' 하는 점입니다."

이 부분은 '천황'이 강력하게 견인하고, 엘리트 사무직들이 그의 눈치를 살피며 추종해온 '이데 그룹'으로부터의 탈피를 말하고 있었다.

"너무 많은 것을 요구했다"는 것은 사고 전부터 JR 서일본에 대한 세간의 평가이기도 했다. JR 동일본 및 도카이에 비해 승객 수가 현저히 적고, 노선의 절반이 재래선이어서 경영 기반이 허약했음에도 불구하고 신형 차량을 연이어 도입하며 속도를 높이고, 철도 외의 분야로도 사업을 확장했다. "뱁새가 황새를 따라가려" 한다는 평가였다. 국토교통부나 철도 관계자뿐 아니라 직원들 역시 그러한 우려를 드러냈다.

두 번째 "자세의 변화"에 대해서는 이렇게 설명했다.

"눈에 띄지 않게 꾸준함을 요하는 일, 세속적인 노력을 요하는 분야에 관심이 없었던 것은 아닐까? 본사, 지사, 현장, 계열사의 서열, 그 안에서도 나뉜 서열이 무의식적으로 계급을 형성했던 것은 아닐까? 성공 경험으로 인해 조직 내부의 논리를 우선시하고, 외부에는 무관심하거나 독선적으로 굴지 않았을까? 나아가 보수적 경향이 강해져 현재 상태를 바꾸거나 도전 정신을 발휘하는 데까지 충분히 나아가지 못했던 것은 아닐까?"

여기서 야마자키가 명확히 의식한 것은 종합기획본부와 철도본부 사이의 벽, 즉 두 부서 사이의 갈등이었다. 사무직 엘리트가 좌지우지하는 조직에서 기술직은 냉대받았다. 현장 직원들의 목소리는 억압되고, 하찮게 취급되었다. "위아래의 벽과 조직 사이의 벽 때문에 서로 인사도 제대로 못 하는 침체된 분위기"와 "내향적 사고로 인해 공허한 말(만 되풀이하는 경향)"을 기자회견에서도 매섭게 비판했다.

이러한 침체를 깨고 조직 문화를 바꾸기 위해서는 우선 "철저한 안전의식", 둘째로 "현장 중시", 셋째로 "기술 중시"가 중요하다. 이 셋을 기둥으로 삼아 우리는 새로운 경영 이념과 안전 헌장을 만들어 재출발하겠다. 그렇게 말한 뒤, 야마자키는 존경하는 기술자의 말을 빌려 취임사를 맺었다.

"진보는, 얼마나 뼈저리게 반성하는가에 비례한다."

혼다의 창업자인 혼다 소이치로本田宗一郎의 말이었다.

그러나 그렇게 말한 야마자키 역시 JR의 조직 문화로부터 결코 자유롭지 못했다.

"이 위기에서 어떻게든 벗어나야 한다. 3만여 명의 직원을 지켜야 한다. 그렇게 생각할수록 조직을 지켜야 한다는 의식이 앞섰지. 특히 취임하고 1년간은 어떻게든 비판을 막으려고 생각했던 부분이 있어."

야마자키는 이렇듯 솔직하게 말했다.

아사노를 비롯한 유가족들을 몇 번이나 실망시키고 분노케 한 대응, "낙하산" 인사와 그에 대한 변명, 그리고 취임 1년 후에 있었던 사고조사위원회의 공청회. "책임 회피와 정당화뿐"이라는 맹렬한 비판을 받은 마루오 부사장의 진술은 당연히 개인적 견해가 아니라, 회사에서 면밀히 조율하고, 사장인 야마자키도 승인한 공식 견해였다.

"그때는 반성을 많이 했어. 조사위원회, 유가족과 피해자분들, 언론은 물론이고, 다른 JR 계열사들, 유가족을 담당하던 현장 직원들한테서도 격렬한 항의와 비판이 날아들었어. 우리 주장이 얼마나 내부의 논리에 불과한지 뼈저리게 느꼈어. 이대로는 안 된다, 여기서 바뀌지 않으면 회사가 망한다고 내가 실감하게 된 건 그때였어."

공청회 이후, 다음 연도의 경영 방침을 설명하면서 야마자키는 반성한다고 말했다. 우리 회사에는 세 개의 '벽'이 있다. 유가족 및 피해자와의 벽, 사회와의 벽, 경영자와 현장 직원들 사이의 벽. 이 벽을 허물지 않으면 안 된다. 그러기 위해서는 조사위원회의 최종 보고서가 어떤 결론을 내리든 엄중하고 진지하게 받아들이겠다. 그러한 방침을 내세웠다.

야마자키에게 그러한 깨달음을 준 것은 아사노와의 대화였다.

―――
두 기술자

야마자키가 아사노와 처음 대화를 나눈 것은 사장으로 취임한 직후 유가족과 피해자들의 자택을 방문해 인사하던 2006년 2월이었다. 4.25 네트워크의 간부로서 JR 비판의 선봉에 서 있던 아사노를 만나는 기분은 어땠을까?

"4.25 네트워크에서 대단한 논객으로 활동하고 있다는 건 알고 있었어. 그렇지만 어쨌든 유가족이셨지. 사랑하는 부인과 여동생을 잃고, 따님이 중상을 입었잖아. 유가족분들의 심정은 숫자로 헤아릴 수 없지만, 숫자로 따지면 가장 큰 피해자셨지. 무슨 말을 들어도, 얼마나 크게 혼나도 관계없이 가해 기업의 대표로서 받아들일 생각이었어. 얻어맞아도 할 말이 없다…… 진짜로 얻어맞을 걱정을 한 건 아니지만, 그정도 각오로 긴장하고 방문했던 기억이 나."

그러나 그러한 각오와 달리 아사노의 말투는 온화했다. 굳은 자세로 고개를 숙인 자신에게 아사노가 한 말을 야마자키는 생생히 기억한다.

"내가 사죄를 드리자 '음, 그렇게 사과한다고 가족이 돌아오는 건 아니야. 그보다 나는 사고 원인을 제대로 알고 싶어'라고 하셨어. 유가족이라면 누구나 가질 수밖에 없는 감정을 억누르고, 사고에 대해 냉철하게 이론적으로 보려 하는 것 같았어. 그저 죄송할 뿐이었는데, 따뜻하게 깨우쳐준 것 같았어."

한편 아사노는 야마자키와의 첫 만남을 이렇게 회상한다.

"그 사람은 낙하산 사장이잖아. 오랫동안 회사 밖으로 나돌다가 갑자기 돌아와서 책임을 떠맡았지. 동정할 생각은 없었지만, 고생이나 압박감은 상상할 수 있었어. 그래서 일단 '낙하산으로 와서 고생이 많네'라고 말했지.

그리고 그 사람도 기술자잖아. 그쪽은 공학이고, 나는 건축이라 분야는 다르지만, 나이도 두 살밖에 차이가 안 나는 같은 세대니까. 그런 공감이랄까 기대는 있었어. 어쩌면 말이 통할지도 모른다고 말이야. 그래서 나는 격려하고픈 생각이 들었지."

아사노는 일부러 후쿠치야마선 사고 이야기는 거의 입에 담지 않았다. 그보다 같은 세대를 살아온 기술자로서 대했다. 야마자키가 도쿄대학 항공학과 출신으로 자동차 동호회에 있었던 일, 신칸센 정비 계획과 운전 기술, 국철 말기 효고에서 있었던 아마루베余部 철교 사고, 고베 대지진 복구에 관여했던 기억, 그런 얘기만 한 시간 가까이 두서없이 나눴다.

가해자니 피해자니 하는 구분은 기술자로서 마주했을 때 사라졌다. 야마자키는 스스로의 경험과 의견을 솔직하게 말했고, 아사노는 거기에 고개를 끄덕이거나 때로는 반론을 제기했다.

그때까지 JR 임원이 몇 명이나 교대로 자택을 찾았지만, 다들 형식적인 사죄의 말만 한 다음 입을 더 물거나, 아사노의 말에 마음에도 없는 맞장구를 치는 사람들뿐이었다. 그러나 야마자키는 달랐다. 스스로가 생각한 말을 하면서 솔직한 감정을 드러내는 사람이라고 느꼈다.

야마자키 역시 아사노와의 만남에 감사했다. 마주하고 대화를 나누면서 아사노가 무엇을 중요하게 생각하는지 이해할 수 있었다. "여느 유가족과는 관점이 조금 다르"고 느꼈다.

유가족 대응은 각오했던 일이니 힘들어도 어쩔 수 없었다. 문제는 회사 안이었다. 그렇게 큰 사고가 있고 나서도 바뀔 생각이 없는 거대한 조직에서 야마자키는 고독을 뼈저리게 느끼고 있었다. 경영진은 여전히 엘리트 사무직들이 차지하고 있었고, 7년이나 회사 밖에 있었던 탓에 철도본부에도 아는 사람이 거의 없었다. "어차피 2년만 있다가 나갈 땜빵 사장"이라느니 "패전처리투수"라느니 하는 싸늘한 시선도 있었다. 특히 이데의 후계자이자 독설가였던 마루오는 들으라는 듯 야마자키를 비웃었다. 마루오의 말을 들은 사람은 여러 명 있다.

유일하게 응원한 이는 야마자키를 추천했던 사카타였지만, 그 역시 회사를 떠나고 말았다.

"누구를 믿고 상의하면 좋을지 모르겠어."

가끔 사카타를 만나면 그렇게 말했다.

"내 실수는 사장을 수락할 때, 조건을 걸지 않았던 거야. 믿을 수 있는 넘버2를 구해달라고 했어야 돼. 돌이켜보면 누마즈에서 지구장을 할 때도 그랬어. 도와주는 간부들이 있어서 새파란 애송이라도 마음대로 할 수 있었던 거야. 조직은 인사가 만사라는 걸 뒤늦게 깨달았어."

말 그대로 고립무원이었던 야마자키는 혼자서 조직을 지켜야 한다는 초조함 때문에 큰 실수를 저지르게 된다. 이에 대해서는 다음 장에서 다룬다.

아사노가 야마자키를 인상 깊게 기억하게 된 것은 조사위원회의 최종 보고서가 공개되고 한 달 뒤인 2007년 8월 4일 JR이 연 유가족 설명회에서였다.

조사위원회의 보고서를 JR은 어떻게 받아들였는가? 특히 지적된 여러 조직적 요인, 이른바 기업 문화를 어떻게 반성하고 앞으로 어떻게 개선할 것인가? 유가족들은 회사의 독자적 조사를 통한 견해가 표명되기를 기대하고 있었다. 그러나 이 자리에서 JR이 한 설명은 조사위원회 보고서를 그대로 발췌한 듯한 내용에 지나지 않았고, 곧 비판이 쏟아졌다.

"조사위원회 지적을 그저 되풀이하는 게 아니라 가해 당사자로서 좀더 진지하게 받아들이고 심도 있는 개선책을 제시해야 하지 않는가?"

이러한 아사노의 질문에 야마자키는 두 가지 실언을 하게 된다.

"사고조사위원회가 항공 관계는 자세히 알고 있지만, 철도 사고 조사에 대해서는 시작한 지 얼마 안 돼서, 이런 말은 좀 그렇지만, '햇병아리' 수준이다. 그러나 정부 기관의 조사 결과인 이상 진지하게 받아들이겠다."

"원인에 대해서는 직접적인 것뿐 아니라 배경까지 포함해 조사위원회 보고서를 중시하겠다. 우리가 독자적으로 조사해서 다른 결과가 나오면 이중 잣대가 되고 만다."

4장에서 다루었듯이 사고조사위원회가 철도 사고를 대상으로 포함한 것은 시가라키 사고 이후 10년 뒤의 일로, 후쿠치야마선 사고가 최초의 본격적인 조사였다. 그러한 의미에서 "햇병아리"라는 표현이 틀린 말은 아니지만, 가해 당사자가 할 말은 아니다. "이중 잣대" 역시 "우리가 조사하면 다른 결론이 나올 것"이라고 말하는 듯해서 진지하게 받아들이는 것처럼 들리지 않는다.

유가족들은 반발했고, 이튿날 신문에는 "'조사위원회는 햇병아리' JR 사장 발언"이라는 기사가 쏟아졌다. 아사노 역시 설명회에 대해서는 날 선 코멘트로 받아쳤다. 그러나 자신의 질문으로 인해 나온 야마자키의 두 실언에 대해서는 다소 다르게 받아들였다.

"햇병아리나 이중 잣대 같은 것은 가키우치 때처럼 사무직들이 미리 써준 작문이나 예상 질문을 읽기만 해서는 절대로 나올 수 없는 말이잖아. 그 자리에 어울리지 않는 부주의한 발언이었지만, 새삼 남이 써준 말이 아니라 자기가 생각해서 말하는 사람이구나 싶었어. 야마자키 씨를 상대로 할 경우 우리가 마음을 담아 말을 걸면, 대화의 창이 열릴 수도 있겠다 생각했지."

아무리 의견이나 입장이 달라도, 대화의 창을 닫아서는 안 된다. 끈질기게 협상 자리에 앉아 상대방을 파악한다. 그렇게 아군을 만들고 합의점을 찾는다. 그것이 재해 및 공해 문제로 지자체나 기업을 상대했던 아사노의 신념이었다. "전투형 컨설턴트"였던 덕에 찾을 수 있었던 작은 대화의 실마리였다.

─────

그날 밤의 약속

그러나 야마자키가 사장으로 취임하고 3년째인 2008년부터 아사노가
요구한 것과는 다른 방식으로 사고 원인 규명이 본격화된다. 경찰과
고베지검의 수사, 그리고 형사재판이다. 그것은 조직적 원인을 규명하
는 대신 개인의 책임을 물어 처벌하는 것이 목적이었다. 수사의 주요
전개 과정은 다음과 같다.

  2007년 10월, 경찰이 가키우치를 참고인 조사.
  2007년 11월, 야마자키를 참고인 조사.
  2008년 1월, 난야와 이데를 참고인 조사. 일부 유가족이 야마자키 등을 업
  무상 과실치사상 혐의로 경찰에 고소.
  2008년 7월, 야마자키를 피의자로 심문.
  2008년 9월, 경찰이 야마자키를 비롯한 역대 철도본부장, 안전추진부장,
  사망한 다카미 운전사 등 10명을 업무상 과실치사상 혐의로 고베지검에
  송치. 야마자키는 기소 가능성이 있다는 의견이었다. 이데, 난야, 가키우치
  는 구체적인 지시를 내릴 직책에 있지 않았다는 이유로 검찰에 송치되지 않
  았다.

2009년 1월, 유가족이 이데, 난야, 가키우치를 고베지검에 고소.

이렇게 13명이 검찰에 송치되거나 고소되었지만, 고베지검은 2009년 7월 8일 야마자키만을 불구속 기소했다. 그 이유는 다음 기사에 나온 것과 같다.

고베지검이 야마자키 사장을 불구속 기소/ 아마가사키 탈선 사고의 업무상 과실치사상죄를 묻다/ 철도본부장 시절 "위험성 예측은 가능"/ 사장 "인식하지 못했다"

2005년 4월에 승객과 운전사 107명이 사망한 아마가사키 JR 탈선 사고와 관련해, 고베지검은 지난 8일, 업무상 과실치사상죄로 JR 서일본 야마자키 마사오 사장(66)을 불구속 기소했다. 고베지검에 따르면 철도 사고로 인해 회사 임원이 기소된 것은 처음이라고 한다. 야마자키 사장은 같은 날 기자회견을 열고 사의를 표명했다. 지금까지 조사에서 "위험성은 인식하지 못했다"라고 혐의를 부인하면서, 향후 법정에서 다투겠다고 밝혔다.

지검은 10개월에 걸친 수사에서 사고 현장의 커브를 교체할 당시 안전 대책을 총괄하는 철도본부장이었던 야마자키 사장이 사고를 예견할 수 있는 자리에 있었음에도 불구하고, 자동 열차 정지 장치ATS 설치를 지시하는 주의 의무를 게을리했다고 판단했다. 약 116킬로미터로 과속하며 전철을 진입시킨 다카미 류지로 운전사(사망 당시 23세)의 과실이 겹치며 사고를 일으켰을 가능성이 높다고 결론 내렸다.

고베지검에 따르면 사고 현장의 커브는 1996년 12월, 반경 600미터에서

300미터로 변경하는 공사가 완료되었다. 반경이 거의 반으로 줄어드는 변경은 유사한 사례가 없는 이례적 공사였다고 지적된다. 게다가 시간표가 개정되면서 시속 120킬로미터로 주행하는 전철이 이전부터 세 배 가까이 늘며 탈선 가능성이 높아졌다. 고베지검은 완공 직전에는 하코다테선의 비슷한 커브에서 과속으로 인한 사고가 발생해 회사에도 보고되었던 점 등을 들어 위험성을 예측할 수 있었던 것으로 보고 있다.

ATS 설치는 법적 의무 사항이 아니지만, 업계에서는 상식이었고, 회사에서 반경 450미터 미만의 커브를 순차적으로 정비하는 등 사고 방지에 효과가 있었음을 인식하고 있었다.

고베지검은 검찰에 송치되거나 고소당한 13명 중 이러한 사정을 모두 알고 있었던 이는 당시 철도본부장이었던 야마자키 사장뿐이었으며, 이사회에서 집행 권한을 위임받았음에도 불구하고 ATS 설치 지시를 게을리했다고 주장하고 있다.(『고베신문』 2009년 7월 9일)

사고 현장의 커브는 1996년 12월까지는 사고가 난 아파트(당시에는 작은 제철소 등이 늘어서 있었다) 북쪽에서 상행선과 하행선이 동서로 나뉘어 있었다. 원래 상행선은 거의 직선으로 남하해서 아마가사키 역으로 가게 돼 있었는데, JR 도자이선이 개통되면서 같은 플랫폼에서 도카이도선으로 갈아탈 수 있도록 아파트 서쪽으로 옮겼다. 후쿠치야마선을 오사카 시내와 연결해서 편의성을 늘리는 어반 네트워크 구상의 일환이었다. 야마자키는 이 커브 이설 공사 당시 철도본부장이었음에도 ATS 설치를 게을리했다는 "부작위"로 인해 기소된 것이었다.

경찰과 지검의 판단은 "이런 큰 희생을 낸 사고에서 누구도 유죄가 되지 않는 것은 이상하다"라는 피해자의 심정에 부응한 것이었다고 할 수 있다. 그러나 개인의 책임을 묻는 것이 정말 사고 원인 해명에 도움이 되는가라는 의문도 강하게 제기됐다. 형사책임을 면하기 위해서 피고인이나 관계자가 갑자기 사실을 부정하거나 회사가 사실 규명에 소극적으로 나올 가능성도 있기 때문이다. 이 부분은 견해차가 있어서 판단하기가 어렵다.

"운전사가 살아 있었다면 기소할 수 있었겠지만, 사망했기에 대신 누군가를 기소하지 않으면 안 되었다. 야마자키가 기소된 것은 현직 사장이었기 때문이다. 자회사 사장으로 끝났으면 기소될 일은 없었다"라고 말하는 사람도 많았다.

아사노는 재판에 반대하지는 않았지만, 자신이 원하는 방향과는 다르게 흘러간다고 생각했다. 재판은 사실관계나 책임 소재를 일부 밝히긴 하지만, 전체적 양상이나 조직의 문제를 오히려 덮어버린다. 그리고 결국 문제의 근본 원인은 유야무야된다. 이 점은 재해와 공해 소송을 보면서 느끼기도 했고, 시가라키 사고 소송 이후 전혀 바뀌지 않은 JR을 봐도 알 수 있다. 재판에 큰 기대를 가질 수 없었다.

무엇보다 야마자키를 앞으로의 대화 상대로 보고 있었다. 조직 개혁을 위해 고군분투하는 그를 내심 응원하기도 했고, 실제로 대화하면서 말이 통하는 상대라고 생각했다. 그가 기소되고 사임하게 되면서 그간의 소통이 물거품이 되는 것은 아닌가 걱정스러웠다.

갑작스럽게 사장으로 지명되고 4년 2개월, 실제로 사장에 취임하고 나서는 3년 5개월. 야마자키는 철도본부장 시절과 마찬가지로 다시금 개혁 도중에 사임하게 되었다. 기자회견에서 "사장을 계속할 생각도 했지만, 기소라는 엄중한 현실을 고려하면 원활한 회사 운영을 위해 사임하는 게 낫겠다고 판단했다"며 고뇌 어린 표정을 보였다.

이틀 뒤에는 후임인 사사키 다카유키佐々木隆之와 함께 나선 기자회견에서 자회사 고문이었던 이데와의 계약을 중단하겠다고 발표했다. 향후 이데와의 관계를 묻는 기자의 질문에 대해 "기본적으로 JR과는 인연이 끊겼다"라고 말하며 '천황'과의 결별을 선언했다.

동시에 난야, 가키우치와의 고문 계약도 촉탁으로 전환했다. 마루오는 1년 전에 계열사 '일본여행'의 사장이 되어 있었다. 한때는 차기 사장의 유력 후보였던 마루오를 회사 밖으로 밀어내는 결정에 대해 반발도 심했지만, 야마자키는 물러서지 않았다. 후쿠치야마선 사고 당시 경영진의 핵심에서 실권을 가졌던 이들은 모두 JR에서 사라졌다.

기소로부터 2주가 지난 7월 21일 저녁, 야마자키는 다시 아사노의 집을 찾았다. 8월 말 사임을 앞두고 마지막 인사를 하기 위해 유가족들을 방문하던 차였다.

야마자키는 완전히 초췌해져 있었다. 어떻게든 기소해서 유죄를 받아내려는 지검의 가혹한 취조, 사장실뿐 아니라 자택에까지 들이닥친 압수수색, 혼자서만 기소되어 사고의 책임을 지게 된 굴욕, 안전과 현장과 기술을 중시하겠다고 나선 개혁의 도중에 퇴장하게 된 억울함, 그리고 유가족들에 대한 죄송함 등등이 뒤엉켜 있었다.

허리는 굽었고 시선도 아래로 향했다. "이렇게 돼서 죄송합니다"라며 고개를 숙였다.

아사노는 야마자키가 취임 인사를 하러 왔을 때처럼 기술자로서 말을 건넸다.

"야마자키 사장, 당신도 과학입국이니 고도성장이니 하던 시대를 만든 기술자잖아. 그 인생의 마지막을 사회로부터 비난당하고 상처받은 채 끝내도 되겠어? 자기가 잘못을 저지르지 않았다고 생각한다면 법정에서 당당하게 주장해! 분명한 사실을 그대로 말하면 돼! 그게 우리 같은 기술자잖아."

그리고 조사위원회 최종 보고서가 나온 뒤 가졌던 자신의 구상을 말했다. 유가족 대표와 JR 관계자, 그리고 중립적인 연구자로 구성된 공동검증위원회 설치다. 4.25 네트워크는 4월에 "조직적·구조적 문제를 구체적으로 규명하고, 안전을 다시 구축하기 위해서" 검증위원회 설치를 요구하는 요구서를 JR에 제출했다.

"피해자와 가해자의 입장을 초월해 같은 테이블에서 안전에 대해 생각하자. 책임 추궁은 일단 미루겠다. 같이 해보자."

야마자키도 그 요구서에 대해서 파악하고 있었다. 회사 안에서는 수락 여부에 대해 격렬한 토론이 벌어졌다. 수사나 재판에 대한 영향을 걱정했던 것이다. 그러나 자신이 홀로 기소된 이상, 영향을 미치는 범위는 제한적이다. 내용이나 조건은 조율할 필요가 있지만, 공동 검증 자체에는 이견이 없었다.

야마자키는 결단했다. 고개를 들고 아사노의 눈을 보면서 말했다.

"알겠습니다. 하기로 하죠. 후임인 사사키에게 반드시 전하겠습니다."

한 시간 정도의 면담을 마치고 나오는 야마자키의 표정은 무척 밝아져 있었다. 굽어 있던 등도 펴졌다. 아사노는 기도하는 심정으로 그 뒷모습을 지켜봤다.

제 6 장

격동

———

정보 유출과 은폐 공작

2008년 10월 1일, 국토교통부는 항공·철도사고조사위원회와 해난심판청의 조사 부문을 통합해 '운수안전위원회'를 발족시켰다. 육해공에서 발생한 중대 사고의 원인 규명 시스템을 강화하기 위해 각 분야의 전문가인 위원들을 보좌하는 조사관도 대폭 증원했다. 홋카이도에서 오키나와까지 전국 여덟 곳의 지부에 지방 사고 조사관을 파견해 신속한 초동 수사가 가능하도록 했다.

그때까지 사고조사위원회는 국토교통부의 자문 기관이었는데, 이제는 기상청이나 해상보안청과 같은 외청으로 독립성이 강화되었고, 사상자 수가 적은 사고까지 포함하도록 범위를 넓혔다. 그 배경에는 시가라키 사고 유가족의 끈질긴 노력과, 후쿠치야마선 사고에서 정부에 대한 책임 추궁이 부족했다는 비판이 있었다.

조직을 새롭게 발족한 뒤 1년이 되어가던 2009년 9월 25일, 그 존재 의의와 신뢰성을 뿌리째 뒤흔드는 심각한 스캔들이 드러났다. 민주당으로 정권이 교체된 후, 철도 애호가로 알려진 마에하라 세이지 前原誠司가 국토교통부 장관이 된 지 9일째, 기자회견장에는 긴장감이 흘렀다.

후쿠치야마선 탈선 사고조사위원이었던 야마구치 고이치山口浩一가 조사 대상인 JR 사장 야마자키 마사오에게 보고서 내용을 정식으로 공개하기 전에 유출했다는 것이다.

충격적인 소식이었다. 같은 날 있었던 운수안전위원회의 발표와 함께 정리해보면 다음과 같은 내용이었다.

야마자키는 보고서를 작성 중이던 2006년 5월(사장 취임으로부터 3개월 뒤였다)부터 여러 차례(나중에 조사를 통해 여섯 번으로 밝혀졌다) 야마구치와 호텔 카페 등에서 만났다. 조사 상황과 내용을 듣고 원안 문서의 일부를 받았다.

문서 속의 "사고 현장 커브에 ATS가 있었다면 사고는 막을 수 있었다. 우선적으로 설치했어야 한다"는 표현에 대해 야마자키는 "사고가 일어나고 나서 이런 말을 하는 건 불공평하다"며 강한 불쾌감을 드러내면서 삭제나 수정을 요구했다. 당시 철도 업계에서는 커브에 우선적으로 ATS를 설치해야 한다는 상식이 없었기에 보고서 초안의 지적은 결과론에 불과하다는 주장이었다.

2007년 6월의 위원회에서 야마구치는 "결과론일 뿐이고, 과학적 분석이 아니다. 삭제하는 게 낫지 않겠나"라고 발언했다. 그러나 다른 조사위원들은 동의하지 않았고, 결국 수정되지는 않았다. 운수안전위원회는 "(야마구치의) 발언으로 인해 보고서에 영향이 가지는 않았다"라고 판단했다.

국철 출신인 야마구치는 야마자키의 5년 선배였고, 같은 운전직이었기에 절친한 사이였다. 철도 모형을 수집하는 야마구치에게 선물로 비매품인 500계통 신칸센 모형(약 2만 엔 상당)을 선물하는가 하면, 보고서가 공개된 후에는 술집에서 함께 식사를 하기도 했다. 같은 국철 출신, 특히 같은 운전직이었기에 야마자키는 선배에게 의지했고, 야마구치는 "사고 이후 개혁에 매진하는 후배를 돕고 싶었"던 마음에서 했을 뿐이라고 말했다.

그러나 사고조사위원에게는 당연히 수비守祕 의무가 있다. 정해진 벌칙도 없고, 비록 결과에 영향을 미치지는 않았다 하더라도 중대한 위반이며 유가족과 피해자에 대한 배신행위라고 할 수 있다. 야마자키는 즉각 기자회견을 열고 "몹시 경솔하며 부적절한 행동이었다. 깊이 반성한다"라면서 고개를 숙였다.

그러나 문제는 그것으로 끝나지 않았다. 정보 유출이 발각된 것을 시작으로 사고 조사와 수사에 대한 JR의 공작이 차례로 드러난 것이다. 주요 사건들은 다음과 같다.

회의록 미제출: 사고조사위원회가 제출을 요구한 1996년의 회의록 9장 중 2장이 제출되지 않았다. 그 속에는 같은 해 JR 하코다테선 커브에서 발생한 탈선 사고에 대해 "ATS가 설치되었다면 막을 수 있었다"라는 문장이 있었다. JR은 "복사 과정에서의 단순 누락"이라고 해명했으나 사고 현장의 선로 변경 공사 전부터 ATS를 설치해야 할 필요성을 인식하고 있었다는 의혹이 제기되었다.

철도부회장과의 접촉: 사고조사위원회 철도부회장이었던 사토 야스오佐藤泰生에게도 JR 임원이 10여 차례 접촉해 조사 상황을 캐내려 했

다. 야마자키와는 별개로 사고대책 심의실장이었던 쓰치야 류이치로(나중에 부사장)의 지시였다. 사토 역시 국철 출신이었고, 해당 임원의 상사였기에 거의 만날 때마다 술을 같이 마시는 사이였다. 그러나 운수안전위원회는 "정보 유출은 없었다"라고 결론 내렸다.

공청회 증인 의뢰: JR은 국철 출신 연구자 4명에게 사고조사위원회의 공청회에서 진술해달라고 의뢰했다. 그중 1명은 이미 사고조사위원회가 내정한 인물이었고, 1명은 자원해서 진술했다. 진술하지 않은 2명(1명은 지원조차 하지 않았음)에게는 "응모 자료 작성 등으로 번거롭게 했다"는 이유로 각 10만 엔의 사례금을 지불했다.

진술 내용 입 맞추기: 경찰과 고베지검에서 조사받고 난 직원에게 메모를 제출하게 해서 다른 직원들에게 보여주고 진술 내용을 지도했다. 입을 맞추기 위한 예상 문답이었다. 수사관들은 "취조에는 성실히 응하는데 진술 내용이 유사하다"며 수상쩍게 여겼다.

이 밖에도 보고서 초안을 사전에 입수한 의혹, 전직 사장이었던 가키우치가 알고 지내던 다른 조사위원과 접촉했다는 의혹, 야마자키 외의 임원 역시 야마구치에게 메일로 수정을 의뢰한 의혹, 안전 부문 직원이 경찰 조사에 대비한 예상 Q&A를 작성하는 등 조직적 공작을 드러내는 사실이 연달아 나왔다. 시가라키 사고 당시에도 자료 은폐와 입 맞추기가 있었기에 경찰이 "철저한 증거 인멸을 거듭해 기업으로서의 신뢰성이 의심스럽다"고 비판했을 정도다. 겉으로는 "수사와 조사에 전적으로 협력한다"면서 14년 전과 전혀 다를 바 없는 은폐 체질을 드러냈던 것이다.

정보 유출이 최초로 발각되고 3주 뒤, JR은 사과 행사를 열었다. 야마자키는 유가족들에게 사죄하면서 당시 심경을 이렇게 설명했다.

"사고 직후, 혼란 속에서 사장으로 취임해 고독한 암중모색 상황이었다. 보고서 내용에 따라서는 향후 회사의 방향성을 바꿔야 할 수도 있다는 위기감 때문에 국철 출신의 옛정에 의지했다. 배려가 부족한 어리석은 행동이었다."

그리고 얼마 후 사장에서 물러나고 난 뒤에도 수행하던 이사직 역시 사임했다. 부사장 쓰치야와 함께 사실상 해임된 것이다.

일련의 스캔들로 인해 신뢰를 잃은 곳은 많았다.

먼저 2년 3개월 전 공개된 후쿠치야마선 사고 최종 보고서의 사실성, 공정성에 대한 의혹이다. 운수안전위원회와 당시 조사위원들은 "영향은 없었다"라고 했지만, 과연 그럴까? JR의 사정을 봐주거나 필요한 사항을 누락한 것은 아닌가 하는 의혹이 생겼다.

사고 조사 제도 자체의 중립성도 의문시되었다. 조사 대상과 잘 아는 사이이며 이해관계가 의심되는 국철 출신이 위원으로 뽑히고, 조사 중에 접촉해도 처벌받지 않는다면, 객관적인 조사가 가능한가?

마에하라 장관은 "직무 위반에 대한 벌칙도 검토하겠다"라고 밝혔지만, 그렇게 되면 다른 문제도 생긴다. 조사위원이 독자적으로 조사하는 대신 제출된 자료만 검토하거나 기업이 사고 조사에 협력하지 않을 수도 있고, 수비 의무 때문에 유가족과 피해자가 정보를 얻기 힘들어질 수도 있다.

　JR에 대한 불신도 커졌다. "조직 문화를 반성하고, 안전을 최우선으로 하는 기업으로 개혁한다"고 거듭 내세웠던 것이 모두 거짓이었다고 해도 과언이 아닌 스캔들이었다. JR이 사실 규명보다 책임 회피와 조직 방어를 우선시했음은 분명했다. 실제로 검찰 수사를 통해 "무슨 일이 있어도 기소를 피하는 게 목표"라는 문서가 발각되었다.

　무엇보다 야마자키에 대한 신뢰가 무너졌다.

　사고 이후 JR 개혁을 위해 고군분투하던 야마자키에게는 아사노뿐 아니라 많은 유가족과 피해자가 기대를 품었다. 때로는 실언을 했지만, 여느 사무직 엘리트 관료 출신과는 경력, 발언, 성격 모두 달랐다. 안전, 기술, 현장을 중시했고, 인사와 조직 구성부터 일선의 업무 환경까지 실제로 새로운 변화도 있었다.

　기소로 인해 퇴임하게 되었지만, 그 후에도 JR은 야마자키가 세운 방침 아래서 진지하게 사고를 반성하고 서서히 변화하고 있지 않았던가? 그렇게 생각하고 있었기에 배신당했다고 느낀 유가족이 많았다. 사과 행사에서는 눈물을 흘리며 항의하거나 "지금까지는 응원했지만, 두번 다시 보고 싶지 않다"라고 말하는 사람도 있었다.

　경솔한 행동으로 잃은 것은 너무나 컸다.

가장 큰 실수

나와 인터뷰할 때, 야마자키가 먼저 정보 유출 이야기를 꺼냈다. 사장 취임 직후의 고독한 심경과 회사 안의 냉랭한 분위기에 대해 질문했을 때, 이렇게 말했다.

"그게 가장 잘 드러난 건 정보 유출 문제였어. 신뢰할 만한 넘버2가 없었던 게 실수라고 전에도 말했는데, 그걸 취임 직후에 깨달았지. 대표이사 방이 너무 커서 반으로 줄이고 사외이사 방을 만들려고 했는데 반발이 심했어. 비협조적인 사람이 내 방침을 비웃는 소리가 들리기도 했지. 7년 만에 본사로 돌아온 데다 국철 시절에도 운전직이라는 좁은 세계에 있어서 사무직 중에는 마음이 통하는 사람이 없었어. 내 성격상 복심을 만들 수도 없었고.

그런 상황이었기에 나 혼자서 뭐든 다 해야 했으니 필사적이었지. 사장 자리를 맡은 이상, 회사를 지키는 게 가장 중요하다는 부담감을 느끼고 조직 방어를 우선시한 거야. 회사의 안전 대책을 세우기 위해서라도, 유가족분들의 질문에 대답하기 위해서라도, 하루빨리 조사위원회의 정보가 필요했어.

그래서 국철 시절 선배한테 의지하고 말았어. '사장이 직접 그런 싯을 했나'라고들 하는데, 나로서는 내 판단으로 개인적 인맥을 이용하는 거라서 다른 사람에게 시킬 수가 없었지. 나쁜 일인 줄은 알고 있었지만, 그렇게 중요한 문제라고는 생각하지 않았어. 괜찮을 거라고 생각했어. 잘못된 인식이 부끄러울 뿐이야."

말투는 담담했고, 표정 변화가 별로 없었지만 가끔 일그러지는 입가에 후회가 맴돈다. 그렇게까지 해서 알고 싶었던 정보는 무엇이었는가? 정보를 손에 넣을 수 있었는가? 내 물음에 그는 이렇게 대답했다.

"먼저 사고 조사 스케줄. 최종 보고서 시기도 그렇고, 특히 공청회가 언제 어떤 식으로 열리는지, 공청회 증인은 우리가 추천할 수 있는지 등이야. 조사 과정에서 조사위원회의 심문에 답하면서 회사 입장을 밝힐 기회는 있었지만, 가해자 의견이 얼마나 받아들여질지 몰랐어. 그래서 제삼자한테도 공개된 장소에서 설명할 수 있는 공청회는 상당히 중요하다고 생각했어. 게다가 사고조사위원회도 조직이 바뀌고 처음 열리는 거라서 시스템이나 과정이 깜깜이였잖아. 일단 개최 시기부터 파악하고 미리 준비할 생각이었지.

스케줄은 언론 정보와 같은 수준까지는 파악할 수 있었어. 증인 후보는 마루오 군이 목록을 만들고 나도 같이 결정했지.

그러다 조사위원회에서 'ATS를 우선적으로 설치했어야 했다'라는 얘기가 나온 걸 알게 됐고, 그건 결과론에 지나지 않는다고 생각했어. 당시에는 커브에 ATS를 설치해야 한다는 법도 없었고, 정부도 지시하지 않았거든. 철도 업계의 상식도 아니었고. 그런 커브는 수백, 수천 곳이나 있었거든.

조사위원회에서 최종 보고서를 공개하기 전에 수정할 부분이 있냐고 묻길래 문서로 그렇게 얘기했어. 그 후에 2007년 6월 야마구치 선배한테 개인적으로도 부탁을 했던 거지."

야마자키는 경찰에서 8회, 검찰에서 32회에 걸쳐 조사를 받았는데, 정보 유출 문제는 지검에서 서른한 번째 조사를 받을 때 처음 나왔다.

"서른 번 정도 하고 취조는 이걸로 일단락되었나 싶었어. 잠시 공백기가 있고 나서 서른한 번째 불려갔을 때, '이런 얘기를 들었는데 진짜냐'고 묻더라고. 그사이에 정보를 파악했다는 뜻이겠지."

이 문제가 발각된 배경에는 관계자들의 여러 의도가 배후에 있는 것이 아닌가 하는 추측이 나돌았다. 왜 국토교통부는 야마자키가 불구속 기소되고 나서 두 달이 지난 시점에 갑자기 공개했는가? 지검에서 수사 중에 드러났다고 하는데, 구체적으로 어떻게 알게 됐는가? 조사위원회 최종 보고서에서는 일근교육 문제에 초점이 맞춰져 있었는데, 왜 갑자기 ATS 얘기가 나왔는가?

먼저 검찰의 의도다. 사고 규모와 사회적 영향이 컸기 때문에 기소하기는 했지만, 재판에서 야마자키 개인의 과실을 입증하기는 어렵다는 전망이 대다수였다. 복잡한 시스템이 좌우하는 철도 사고에서 임원 개인의 형사책임이 인정되는 경우는 지극히 드물기 때문이다. 체면을 걸고 유죄를 받아내고 싶었던 검찰은 야마자키에 대한 사회적 비판이 거세지면, 법원 역시 무시할 수 없으리라 생각했다. 그리하여 시기를 봐서 공개되도록 꾸몄다는 것이다.

민주당으로 정권이 교체된 직후였던 점 역시 억측을 불렀다. 국토교통부가 이 사실을 인지한 것은 발표보다 한 달도 더 전인 8월 중순이었다. 자민당 정권과는 다른 방향으로 혁신을 어필하려 했던 민주당이 각 부처 내부에 감춰져 있던 치부를 적극적으로 공개해서 '정치 개혁'을 각인시키려는 의도가 있었던 것이 아니냐는 추측이었다. 같은 시기 국토교통부의 마에하라 장관은 공약한 대로 얀바 댐 건설 중단을 발표했다.

또 하나는 JR 내부의 '암투'였다. 야마자키 사장에게 반발하는 직원, 개혁 방침에 적응하지 못하고 경영진에서 배제된 임원 중에는 검경에 인맥이 닿는 사람도 있었다. 정보 유출을 비롯한 회사의 은폐 공작이 잇따라 드러난 것은 야마자키에 대한 보복 내지는 이데 일파의 역습이 아니냐는 관점도 있었다.

그리고 "인맥을 활용해서 정부나 담당 부처의 정보를 캐내는 건 공무원이나 민간 기업도 다 하는 일이다. 그 때문에 정보가 유출되었다면, 유출한 쪽의 책임"이라는 논리로 야마자키를 두둔하는 사람도 있었다.

그러나 배후에 어떤 의도가 있었든 야마자키가 한 짓은 결코 용서받을 수 없다. 언론이 "'배신'에 분노한 유가족, 조사위원회에 대한 불신"(『아사히신문』), "JR의 공작은 언어도단" "국철 인맥에 기댄 잘못의 대가"(『요미우리신문』)라며 날 선 비판을 퍼부은 것도 당연하다.

국토교통부로부터 검증과 재발 방지 대책을 지시받은 JR은 외부 인사로 구성된 '컴플라이언스 특별위원회'를 설치하고, 위원장으로 기업

윤리 전문가인 다카 이와오高巖 레이타쿠대학 교수를 초빙해 조사를 맡겼다. 11월 18일 국토교통부에 제출한 보고서에서는 사고 이후 거듭 지적된 JR의 조직 문화, 기업 문화가 새삼 드러났다. 그 내용은 다음과 같다.

사고조사위원회에 대한 접촉은 공청회 대책으로 시작되었다. 처음에는 야마자키가 개인적으로 한 일이었지만, 2006년 9월에는 회사 프로젝트 차원에서 조직적으로 이뤄졌다. "철도에 대해서는 우리야말로 프로"라는 자부심 때문에 조사위원회의 의미와 위원의 수비 의무를 경시하고, 피해자나 사회 입장에서 생각하기보다 조직 방어를 우선시하는 기업 문화가 원인이었다. 의아하게 생각한 직원도 있었지만, 누구도 이의를 제기하지 않았다. 문제를 지적하지 않는, 아니 문제를 문제로 생각하지 않는 둔감함이 회사 안에 만연해 있었다.

보고서는 그러한 조직이 된 가장 큰 요인은 JR 내부에서 만들어진 경영 문화였다고 단정하면서 정면으로 비판했다. 여기서 말하는 경영 문화는 이데 독재 체제였다.

"(전략) 성공 경험이 이데 씨의 경영을 독선적으로 만들었다. '이데 그룹'이라는 말이 나올 정도로 인사권을 비롯한 전권을 행사하게 되었다. 그 영향력은 회장이나 고문이 되고 나서도 이어졌고, 그러한 '상왕 정치'가 탈선 사고까지 20년간 계속되었다. '모난 정이 돌 맞는' 분위기 때문에 모두가 이데의 눈치만 보게 되었다.

그 20년 동안 폐쇄적인 조직 문화, 특히 상부에 말을 못 하는 문화가 만들어졌다. 가장 잘못된 경영 실패라 하지 않을 수 없다. 탈선 사고가 나기 전까지 강력한 상명하복 경영은 고쳐지지 않았다.

인터뷰 대상자들은 좀처럼 입을 열지 않았다. 이 사실이야말로 얼마나 잘못된 조직 문화가 고착화되었는가를 드러낸다. 새로운 경영진은 이 문제를 직시할 용기와 결의를 가져야 한다. 그래야만 근본적인 조직 개혁이 가능하다."

정보 유출 문제의 책임자였던 야마자키도 물론 매서운 비판의 대상이 되었다. 그러나 "야마자키 사장이 실행하려 했던 개혁은 계속되어야 한다"라며 그의 노선에 대해서는 긍정적이었다.

4개월 전의 기자회견에서 야마자키는 이데와의 인연은 다했다고 말했다. 다만 그때는 아직 선언에 불과했고, 회사에서는 반발과 동요도 있었다. 그러나 야마자키는 역설적으로 자신이 저지른 가장 큰 실수의 책임을 지는 대가로 JR과 이데의 결별을 실현하게 되었다.

조직의 잘못인가, 개인의 잘못인가

아사노는 정보 유출로 시작된 일련의 스캔들을 어떻게 봤을까?

예를 들어 앞서 언급한 『아사히신문』의 기사에서 아사노는 중립성에서 일탈한 사고조사위원회에 대해 분노를 드러내며 향후 사고 조사에 대한 우려를 표했지만, 야마자키에 대한 언급은 없다. 당시 나와 나눴던 대화를 생각해봐도, 야마자키 개인에 대한 분노는 없었던 것 같다. 실망했다며 화를 낸 쪽은 오히려 나였다. 그런 기사를 잡지에 썼던 기억도 난다.

당시에 야마자키에 대해 어떻게 생각했냐고 새삼 물어보았다.

"그의 경솔한 행동이 조사위원회와 보고서의 신뢰를 떨어뜨렸다는 비판은 피할 수 없지. 그렇게 일이 커질 줄은 모르고 한 일이겠지만, 생각이 너무 짧다고 여겨졌어.

그래도 사장 자리에 낙하산으로 취임한 직후의 일이었으니까 심정을 이해 못 할 바도 아니야. 그 일 때문에 야마자키에 대한 내 신뢰가 완전히 무너진 건 아니야. 야마자키한테 공동 검증을 제안해서 그걸 추진하고 있었기 때문에, 중요한 시기에 무슨 짓을 하는 거냐는 갑갑함은 있었지만 말이야."

야마자키에게 화가 났지만, 그렇게 만든 것은 JR이라는 조직의 논리였다. 아사노는 그것이야말로 문제의 본질이라고 생각했다. 개인의 잘못을 추궁하기보다 조직 자체를 바꾸는 데에 관심이 있었다.

같은 시기 사토 다케무네 변호사와 아베 세이지 교수를 인터뷰했을 때도 두 사람 다 비슷한 관점에서 문제의 본질을 말했다. 다음과 같은 내용이었다.

"옛날에 국철 관료들은 교통부를 우습게 봤어요. JR 임원들에게는 아직 그런 의식이 남아 있어서 국토교통부나 사고조사위원회는 아무것도 모른다고 생각한 거겠죠. 자기네야말로 옳고, 조직을 지키기 위해 움직이는 건 당연하다고요. 사고 조사 규칙에 위배되더라도 본질적으로 나쁜 일을 했다는 생각이 없으니 반성조차 하지 않는 겁니다."

거듭된 스캔들이 조직적으로 이뤄진 배경에는 국철 출신의 공동체 의식과 강한 엘리트 의식이 있었다고 지적하는 사람이 많았다. 거기에 오랫동안 계속된 이데의 독재 체제가 박차를 가했다. "우리 논리와 판단에는 잘못이 없다"라는 오만한 무오류주의와 "우리가 틀렸을 리 없으니 사고에도 책임이 없다"라는 책임 회피, 이 두 가지는 동전의 양면처럼 조직 안에서 자라고 있었을 것이다.

정보 유출 문제를 계기로 2009년 12월 두 개의 검증팀이 출범했다. 앞서 말한 JR의 제삼자 위원회와는 다른 팀이었다.

하나는 운수안전위원회가 설치한 '후쿠치야마선 탈선 사고조사보고서에 관한 검증팀'이었다. JR의 일련의 스캔들이 보고서에 미친 영향, 나아가 현행 사고 조사 제도 자체의 문제점과 개선책을 정리하는 것이 목표였다.

위촉된 멤버는 열두 명이었다. 오랫동안 대규모 사고를 취재한 경험이 있는 논픽션 작가 야나기다 구니오柳田邦男, '실패학' '위험학'을 제시한 하타무라 요타로畑村洋太郎 교수 등 전문가 5명, 유가족 3명, 부상자와 그 가족 4명이었다. 아사노, 기노시타, 사토, 아베 등 4.25 네트워크에 관여한 멤버들이 주축이었다. 정부 기관이 위촉한 검증팀에 조사 대상이 된 유가족, 피해자가 참가한 것은 일본에서는 처음 있는 일이었다.

가장 큰 목표였던 일본의 사고 조사 제도가 갖는 문제점에 대해서는 야나기다의 인터뷰 기사가 잘 설명하고 있다. "사라지지 않는 인맥주의"라는 제목이다.

사고 조사는 (…) 이해관계를 의식하지 않고 당당히 전모를 밝히는 것이 목표다. 조사 기관 스스로가 그것을 파괴하고, 논의를 10년, 20년 후퇴시켰다. 직장이나 대학의 연구를 우선시하는 인맥주의가 아직 사라지지 않고 있다. (…)

오늘날 사고는 고도의 기술과 복잡한 시스템 속에서 발생한다. 최선을 다해도 실수를 하기 마련이다. 그렇지만 수사 기관은 "누구 짓인가" "누구의 잘못인가"를 가려서 처벌하려 한다. 그렇게 되면 오히려 문제가 모호해진다.

처벌을 원하는 피해자의 심정은 이해할 수 있다. 그러나 사고 조사를 수사로부터 떼어내서 경찰과 동등한 권한을 부여하지 않으면 진상 규명은 불가능하다. 모든 요소를 정리해서 도출한 결론이 납득할 만하다면, 처벌을 원하는 피해자의 심정도 달랠 수 있을 것이다.(『고베신문』 2009년 11월 3일)

다시 말해서 사고 조사와 수사를 혼동하는 것이 문제라는 말이다. 서양의 사고 조사 선진국에서는 명백한 형사 사건을 제외하고는 수사보다 조사를 우선시한다. 그러나 일본에서는 1972년 경찰청과 교통부가 교환한 각서로 인해, 사고조사위원회 보고서를 경찰의 증거로 사용할 수 있게 돼 있다. 조사 결과가 수사의 증거가 될 수 있기 때문에 당사자들은 무슨 수를 써서라도 책임 회피를 꾀하고, 조사보고서의 내용도 수사를 의식하게 된다.

후쿠치야마선 사고의 조사보고서 역시 다양한 조직적 요인을 밝혀냈음에도 불구하고 결론 부분의 '원인'은 열두 줄에 불과했다. 직접적인 원인으로 운전사의 브레이크 조작과 간접적인 원인으로 일근교육을 지적하는 데 그친 이유는 수사의 증거가 되지 않도록 의도적으로 심각한 내용을 뺀 것이 아니냐는 지적도 있었다.

야나기다는 나와의 인터뷰에서 일본은 조직적·구조적 문제까지 다루는 '원인 규명'보다 개인의 책임을 추궁해서 처벌하는 '범인 찾기'가 우선시된 역사가 있다고 말한다.

"예를 들어 에도에서는 오십 차례 가까이 대화재가 발생했는데, 그 대책은 불을 낸 사람을 잡아서 강가에서 화형하는, 즉 엄벌에 처하는 걸 보여준 경우가 대부분이었고, 화재를 막을 수 있는 도시를 건설한다는 발상은 없었어요. 1666년 대화재가 일어났던 런던은 대조적이에요. 화재가 있고 나서 목조 가옥을 금지하고 돌이나 벽돌로 만든 건축으로 통일했죠. 도로 폭도 화재를 막을 수 있게끔 규정했고요. 이후로 런던에서는 대화재가 일어나지 않았습니다.

일본인은 심정적으로 처벌을 원하는 경우가 많아요. 사고가 나면 형사소송으로 다루고, 행정처분 역시 벌을 주는 발상이죠. 그렇게 하는 게 여론과 언론, 정부 모두 납득하기 쉽기 때문입니다.”

야나기다의 설명과는 달리 에도 시대에도 방화범은 화형에 처해졌지만, 실화失火라면 가벼운 형벌에 처해졌다. 화재를 막기 위해 큰길을 내고, 집에 기와나 외벽을 쌓는 등의 대책을 취했다는 설도 있다. 그러나 어쨌든 대중의 뿌리 깊은 처벌 요구 성향을 드러내는 알레고리는 될 수 있다.

기업에서 문제가 생기면 경영진은 실수나 잘못을 개인에게 떠넘기고, 일선에서는 경영진이 문제라고 주장한다. 언론은 무슨무슨 ‘거악’을 지목해 비판하고, 개혁파 정치인들은 ‘기득권’을 지탄하며 비판 여론을 선동한다. 그와 마찬가지로 복잡한 문제를 단순화해 책임을 한 곳에 떠넘기는 경향이 사고 조사에도 영향을 미치고 있는 것이다.

2009년 12월 7일에 시작된 이 검증 프로젝트는 야나기다와 아베를 중심으로 사고조사위원회와 운수안전위원회 10명, 정보 유출에 관여한 JR 간부 11명을 인터뷰했고, 사고 현장에서 운전한 경험이 있는 운전사 515명에게도 설문조사를 실시했다. 2011년 4월, 그 결과를 토대로 작성한 보고서에서는 국토교통부 장관에게 열 가지 제언을 했다.

사고 조사의 투명성 확보, 피해자에 대한 정보 제공과 피해자 대응

확충, 직접적인 원인뿐 아니라 조직적인 원인도 다룰 필요성, 사고 조사와 수사의 목적을 명확히 구분할 것, 현행 촉탁 제도 재고, 위원 인사의 균형과 신중한 선임, 위원의 수비 의무 위반에 대한 처벌 규정 반대 등이다.

부록까지 포함하면 200페이지가 넘는 보고서에서 두 가지 지적 사항만 요약하겠다.

하나는 '조직적 문제'라는 발상이다. 검증팀은 조사위원회 보고서가 폭넓은 분야의 문제점을 밝혀낸 점은 높이 평가했다. 그러나 그 문제점들이 서로 어떻게 관련되고 영향을 주고받았는가를 고찰하지 않고, 결국은 운전사 개인의 실수와 일근교육만 원인으로 지목한 것이 문제라고 지적했다.

사고 조사 선진국에서는 원인이 하나뿐인 사고는 없다고 보는 것이 상식이라며 그 구조를 중시한 "스위스 치즈 모델"을 소개하고 있다. "스위스 치즈 모델"이란, 구멍이 여럿 난 치즈를 얇게 썰어서 겹쳤을 때, 구멍의 위치가 서로 달라서 관통하기 어려워진다는 점에 착안해 이처럼 다른 차원의 대책을 몇 겹으로 쌓음으로써 위험을 줄일 수 있다는 이론이다. 후쿠치야마선 사고는 명백한 조직 사고다. 검증팀은 시간표 편성과 관리, 브레이크와 속도계 등 차량 설비, ATS 설치 계획, 안전 관리 체계와 연계 부족 등을 포함해 전체적인 구조를 밝혀야 한다고 지적한다.

또 하나는 피해자 관점의 중요성이다. 지금까지 피해자는 손해배상 청구 등에서만 관심이 가는 '약한' 존재였다. 그러나 가혹한 체험을 했기 때문에 절실하게 안전을 바라고, 가해 기업과 정부의 문제를 발견할 수 있는 날카로운 관점을 가지고 있다. 사고 원인을 공학적·조직적으로 분석하는 것뿐 아니라 피해자의 관점에서 다시 보는 것 역시 필요하다는 것이다.

―――

대화 상대

정보 유출 문제를 계기로 시작된 또 하나의 검증 작업이 JR과의 공동 검증이었다. 이는 아사노가 실현하기 위해 노력한 숙원이었다. 자세한 내용은 제7장에서 다루겠지만, 피해자와 가해 기업이 같은 테이블에서 사고 원인에 대해 대화하는, 전례 없는 획기적인 시도가 어떤 경위로 실현되었는지는 여기서 짚고 넘어가려 한다.

앞서 말했듯이 공동 검증은 사고조사위원회의 최종 보고서가 나온 이후 아사노가 구상했던 것이다.

JR은 보고서를 어떻게 받아들였는가? 회사의 조직적·구조적 문제를 구체적으로 규명하고 실효성 있는 개선책을 세울 수 있을까? 안전을 재구축하기 위해서는 어떻게 할 것인가? 이러한 점을 JR의 임원, 담당자와 유가족 대표가 직접 마주하고 중립적인 제삼자와 함께 대등하게 토론하는 것이 목표였다.

여러 번 타진한 뒤 사고로부터 4년째인 2009년 4월, 4.25 네트워크는 「'아마가사키 탈선 사고 검증 위원회' 설치를 요구한다」라는 요청서를 정식으로 제출했다. JR 내부에서는 요청서를 수령하는 것조차 망설였다. 요청서에는 다음과 같은 내용이 있었다.

"난야 전 회장과 가키우치 전 사장은 각 부처의 직원들이 법령과 기준을 지키고 정해진 업무를 수행하는 게 당연하다고 보고, 그것만 제대로 지켰더라면 이런 사고는 일어나지 않았을 것이라고 인식했습니다. 전직 임원들은 '사고 위험성에 대해서는 전혀 인식하지 못했다' '위험성에 대한 지적은 전혀 없었다'고 일관되게 말합니다."

임원들은 조사보고서가 나온 뒤에도 각 부처의 규칙과 직원 개인의 마음가짐의 문제라고 인식하고 있었다. 아사노는 이것이야말로 근본적인 잘못이라고 생각했다. 일선 직원들만의 문제가 아니다. 그렇다고 모든 잘못을 독재자 이데에게 돌리고 끝낼 문제도 아니다. 조직 전체의 결함이다. 조직과 관련된 모든 이가 먼저 그 사실을 인식하고, 어디에 문제가 있었는지 구체적으로 파악하며, 과학적·기술적 관점에서 개선을 강구하지 않으면 안전은 확립할 수 없다.

그렇게 호소한 뒤, 마지막에는 유가족으로서의 심정을 덧붙였다.

"피해자인 우리 유가족들은 이 사고의 진상을 규명하고, JR의 조직적·구조적 문제를 밝혀서 사고의 교훈을 공유함으로써 가족들의 희생을 헛되이 하지 않는 것이 유가족의 책임이며, 두번 다시 이런 참사가 일어나지 않게 하는 첫걸음이라고 다시금 강조합니다."

사고 직후 아사노가 입에 담았던 "유가족의 책임"이라는 말이 여기에도 나온다. 그 책임을 스스로 짊어지고 모색했던 4년이었다. 그리고 그 세월 끝에 가장 중요한 대안은 공동 검증 자리에서 "책임 추궁은 일단 미뤄둔다"는 말이었다. 가해 기업에 대한 분노와 원망이 사라진 것은 아니다. 가족을 잃은 아픔과 슬픔이 아문 것도 아니다. 그러나 일단은 감정을 봉인하고, 잘못을 추궁하지 않겠다. 아사노는 그렇게 결심했다.

"가해자와 피해자의 입장 차이를 전제로 하면서도, 서로 겸허한 자세로 될 수 있는 한 객관적으로 사고를 바라보겠습니다."

이 말에는 그러한 결의가 담겨 있었다.

앞 장에서 말했듯이 이 요청을 받아들인 사람은 야마자키였다. 사임이 결정되고 아사노의 집을 방문한 날 밤, "하기로 합시다"라고 대답했다. 한 달 뒤인 2009년 8월 22일, 사장으로서는 마지막으로 참석한 유가족 설명회에서 공동검증위원회의 설치를 밝혔다.

이는 야마자키의 독단에 가까웠다. 회사 안에서는 아직 신중한 의견이 많아서 논의가 계속되고 있었다. 야마자키로서는 어떻게든 그러한 논란을 끝내고, 유가족에게 마지막 선물을 남기려 했던 것인지도 모른다.

최종 결정은 후임 사장인 사사키 다카유키가 했지만, 강력하게 밀어붙인 인물이 있었다. 사고 직후 전무 자리에서 물러난 사카타 마사유키였다.

사카타는 "낙하산"으로 비판받은 '서일본 JR 버스' 사장 자리를 1년 만에 사임했다. 그 뒤 야마자키의 요청으로 JR 본사에 돌아와 2007년 7월부터 촉탁 직원으로 유가족 대응을 담당하고 있었다. 2008년 9월 아사노의 집을 찾아가 일대일로 대화를 나눴다. 서로에게 깊은 인상을 남긴 첫 만남이었다.

"처음에는 아사노 씨가 거의 혼자서 말했어요. 사고 원인과 배경, 유가족으로서의 생각, 4.25 네트워크의 활동, 그에 대한 우리 회사의 대응, 역대 사장과 임원들에 대한 인상 등등이요. 저는 할 말이 없었죠. 아사노 씨의 심정에 답할 수 있는 것도 아니었고, 일단 직접 사죄드리며 말씀을 들으러 찾아간 것뿐이거든요.

한 시간 정도 말없이 고개를 끄덕이면서 들었더니, 얘기를 마친 아사노 씨가 '당신도 힘들게 왔으니 무슨 말이라도 해보이소'라고 하셨어요. 무슨 말이든 제가 지금 생각하고 있는 걸 듣고 싶다고요. 난감하더라고요. 잠시 생각하다가 이렇게 말했어요.

'오늘 말씀을 듣고 아사노 씨에 대한 이미지가 바뀌었습니다. 회사에 있을 때는 4.25 네트워크의 요청서나 담당자의 대응 기록을 읽거나 언론 보도를 단편적으로 본 탓에 무조건 엄한 분, 우리 회사의 책임을 철저하게 추궁하는 무서운 분이라는 이미지가 있었습니다. 그런데 실제로 뵈었더니 말씀도 온화하고, 잘 이해됐습니다. 우리 회사의 문제점도 정확히 파악하고 계십니다. 만나뵙길 잘했습니다.' 그런 얘기를 했죠."

아사노는 아사노대로 사카타의 대답에 호감을 가졌다.

"사카타는 조직의 논리나 체면이 아니라 자기가 생각한 말을 했어. 물론 조직에 소속된 처지이긴 해도, 한 개인으로서 나를 대한 거야, 야마자키 씨처럼. 그게 여느 임원들과는 달라서 말이 통할 거라 생각했지. 사고 이후 몇 년간 4.25 네트워크나 설명회에서 JR과 대화했는데, 처음에는 엄청나게 높은 하나의 벽으로 보였어. 조직을 지킬 생각만 하는 상대에게 헤집고 들어갈 틈은 전혀 보이지 않았지.

그렇지만 조금씩 벽을 밀거나 두드려보면서 결코 벽이 단일한 게 아니란 걸 알게 됐어. 사람에 따라서 대답이 달라지거나, 의견을 공유하지 않는 경우도 있었거든. 그걸 보고 나는 대화 상대가 어딘가에 있으려니 생각했던 거야. 유가족 대 기업이 아니라 서로 이름이 있는 개인 대 개인으로 대화할 수 있는 상대 말이야."

아사노는 JR과의 협상에서 처음부터 명확한 전략이 있었던 것은 아니라고 말한다. 그저 대화 상대를 찾았을 뿐이었다고. 그 바탕에는 재해와 공해 문제를 다뤘던 경험이 있었다.

"예를 들어 피해지역 복구를 둘러싸고 지자체와 대립할 때도 끈질기게 협상하다보면 반드시 대화 상대가 나타나거든. 어떤 주제로는 싸우더라도 그 밖에는 '당신도 윗분들 모시느라 고생이 많군'이라면서 공감할 수 있는 관계가 생겨. 조직도 결국은 한 사람 한 사람의 집합체인 거야.

이재민을 상대할 때도 마찬가지야. 개인에 따라 피해 상황, 생활 환경, 복구에 대한 희망 사항 등은 다 다른데 '이재민'이라고 보면 개개인이 보이지 않게 돼. 가능한 한 많은 목소리를 듣고 요구를 수용하려는 노력을 하지 않으면 모두가 납득할 수 있는 대책은 세울 수 없거든."

조직은 개인의 모임이다. 생각해보면 당연한 사실이지만, 조직이 커질수록 그 당연한 사실을 잊게 된다. 개인의 생각보다 조직의 논리가 늘 우선시된다. JR이라는 거대한 조직, 그 경영진의 핵심에 있으면서도 사카타와 야마자키는 그러한 조직의 논리에 완전히 물들지는 않았다. '개인'의 관점과 생각을 잃지 않고 스스로의 신념과 책임을 바탕으로 움직였다. 그렇기 때문에 아사노의 말에 대답할 수 있었던 것인지도 모른다.

"언젠가 아사노 씨가 공동 검증에 대해서 한 말에 마음이 움직였어요. '당신네 회사를 공격하려는 게 아니야. 오히려 당신네 회사를 개선하려 하는 거야'라고 했거든요. 그 말이 맞는 것 같았어요. 해야겠다는 생각이 들었죠."

사카타는 그렇게 회상한다. 그러나 회사에서는 신중을 기하자는 목소리가 강했다.

가장 큰 이유는 야마자키 및 이데, 난야, 가키우치의 재판을 앞두고 있었던 것이다. 검증 작업 과정에서 불리한 사실이 나오면 재판에도 영향을 미친다. 그리고 재판과 별개로 피고인의 기업이 자기 검증을 하는 것은 재판관에게 안 좋은 선입견을 줄 수 있다. 그런 우려의 목소리가 나왔다.

공평성의 문제도 있었다. 4.25 네트워크의 요구에만 응하는 것은 불공평하다. 4.25 네트워크에 소속되지 않은 다른 유가족들이 같은 요구를 하면 어떻게 대응할 것인가?

그리고 무슨 요구를 해올지 모른다는 공포도 컸다. 철도나 경영에 대해 문외한인 피해자들과 무슨 대화를 한단 말인가? 상대방이 감정적으로 억지 요구를 해오면 대처할 수 있겠는가?

이렇듯 거절할 이유는 얼마든지 있었다. 사카타는 이렇게 설득했다.

"상대방이 강 건너편에서 이쪽으로 오라고 초대하고 있다. 강을 사이에 두고 떠들어도 목소리는 안 들리고 거리도 좁혀지지 않는다. 일단 강물 속에 들어가서 건너편으로 가야 한다. 도중에 수심이 너무 깊거나 유속이 너무 빠르면 되돌아오면 되지 않겠는가?"

그런 토론을 거듭하면서 서서히 회사 분위기가 바뀌고 있던 차에 결정타가 되었던 것이 정보 유출 문제였다. 연이어 스캔들이 드러나고, "조직 문화 개혁은 거짓말이었나"라는 비판이 쇄도했으며, 유가족과 피해자는 배신감이 들어 분노했다. JR은 조직의 문제를 스스로 검증하고 변화하려는 개혁의 의지를 드러내 보이지 않으면 안 되었다. 결심을 굳히고 실행해야 했다.

"정보 유출 문제가 드러난 직후, 유가족 설명회(사과 행사)에서는 울음을 터뜨리는 유가족도 계셨습니다. 그 모습을 보고 우리가 어떻게든 부응해야겠다는 생각이 들었죠."

JR 대표로 공동 검증에 참여했던 니시카와 나오키西川直輝 당시 부사장은 그렇게 말했다.

그리고 아사노가 그토록 원했던 JR과의 대화는 '후쿠치야마선 탈선 사고 과제검토회'(이하 과제검토회)라는 이름으로 출발했다. 첫 번째 모임은 2009년 12월 25일로 결정되었다.

사법의 한계: 야마자키 사장 재판

유가족과 JR의 공동 검증 '과제검토회'가 시작되고 나서 1년, 사고 발생으로부터 5년 7개월이 지난 2010년 12월 21일, 후쿠치야마선 탈선 사고 관련 재판이 처음으로 시작되었다. 고베지검에서 업무상 과실치사상죄 혐의로 기소된 전임 사장 야마자키 마사오(정확히는 사고 7~9년 전의 철도본부장 시절의 과실이 심리 대상이었다)의 첫 공판이 열린 것이다.

야마자키는 사고를 예견할 수 있었는가? 예견할 수 있었음에도 불구하고 ATS-P 설치 등의 대책을 게을리했던 것인가? 철도 사고에서 회사 임원의 형사책임을 묻는 것은 이례적인 일이었기에 크게 주목받았다. 그러나 지금까지 여러 번 말했듯이 아사노는 재판에 대해 거의 기대하지 않았다.

"사법부에서 관계자가 증언하고, 사회적으로 사고를 되새기게 했다는 점에서는 의의가 있었다고 생각해. 그렇지만 진상 규명이나 재발 방지에는 도움이 안 돼. 경우에 따라서는 방해만 될 가능성도 있고."

아예 무관심하진 않았지만, 한 번도 방청하러 가지 않았다. 이 사고에 대해서 개인을 처벌하는 데에는 위화감을 씻을 수 없었기 때문이다.

그러나 28회에 걸친 공판에서 야마자키는 흥미로운 발언을 여러 번 했다. 주요한 논점별로 주장을 정리해두겠다.

선로 교체 공사와 ATS에 대한 인식

1997년에 개통한 도자이선은 JR 서일본의 첫 지하 구간이었기에 화재와 수해에 대응하는 역 구조에는 주의를 기울였다. 도자이선과 연결하기 위해 후쿠치야마선 상행선 커브 구간 선로를 교체하는 공사를 했다. 당시에는 커브 구간의 위험성을 인식하지 못했고, ATS를 설치할 필요도 없다고 생각했다.

선로 교체를 포함한 아마가사키 역 공사는 1991년부터 1997년까지 시간을 들여 조금씩 했는데, 현장에는 가보지 않았다. 공사에 대해서 안 것은 1994년 말에서 1995년 무렵, 도면을 보고 아마가사키 역에 진입하기 전 부분의 커브가 급격하다는 생각은 했지만, 그보다 뒤에 위치한 사고 현장의 커브는 한 번 봤을 뿐, 특별히 주의를 기울이진 않았다.

당시에는 도자이선 공사를 가장 중요하게 생각했기에 아마가사키 역 공사는 담당자에게 맡기고 있었다. 정부 지침과 회사 규칙에 따라 계획하고 안전 검사도 마쳤다. 사업 인허가 후에는 담당자 차원에서 논의했고, 완공 후에는 정부 검사도 받았다. 나는 전체적으로 총괄하는 입장이어서 전문 지식에는 한계가 있다.

커브 구간에서 과속으로 주행하다가 탈선할 가능성은 예상하지 못했다. 철도 업계 전체가 그랬다. 이론적으로는 사고 가능성을 배제할 수 없지만, 운전사를 신뢰했다. 특히 여객열차 운전사는 엄격한 훈련을 받는다. 여객열차에 비해 화물열차는 구조적으로 안전성이 낮아서, 경우에 따라서는 탈선 가능성도 있다고 생각했지만, 제한속도는 탈선에 이르지 않도록 여유 있게 설정되어 있다. 커브 구간에서 화물열차가 탈선한 하코다테선 사고는 운전사의 졸음운전이 원인이었고, 도시부 노선도 아니다. 상관없는 사고라고 인식했다.

신형 ATS-P에 대해서는 안전대책실장 시절에 대략적으로 이해했지만, 설치 비용 등 상세한 내용은 몰랐다. 유가족 설명회에서 질문을 받고 자세히 알아봤다. 구형 ATS-SW는 국철 시절에 정비된 ATS 개량형으로, 제한속도를 넘으면 비상 브레이크가 작동하도록 분기점에 주로 설치되었다.

ATS-P는 지상자(지상에 설치한 설비)를 연속해서 배치해 열차의 속도를 감지하고 완만하게 감속시킨다. 차상자(열차에 설치된 설비)와 함께 기능한다. 열차 편수가 많은 학연도시선과 도카이도선을 중심으로 정비를 진행하고 있었다. 사고가 적은 신호에는 지상자를 설치하지 않는 '거점 방식'을 사용했다. 공사 비용 절감을 위해서였다.

ATS-P는 사고 대책이 아니라 쾌적한 승차감을 위해서 설치했다. 승객이 넘어지거나 짐이 굴러다니지 않도록 하기 위해서였다. 학연도시선에 처음으로 설치했을 때는 회사 안에서 반대도 심했다. 당시에는 500계 신칸센이나 교토 역 빌딩 등 대형 프로젝트도 있었고, 경영진 중에 깐깐한 분도 계셔서 좀처럼 승인이 나지 않았다.

전체적으로 야마자키의 진술은 지금까지 다룬 내용과 다르지 않다. 즉, 사고는 예측할 수 없었다는 주장이다. 마지막에 나온 "경영진 중에 깐깐한 분"은 두말할 나위 없이 이데 마사타카를 가리킨다.

이데와의 관계와 조직 문화

이데 씨는 안전 계획에 대한 내 생각을 부정하고 자기주장을 말하곤 했다. 특히 신호기 대책은 나를 빼고 진행했다. 안전 투자에 대해서도 철도본부보다 종합기획본부의 의향을 따라 판단했다. 운전직한테는 특히 엄격해서 자주 혼났다. 사고가 나면 설명하기도 전에 화를 내면서 "그놈을 당장 잘라버려"라고 말했다. 나는 승무원한테는 관용적인 편이었는데, 이데 씨는 정반대였다.

그렇지만 JR 서일본을 탄생시킨 분이고, 공적도 크고, 존경하는 분이기에 취조 과정에서 문제점을 비판하기는 꺼렸다. "법정에서는 진실을 말하겠다"라고 했으니 이 자리에서는 껄끄럽지만, 말하기로 했다.

사고 후 본사로 복귀했을 때, 국철 시절의 무사안일 복지부동 체질이 되살아나, 지나친 상명하복 방식으로 누가 지시를 내려주기만 기다리면서 조직만을 우선시하는 분위기가 느껴졌다. 할 말을 자유롭게 할 수 있는 분위기를 만들고자 했다.

사장 자리에 연연하지는 않지만, 3년간 해온 대책이 결실을 맺기 직전에 사임하게 된 것은 아쉽다. 그 후 발각된 정보 유출 문제에 대해서는 변명의 여지 없이 죄송하다. 피해자분들의 심경을 다치게 하는 큰 실수를 저질렀다.

내가 인터뷰했을 때도 야마자키는 이데에 대한 복잡한 심경을 내비쳤지만, "공과를 따지자면, 공적이 크다"라고 말했다. 그러나 사고 후 이데가 유가족 앞에 나서서 사과하지 않은 것은 가장 큰 잘못이라고도 말했다.

검찰 조사에 대해서

검사는 위압적이고 거만했다. 검찰의 시나리오와 다른 대답을 하면 윽박지르면서 책상을 내리쳤다.

속도에 대한 인식을 둘러싸고 검사와 논쟁을 벌였다. 커브의 제한 속도와 탈선 속도 사이에는 상당한 폭이 있다고 그림을 그리며 설명했다. 하지만 검사는 "그런 게 말이 돼?"라고 화내면서 "너는 사장 그만 둬야 돼!" "JR은 망해야 돼!" 등의 참을 수 없는 말을 퍼부었다.

"최악의 경우 탈선할 수도 있다"는 조서에 일단 서명한 이유는 검사가 "실제로 사고가 일어난 걸 어떻게 생각해?" "피해자에게 죄송하지도 않아?"라고 말했기 때문이다. 내 주장이 무시당했다고 생각했지만, 사장이라는 직위에 있으면서 검사에게 대드는 것은 좋지 않다는 생각이 들었다. 나중에 몇 번이나 조서의 수정과 삭제를 요청했지만, 허락되지 않았다. 지금 생각하면 좀더 본질적인 부분을 수정하도록 요구했어야 했다는 반성이 든다.

"3만 명이나 되는 대기업을 관리할 사장 자격이 없다"는 말을 들은 건 가장 큰 굴욕이었다. 철도원으로서의 자부심과 인간으로서의 존엄을 짓밟힌 뒤 진술을 하게 되었다. 그러나 사고를 일으킨 기업의 시장으로서 조서에 서명하기를 거부할 수 없었다.

　검찰의 구형은 금고 3년이었다. 그러나 야마자키에 따르면, 검사는 "운전사가 살아 있었으면 너는 기소 안 됐을 거야" "기업을 형사 처벌할 수 있는 '조직법'이 있었으면 이렇게 안 됐을 거야"라고 말했다고 한다. 그 말이 사실이라면, 검찰 역시 무리한 기소임을 알면서 야마자키에게 책임을 묻지 않을 수 없었던 것이다.

　약 1년에 걸친 재판 끝에 2012년 1월 11일, 판결이 내려졌다. 무죄였다. "예측 가능성은 상당히 낮았기에 주의의무 위반은 인정되지 않는다"라며 야마자키의 주장을 거의 그대로 인정했다. 한편 재판장은 JR의 안전 대책에 대해 "위험성 분석과 ATS 정비 등 방식에 문제가 있었고, 대규모 철도 사업자로서 기대에 못 미치는 수준"이라는 비판도 덧붙였다.

　고베지검은 항소를 단념했고, 1월 26일에 판결이 확정되었다.

독재자의 변명: 3사장 재판

"역사적 쾌거다."

평소보다 고양된 아사노의 코멘트가 여러 신문에 실렸다. 2010년 3월 26일, 고베의 검찰심사회가 역대 사장이었던 이데, 난야, 가키우치에 대해 "기소 의결"을 내린 것에 대한 감상이었다. 아마가사키 시내에 있는 아사노의 사무실에 언론사 취재진들이 들이닥쳤고, 급거 기자회견을 갖게 되었던 것이다. 손을 움직이며 말하는 아사노의 사진을 보니 왼손에는 죽은 아내와 맞춘 결혼반지가 빛나고 있다.

"세 명의 진술이 공적인 장소에서 심의된다는 사실은 의미가 크다."

아사노의 발언이 이어졌다. 재판에 대해서 "진상 규명에는 도움이 되지 않는다"라며 거리를 두었던 아사노였지만, 이데가 법정에 나오게 된 것은 큰 의의가 있다고 느꼈다.

이데가 재판정에 나와 사고에 대해 진실을 밝힐 수 있도록 유가족들은 끈질기게 노력했다.

유가족들이 이데를 비롯한 역대 사장들을 고베지검에 고소한 것은 2009년 1월이었다. 검찰이 불기소 처분을 내리자, 검찰심사회에 심사를 요청했다. 검찰심사회가 2009년 10월에 "기소가 타당하다"고 의결

했지만, 지검은 다시 불기소 처분을 내렸다. 이후 다시금 검찰심사회에 회부되어 2단계인 "기소 의결"을 내린 것이다.● 이로써 업무상 과실치사상죄의 공소시효(5년)를 맞는 2010년 4월 30일까지 세 사람을 기소하게 되었던 것이다.

유가족들은 왜 이렇게까지 이데를 법정에 세우려 했던 것일까?

사고 발생 당시까지 JR의 사실상 최고 권력자였음에도 불구하고, 이데가 사고 이후 공적인 장소에 결코 모습을 드러내지 않았기 때문이다. 앞 장에서 다루었듯이 이데는 사고 직후 신문 인터뷰에 몇 번 응한 이후 월간지 『논좌』 2005년 12월호에 수기를 발표한 것을 제외하면, 사고에 대한 견해나 경영자로서의 책임에 대해 공식 발언을 한 적이 없다. 주주총회에서도 입을 열지 않았고, 유가족과 피해자를 대상으로 한 설명회에도 참석하지 않았으며, 언론사들의 기자회견 요청도 무시했다.

4.25 네트워크를 비롯한 유가족들은 몇 번이나 면담 및 유가족 설명회 참석을 요구했지만, JR은 "유가족 대응은 현직 임원들이 담당하겠다"라면서 거절했다. 야마자키나 사카타를 비롯한 전직 임원들의 발언에 따르면, 사실은 "딱 한 번이라도 좋으니 유가족 설명회에 참석해달라고, 참석해서 고개를 숙여달라고 몇 번이나 부탁했지만, 동의하지 않았다. 말이 통하지 않았다"고 한다.

한편으로 기자들의 비공식 취재(자택에서의 도어스테핑)에는 때때로

● 검찰의 불기소 결정에 대해 이의를 제기했을 때 열리는 검찰심사회에서 두 번 연속으로 기소해야 한다는 결정이 나오면 검찰을 대신하여 변호사가 기소하도록 되어 있다.

응했고, 말도 잘 했다고 한다. 운전사의 개인적 실수라는 견해, 자신을 버린 야마자키를 비롯한 경영진에 대한 비판, 예전 부하들에 대한 평가, 나아가 국철 이래로 이어진 노조 문제와 JR 도카이에 대한 경쟁심에 대해서도 말했다. 검찰심사회의 평결이 나왔을 때는 "나 혼자만 악당이 됐으니, 그걸로 됐습니다. 제가 악당이에요"라고 말했다. 그러나 "재판에서는 철저히 싸우겠습니다"라고도 말했다고 한다.

2008년 1월에는 오사카부 지사 선거에 출마한 하시모토 도루橋下徹를 응원하는 '자발적 지지자 모임'의 핵심 멤버로서, 전직 경제기획청 장관이었던 사카이야 다이치堺屋太一 등과 함께 기자회견에 나서기도 했다. "대변혁에는 젊은 에너지가 필요하다. 재계는 입장을 분명히 해야 한다"라며 하시모토에 대한 지지를 호소했다.

후쿠치야마선 사고가 있기 2년 전까지 이데는 간사이경제연합회 부회장을 지내는 등 재계에서도 활발하게 활동했다. 한때는 차기 회장감으로 유력했고, 자신이 간사였던 간사이경제동우회와의 통합을 주장했다. 국철을 분할한 것과는 반대로 통합에 의한 개혁안이었다(나중에 하시모토가 주장한 오사카부와 오사카시의 통합 재편 구상을 방불케 한다). 그러나 대대적인 개편을 통해 조직의 구조조정과 활성화를 꾀하는 방식은 국철 개혁을 '궁정 혁명'으로 명명하고, 정부도 그렇게 구조조정해서 작은 정부와 자기책임 사회를 지향해야 한다고 열렬히 주장했던 이데다운 '상명하복식 개혁'이었다.

후쿠치야마선 사고와 관련해서는 아무리 간청해도 얼굴조차 드러내지 않던 이데가 갑자기 재계 인사로서 정치적 자리에 모습을 나타내자 JR은 당황했다. 당시 사장이었던 야마자키는 "우리 회사와는 무관하다"라고 코멘트하지 않을 수 없었다.

이데가 JR 임원들과의 견해차를 좁히지 못했던 부분은 특히 조직 문화, 기업 문화 문제였다. "조직 문화가 잘못됐다고 절대 인정할 수 없다"며 기자들에게 말했고, 『논좌』에 실린 수기에도 그렇게 썼다. "내가 지금 후회하는 것은 정부에 의존하는 기업 문화를 뿌리 뽑지 못했던 겁니다"라는 긴 제목으로 다음과 같은 주장을 펼쳤다.

이번 사고의 원인을 "국철을 억지로 민영화해서 이윤을 추구한 나머지 안전을 경시한 것"이라고 말하는 분들이 있는데, 이건 착각이라고 말씀드립니다. 국철 개혁은 일개 기업의 경영 문제에 그치지 않고, 정부 재정을 어떻게 재건할 것인가 하는 국가적 문제입니다. 정부와 국민에게 그런 큰 불편을 끼치면서 단행한 국철 개혁을 거치고 나서 두번 다시 적자를 내서는 안 된다, 그리고 노사 분쟁에만 휘둘려서 안전성과 재정건전성을 소홀히 해 승객들과 국민에게 불편을 끼쳐서는 안 된다, 그것이야말로 출발점이었습니다.
물론 철도 사업의 근간은 안전한 열차 운행이고, 안전이 담보되지 않으면 승객들의 신뢰도 얻을 수 없습니다. 그렇기 때문에 우리 회사가 안전성을 무시하고 효율성을 추구했다는 것은 있을 수 없는 일입니다.

그러고 나서 ATS 설치 지연, 지나치게 빠듯한 배차 간격, 일근교육 등의 논점에 대해 하나하나 반론했다. 조직 문화에 대해서는 "정부에 의존하는 문화를 완전히 뿌리 뽑지 못했다. 100여 년에 이르는 국철의 문화는 그리 쉽게 바뀌지 않았다" "회사 안에서 나의 독단적 방식에 의존하는 분위기가 생겼다. 직원들의 기강이 해이해지는 건 대기업의 영원한 숙제"라며 개혁을 완수하지 못했던 점을 반성했다.

세 사장의 재판은 사고로부터 7년 이상 지난 2012년 7월 6일에 시작되었다. 열일곱 차례에 걸쳐 공판을 거듭했지만, 이데의 말은 사고가 났던 해에 썼던 수기 내용에서 달라진 점이 거의 없었다.

첫 공판에서는 "경영에 관여한 사람으로서 진심으로 사과드린다"며 처음으로 사죄했다. 그러나 예측 가능성이 쟁점이 된 기소 사실에 대해서는 "그런 사고가 일어날 줄은 예상 못 했다"라고 분명히 부정하며 무죄를 주장했다. 그 후의 피고인 심문에서도 "사고 현장은 수많은 커브 구간 중 하나라고밖에 들은 바 없다. 기술적인 안전성은 일선 담당자가 검토했다" "(사고 현장 커브의 위험성에 대해) 예상하는 게 오히려 이상하다고 생각한다"라고 발언했다.

사장 시절의 업무 방식에 대해서는 "저는 강력한 방침을 세우고, 그걸 지켜보는 쪽"이었다면서 높은 곳에서 지켜봤음을 강조했다. 가장 중시한 부분을 묻자 "국철의 분할 민영화로 탄생한 JR 서일본을 발전시키는 게 제 책임이었다. 철도 안전은 대전제였고, 설비 투자에도 신경 썼다" "개혁의 성과는 일정 부분 달성했다고 느꼈다"라고 말했다. 국철 개혁을 성공시킨 자부심을 말하면서 JR 서일본을 몇 번이나 "내 회사"라고 불렀다고 한다.

야마자키 역시 증인으로 나왔는데 "안전에는 엄격했지만, 사고가 일어나면 날카롭게 책임을 추궁하는 방식이어서 저와는 생각이 달랐다" "지진이 있었던 1995년 무렵부터 활발한 대화가 사라졌다. 저 역시 혼나는 일이 많아서 의견을 말하기 힘들었다"라고 증언했다. 피고인인 난야와 가키우치 역시 "할 말을 하기 어려운 분위기가 일부 있었다"라고 말하며 이데의 독재 체제를 인정했다.

그러자 이데는 "그런 분위기는 절대로 없었다. 내가 말을 못 하게 한 게 아니라 주변에서 할 말을 안 한 것"이라며 반발했다. "경영 이념이나 기업 문화를 바꿔야 한다는 생각은 지금도 없고, 기업 문화가 사고 원인이라고도 생각하지 않는다"라며 강력하게 주장했다.

재판의 쟁점 자체는 야마자키 재판에서 나온 것과 비슷했다. 많은 전문가가 "유가족의 심정은 이해하지만, 법적으로는 어쩔 도리가 없다"라고 지적했다. 이데 역시 그 사실을 잘 알고 있었을 것이다. 그는 자기 주장을 서슴없이 말했다. 재판을 방청한 유가족들은 '오만한 독재자'의 모습을 보고, 결과적으로 분노와 낙담만 커졌을 뿐이다.

3명의 역대 사장에 대해 1심, 2심 모두 무죄 판결이 나왔다. 검찰 역할을 한 변호사는 상고했지만, 2017년 6월 재판관 4명의 만장일치로 기각되었다. "사고 현장과 같은 반경 300미터 이하의 커브는 JR 서일본에 2000곳 넘게 있고, 특별히 위험성이 높다고 인식할 수 없었다"는 이유에서였다. "사고가 날 수도 있다'는 정도의 인식으로 형벌을 가하고, 대책을 강제하는 것은 과도한 의무를 부과하는 것이므로 타당하지 않다"라는 보충 의견도 달렸다.

"방청한 유가족들의 심정도 이해해. 나도 화가 나. 그렇지만 개인을 처벌해서 문제를 해결하려는 사고방식에 나는 동의할 수 없어."

재판과는 거리를 둔 이유를 몇 번이나 물은 끝에 아사노로부터 들은 대답이었다. 이데에 대해서는 일찍이 야마자키와 사카타에게 이렇게 말했다고 한다.

　"이데라는 사람은 조직을 강력하게 단결시켜서 움직이는 경영자로서의 능력은 뛰어났겠지. 그런 매니지먼트 능력은 탁월했을 거야. 그렇지만 공공 운수를 담당하는 철도 사업자로서는 실격이라고 할 수밖에 없어. 특히 안전에 대한 인식이 너무 낡았어."

　이 말이야말로 이데에 대한 가장 정확한 평가가 아닐까?

이데 마사타카 인터뷰 1: '천황'의 심경

"지금은 명함이 이것밖에 없어."

그렇게 말하며 건네준 명함에는 "일반사단법인 간사이 사우師友협회 회장"이라 적혀 있었다. 메이지 시대에 태어난 양명학과 동양사상 연구자 야스오카 마사히로安岡正篤를 배우고 기리는 모임이다. 야스오카는 혈맹단 사건• 및 2.26 사건••에 사상적 영향을 끼쳤고, 제2차 세계대전 이후에도 오랫동안 보수 정치인들의 '조언자' 내지는 '흑막'으로 불렸다. 재계에도 그를 신봉하는 사람이 많다고 한다.

이데가 이 모임의 회장을 지냈다는 사실은 알고 있었다. "일본 정신에 의한 국가 개조"를 주장한 야스오카의 사상에 깊이 공감했기 때문일 것으로 추측된다. 몇 년 전 도쿄로 이사한 그에게는 현재 남은 오사카와의 유일한 인연이다.

2017년 9월, 아직 늦더위가 기승을 부리던 도쿄에서 나는 이데 마사타카를 만났다. JR 전임 사장들의 재판이 끝나고 두 달 남짓 지나서였다.

• 1932년 혈맹단이라 불린 우익 국가주의자들이 정재계 인사들의 암살을 시도한 사건.
•• 1936년 우익 국가주의의 영향을 받은 육군 장교들이 일으킨 쿠데타 미수 사건.

82세. 얇은 흰색 재킷을 입은 모습이었다. 작지만 다부진 체구는 그가 여러 기사에서 "럭비로 단련했다"고 말한 그 모습이었다. 백발을 제하면 자연스럽게 가슴을 펴고 당당하게 서 있는 모습은 80대 노인으로 보이지 않았다.

"유가족 아사노 씨가 본 후쿠치야마선 탈선 사고와 JR에 대한 책을 쓰고 있는데 취재를 하고 싶다"는 내용의 편지를 써서 이데와도 교류가 있는 『쇼와 해체』의 저자 마키 히사시에게 전해달라고 부탁했다. 취지가 취지인 만큼 실현되기 어려우리라 생각하며 크게 기대하지 않고 있었다. 그러나 마키 히사시가 애써준 덕분인지 즉각 승낙하는 답장이 왔다. "평범한 관료가 아니"라는 세간의 평가를 실감했다.

인터뷰에는 중개해준 마키와 함께 이데의 바람대로 내 신문사 시절부터의 선배이자 JR 노조와 가쿠마르파 문제를 잘 아는 니시오카 겐스케西岡研介도 함께했다.

내가 알고 싶었던 것은 크게 세 가지였다.

첫째, 사고 직후의 사장 인사였다. 왜 야마자키를 사장으로 뽑았는가? 평소였다면 불가능했을 기술직 사장이 탄생하면서 결과적으로 JR은 이데와 결별하기로 했다. 그 사실을 어떻게 생각하는가?

둘째, 사고 후부터 일관되게 지적된 조직 문화의 문제였다. 독재, 이익 우선, 안전 경시, 할 말을 못 하는 분위기 등 민영화 이후의 경영 방식은 비판의 대상이 되었다. 그러나 이데는 그러한 비판을 인정하지 않고, 오히려 국철 시절의 악습이 남았던 것이라며 반성한다고 했다. 그 부분을 자세히 알고 싶었다.

마지막으로 유족에 대한 심경과 안전에 대한 생각이다. 사고로부터 12년이 지났고, 재판도 끝났다. 이제는 말할 수 있는 부분이나 심경의 변화도 있지 않을까? 유가족 앞에 한 번도 모습을 드러내지 않은 이유는 무엇인가? 아사노와 JR의 공동 검증이나 안전 대책에 대해서는 어떻게 생각하는가?

지금까지 한 취재와 언론 보도를 통해 이데의 논리와 주장은 어느 정도 상상할 수 있었지만, 그래도 직접 그의 말을 들어보고 싶었다.

"뭐든 물어보게."

쉴 새 없이 얼굴에 부채질을 하면서 이데는 점잖은 투로 말했다.

나는 앞 장에서 다룬 사장 인사의 경위부터 물었다. 노조위원장 모리 마사아키의 사장 복귀 요청에 대해서는 어떻게 생각했는가? 받아들이는 대신에 왜 야마자키를 지명했는가?

"복귀하는 게 어떻겠냐는 얘기는 모리뿐 아니라 (JR 동일본의) 마쓰다한테서도 들었어. 그래도 이미 고문으로 물러난 사람이 새삼스레 다시 사장으로 가는 것도 그렇고, 원래 일흔 살이 되면 고문도 그만둘 생각이었어(사고 당시 이데는 일흔 살이었다). 그런 약속을 했거든. 그래서 그런 요청은 고맙긴 해도 흘려들었어.

당시에 내가 회장이었으면 (직접 지휘를) 했을 거야. 그런데 회장을 6년 하고 나서 고문으로 물러난 지도 3년째였거든. 대표권도 없고, 이 사회에도 안 나갔어. 사고 첫 소식도 방에 있는데 비서가 TV를 보라고 해서 알게 됐어. 관제센터에서도, 사장한테서도 연락은 없었지.

그래서 나는 언제든 그만둘 생각이었어. 그렇지만 대표권도 없는 나 혼자 그만둔들 회사의 책임을 다했다고 보기는 어렵잖아. 그래서 난 야와 가키우치도 같이 그만두자고 했지. 그런 큰 사고를 일으킨 회사로서는 당연한 조치고, 둘 다 처음엔 그렇게 생각했을 거야."

그 후 후계자로 여러 명이 하마평에 오른 뒤 야마자키가 떠올랐다. 사카타가 후보로 올렸고, 이데 또한 그를 거명했던 것은 앞서 다룬 바와 같다. 그 의도는 무엇이었는가?

"나는 원래 기술직한테도 (사장의) 길이 열려야 한다고 생각하고 있었어. 그것도 국철 시절에 대한 반성이었지. 사무직이 국철 총재가 돼서 잘난 척해봤자, 실제로 다나카 가쿠에이田中角榮●와 손잡고, 철도를 깔고 조직을 움직였던 건 기술자들이었잖아. 국철도 JR도 기술자 집단이니까 앞으로는 기술자가 사장이 되는 것도 좋겠다고 처음부터 생각하고 있었어. JR 규슈나 JR 시코쿠에서는 이미 기술자가 사장이 되기도 했고 말이야.

그러던 차에 사고가 났잖아. 운전사 때문에 일어난 사고니까 운전직이 선두에 서서 뒤처리를 하고 안전을 점검하는 게 좋겠다고 생각했지. 당시에는 야마자키밖에 없다고 결론을 냈어."

기술자에게도 사장의 길을 열어두기로 생각했다는 게 진심이었다면 임원 인사에도 반영되었을 것이다. 그러나 이데가 사장이 되고 난 후의 역대 임원들을 살펴봐도 그런 흔적은 찾을 수 없었다.

어찌 보면(실제로 그렇게 본 사람이 많았는데) "운전직의 잘못은 운전

● 64~65대 총리(재임 1972~1974). 지방에 철도와 도로 등을 건설해 이권을 분배하는 정치 방식으로 유명했다.

직이 해결하라"는 의미로 야마자키에게 '패전처리투수' 역할을 떠넘겼다고 할 수도 있다. 철도본부의 기술자로 급한 불을 끄고 난 뒤, 어느 정도 진정되면 종합기획본부의 사무직으로 되돌리려 했던 것은 아닐까? 야마자키 본인도 원래 이데의 미움을 받아 자회사로 쫓겨났다고 생각하고 있지 않았던가.

내가 그렇게 지적하자 이데는 강하게 부인했다.

"그건 너무 삐딱한 생각이야. 본의 아니게 인사 이동을 당한 사람 입장에선 좌천이나 경질로 느꼈을지 몰라도 난 개인적인 감정으로 인사를 결정한 적이 없어. 국철 개혁 때 사람을 많이 자르고, 여러 회사로 인원을 분산시키다보니 인재가 별로 없었어. 게다가 내가 뒷일을 맡기려 했던 시라카와 군이나 난야 밑에 있던 다카하시 군이 병으로 죽었어. 그렇게 손발이 묶인 상태에서 어떻게든 조직을 끌어가야 했던 거야.

야마자키는 성격에 좀 흠이 있긴 해도, 고베 대지진 때는 잘했다고 생각해. 나한테 많이 혼났다고 하는데, 나한테 혼난 사람이 한둘이어야 말이지. 장래를 기대하니까 혼도 내는 거지. 그래서 우리 집에 새해 인사 하러 오기도 했고, 사고 전의 고희연에도 오라고 했던 거야."

야마자키는 고베 대지진 당시 철도본부의 부본부장이었다. 자택이 교토에 있어서 피해가 적었던 터라 임원 중에서는 가장 먼저 본사에 도착했고, 이데를 비롯한 다른 임원들이 도착하기 전까지 지휘를 맡았다. 그 후에도 "불통 구간 단축에 모든 것을 걸겠다"며 조기 복구에 공헌했다. 그 공적을 높이 평가한다는 말이었다.

놀라운 사실은 새해 인사와 축하연에 참석할 멤버를 이데가 선별했다는 것이다. 아니, 아직도 많은 기업에서 그런 일이 비일비재할진 모르지만 딱히 부끄러운 기색도 없이 당연한 일로 말하는 감각이 역시 '천황'다웠다.

후쿠치야마선 사고 당일에는 이데의 요코즈나橫綱 심의위원회● 위원 취임을 축하하는 모임이 열리기로 되어 있었다. 물론 취소되었지만, 거기에도 이데의 입맛에 맞는 사람들만 참석할 수 있었을까? 회장 시절 정부의 경제전략회의 위원이나 기타 명예직에 뽑혔을 때도 비슷한 모임이 열렸을까?

사장 인사에 대해서는 하나 더 묻고 싶은 게 있었다. 난야와 가키우치는 왜 회장과 사장을 계속하기로 마음을 바꿨던 것일까? 사임과 후계 인사를 둘러싸고 이데와 난야 사이에 갈등이 생겼던 사실은 앞장에서 다뤘다.

그러나 실제로는 이데가 두 사람을 유임시킨 것이 아니냐는 추측도 있었다. 왜냐하면 난야와 가키우치가 국철 민영화 당시 '연판장'에 서명한 개혁파였기 때문이다. 둘을 남겨둠으로써 "사고의 근본 원인은 민영화였고 국철 개혁은 실패했다"라는 여론과 일부 노조의 공격을 무마하며 국철 개혁의 정당성을 주장하려 했다는 것이다.

그러나 이데는 그 추측도 명확히 부인했다. 그리고 난야의 변심에 대해 이렇게 말했다.

● 요코즈나는 일본의 전통 씨름인 스모의 천하장사. 스모 선수의 요코즈나 승진 여부를 논의하는 심의위원회가 있다.

"5월 중순이었던 걸로 기억하는데, 난야가 갑자기 그만두지 않겠다는 거야. '뒤처리를 하고 나서 적당한 시기에 그만두겠다'고 말이야. 그래서 나는 적당한 시기가 언제냐고 물었어. 그런데 난야는 거기에 대답도 않고, 나한테 '미안하지만 먼저 그만둬달라'고 하더라고. 결과적으로는 그렇게 됐지.

아까도 말했지만, 내가 그만두는 건 좋아. 그런데 대표권이 있는 회장과 사장이 사이좋게 남겠다는 건 상식적으로 봤을 때 이상하잖아. 원래는 비판받을 일 아니야?

그런데 그때는 언론에서도, 사회적으로도 그런 반응이 아니었어. 이데가 그만두는 걸로 일단락됐다고. 대표권도 없는데 말이야. 다들 내 사임이 그 두 사람만큼의 무게가 있다고 본 모양이지?"

실제로 당시 언론에서는 사고 원인을 모두 "이데 독재" 탓으로 몰아가는 분위기가 있었다. 그렇기 때문에 이데가 그만둠으로써 일단락되었다는 분위기도 생겼던 것이다. 거기에 위화감을 가진 기자도 있었지만, 때로는 데스크의 주도로 이데를 비판하는 기사를 써야 했다는 이야기를 들은 적이 있다.

원인을 단순화해서 누군가 개인에게 책임을 덮어씌우고 잘라낸다고 해서 조직은 변하지 않는다. 아사노가 재판에 대해 느낀 것과 마찬가지 문제가 여기에도 있었다. 흔히 "경영진이 바뀌면 조직도 바뀐다"고들 한다. 어떤 면에서는 그렇다. 그러나 이데가 사임한 뒤에도 JR 간부들은 여전히 냉담하고 오만한 관료적 대응을 계속하며 조직 방어만을 우선시했기에 유가족과 피해자들에게 상처를 주고 그들을 분노케 했다. 이데가 사임한 '대신에' 남은 난야와 가키우치가 그 대표적 인물이었음은 지금까지 본 바와 같다.

난야의 변심에는 어떤 이유가 있었고, 무엇이 계기였을까? 그렇게 묻자 이데는 "이건 순전히 추측이지만……" 하고 뜸을 들인 뒤, 국철 개혁 삼인방 중 한 사람인 옛 동지의 이름을 꺼냈다.

"가사이 때문일 거야. 국철 시절 부하였던 난야를 남기고, 내가 없어지면 영향력을 행사하려고 했던 거야. JR 도카이에서 낙하산을 내려보낼 수도 있고, 그래서 남겠다고 한 게 아닐까?"

네 시간 남짓 진행된 인터뷰에서는 가사이 요시유키의 이름이 몇 번이나 나왔다. 현재는 정재계에 큰 영향력을 행사하게 된● 옛 후배에 대한 배신감과 경쟁심이 드러났다.

● JR 도카이 회장이었던 가사이 요시유키는 인터뷰 당시 총리였던 아베 신조와 각별한 사이로 알려져 있다.

이데 마사타카 인터뷰 2: 통치자의 시선

난야, 가키우치와 이데 사이의 틈은 인사뿐 아니라 조직 문화에 대한 인식에서도 드러났다. 이데가 처음 이상하다고 느낀 것은 사고 직후 연휴가 끝나고 열린 2005년 5월 13일, 의회 국토교통부 위원회에서 가키우치가 "기업 문화 개혁을 위해 노력하겠다"고 발언했을 때라고 한다.

"의회에서 가키우치가 무슨 말을 할지는 몰랐어. 이상한 소리를 한다 싶었지. 그건 자기네 현역 경영진은 책임이 없고, 선배들이 쌓은 문화에 문제가 있었다며 도망친 거잖아. 민영화 직후에 무라이 회장은 현장을 돌면서 국철의 상식은 사회에선 몰상식이라고 말했어. 나와 쓰노다 사장도 정부에 의존하는 문화를 어떻게든 바꾸려고 했지. 그런 노력들을 완전히 부정해버리다니 말이야.

기업 문화는 직원 전체가 가진 행동 방식과 사고방식, 말하자면 정신적 기반 같은 거잖아. 그건 고베 대지진 때도 드러났지. 직원들도 이재민이면서 그런 일을 해낸 거야. 민간 기업이 되겠다, 상장 기업이 되겠다, 그렇게 생각하면서 모두가 노력한 결과야. 좋은 회사를 만들었다고 나는 생각해."

한편으로는 고베 대지진 이후 이데의 눈치만 보게 됐다고 하는 임원들의 지적도 인정했다.

"복구 기간과 비용을 내가 처음에 딱 맞춰버리고 나서 나한테는 반항할 수 없다는 분위기가 생겨버렸어. '이데는 대마왕이다'라는 소리도 있었지. 아닌 건 아니라고 말할 수 있는 사람이 없어졌어. 다들 스스로 결정도 못 하고, 판단도 못 하고, 내 눈치만 살피면서 명령을 기다리더라고. 이데 그룹이라는 말도 나왔지. 그럼 안 된다고, 벌거벗은 임금이 돼버린다고 생각해서 나는 빨리 물러나고 싶었어. 언제까지나 나한테 의존하면 안 되니까."

실제로 이데는 고베 대지진 이후 1년이 지나서부터 이렇게 말했다.

"여러분은 명령을 받아 주어진 일을 훌륭히 실현했다. 그러나 안타깝게도 그 능력을 스스로 발휘하려고 하지 않는다. 스스로 날아오르려고 하지 않는다."(1996년 7월, 사내 신문)

"안전을 최우선시하는 철도에서는 규정을 중시하고 명령이 절대적인 분위기가 있어서 아무래도 명령을 내려주기만 기다리기 마련이다. 요즘에는 내 존재 자체가 직원들의 발목을 잡는 것 같다는 생각이 든다."(1996년 8월, 『일본경제산업신문』)

JR의 조직 문화에 대한 이데의 주장을 정리하면 다음과 같다.

민영화 직후나 고베 대지진 같은 상황은 '전시'였으니 자신이 모든 것을 결정했다. 윽박지르며 명령하기도 하고, 그것이 일정한 성과를 거뒀다. 그러나 직원들이 자신에게 의존하는 심리가 생기면서 아무것도 결정하지 못하게 되었다. 자신의 눈치만 보고 아부하면서 책임감도 없어졌다. 창업기에는 그래도 괜찮지만, 수성기에 들어서 10년이 지났으면 바뀌어야 한다. 그래서 주식 상장 이후 회장으로 물러났고, 현장에도 관여하지 않게 되었다.

그러나 회사는 바뀌지 않았고, 오히려 국철 시절로 되돌아가버렸다. 난야가 독자적으로 시가라키 사고의 판결을 수용하기도 했지만, 그 부분은 납득할 수 없었다. 그리고 후쿠치야마선 사고가 일어나자 기업문화, 즉 자신을 비롯한 역대 경영진의 잘못이라고 한다. 회사 전체가 책임을 회피하게 됐다. 그런 전략으로 조직을 지키면서 난야와 가키우치는 자기 지위를 유지했던 것이다.

이데의 관점으로는 말이 되는 스토리일 것이다. 그러나 다른 관점에서 보면 몇 가지 모순이 생긴다. 관료주의의 원인으로 지적된 예산, 법령, 전례의 제약이 민영화 이후에는 '이데의 의향'이라는 좀더 강한 제약으로 일원화되었을 뿐 아닌가? 스스로가 직원들의 손발을 묶고, 실수를 질책하면서 말로만 "눈치 보지 마라" "자유롭게 생각하라"고 했던 것이 아닌가? 말로는 "다른 사람한테 물려주고 싶다" "언제까지 나한테만 의지할 것인가"라고 하면서도 부하들이 독자적으로 결정한 일에는 "잘못된 판단"이라며 불만을 토로하지 않았던가?

이야기는 국철 개혁으로 이어졌다. 인터뷰 후반은 대부분이 그 이야기였다.

"국철 개혁이 얼마나 위대한 일이었는지를 이해하지 못하면 무슨 말을 해도 못 알아들을 거야. 나무를 통째로 잘라버리는 개혁을 한 거야. 혁명이었다고. 20년, 30년으로 끝날 일이 아니야. 노조 문제도 (가쿠마르파와의 관계가 지적되는 동력차노조 출신이 주류인) JR 동일본이나 JR 홋카이도를 보면 알 수 있듯이 해결이 안 됐어. 언제 또 국철 시절의 악몽이 되살아날지 몰라. JR 서일본만의 문제가 아니라 JR 전체의 문제야. 그 부분을 고치려면 독재자가 될 수밖에 없지. 독재자가 되어야만 했던 거야."

이데는 오쿠보 도시미치大久保利通●의 이름을 꺼냈다. 이데는 자신을 메이지 유신을 성공시킨 주역에 비유한 것이다. 이데의 주변을 취재하다가 몇 번 들은 이야기다. 함께 있던 마키 히사시가 동조했다. 오쿠보는 위대한 혁명을 성공시켰기에 암살당했다. 이데 역시 '당한' 것이라고 마키는 말했다. 이데는 국철 개혁의 전모를 파악하고 있는 베테랑 저널리스트의 말에 끄덕였다.

유가족 앞에 나설 수 없었던 이유도 여기에 있다고 이데는 말한다.

"사고 이후 3년간 나한테는 말할 기회가 주어지지 않았어. 회사에 대해 너무 잘 알고 있었고, 조직 문화가 나빴다고 인정하지 않아서였지. 주주총회에서도 아무 말 하지 말라 하고, 추모식에도 안 부르더라고. 입막음을 당한 거야.

그런데 3년이 지나니까 유가족 앞에 나와달래. 2009년 8월에 설명회가 있다고, 야마자키의 (정보 유출) 문제 규탄 모임에도 와달라고 했어. 그때, 야마자키가 찾아왔을 때 나는 말했지. 나가도 좋아. 근데 가서 조직 문화는 문제없었다고 말할 거라고. 회사가 지금까지 한 설명

● 메이지 유신을 성공시키고 정부 체제를 확립한 인물. 1878년 암살당했다.

과 달리 내 주장을 당당하게 말할 거라고. 그래도 되겠냐고 했더니, 그건 안 된다면서 돌아가더라고.

난야가 혼자서 찾아온 적도 있는데 역시 말이 안 통했어. 나중에 편지로 '이런 회사를 만든 책임자의 한 사람으로서 죄송하게 생각한다'는 한마디만 해달라고 했어. 무슨 소린가 싶었지. 그러면 국철 개혁을 부정하게 되잖아. 입이 찢어져도 그런 말은 못 해. 그래서 유가족 앞에는 못 나가겠다고 한 거야."

그로 인해 야마자키가 "(이데와의 인연은) 기본적으로 끊겼다"라고 말하게 되었다. 당연히 이데는 납득할 수 없었다. 그는 언성을 높였다.

"인연이 끊긴 게 아니라 인연을 끊어버렸던 거지. 나를 종양 취급하면서 영원히 추방하겠다는 거야. 누구 덕에 사장이 됐는데, 그런 말할 자격이 있어?"

말할수록 감정이 격앙되는 게 느껴졌다. 사고 원인에 대해서는 "순전히 운전사 잘못. 그것 말고는 없어"라고 단언하면서 운전사의 성격과 능력 문제를 늘어놓았다.

유가족에 대해서는 지금 어떻게 생각하느냐고 묻자, 자세를 바로하고 "이런 사고를 일으킨 회사의 일원으로서 도의적 책임은 절실히 느낀다. 재판이 끝나고 나서 매우 죄송하다는 기분이 더욱 커졌다"라고 말했다.

나는 아사노의 생각을 전달했다. 이데를 비롯한 누군가 개인을 처벌하는 것으로 만족할 수는 없다. 안전은 개인의 책임이 아니라 조직적·구조적 문제로 보고 접근해야 한다고 생각한다. 그러기 위해서 오랫동안 JR에 이런저런 요구를 했다.

이데는 여기에 정면으로 반박했다.

"사고에서 회사의 책임, 조직의 책임은 없어. 그런 건 허상이야. 조직적으로 사고를 막는다는 건 불가능해. 개인의 책임을 물을 수밖에 없지.

철도에 '절대 안전'이란 건 불가능해. 한번 사고가 나면 이 부분을 고치자, 다시 사고가 나면 저 부분을 고치자, 그걸 반복하는 경험이라고. 오히려 절대로 사고를 일으키지 않겠다는 자만심이야말로 사고를 일으키지. 사고의 싹은 무수해. 어떤 게 대형 사고로 이어질지는 아무도 몰라. 그래서 본사, 지사 간부들이 매일 현장을 돌면서 작은 싹을 발견하면 하나씩 뽑아야 돼.

그 노력이 부족했어. 가만히 놔두면 현장은 금세 나태해져. 좋은 게 좋은 거라고 원래대로(국철 시절로) 돌아가버려. 관리해야 할 간부가 현장을 안 돌아다녀서 사고를 못 막은 거야."

이데가 아사노의 생각을 정확히 이해한 것 같지는 않았지만, 솔직히 말해서 이데의 주장 역시 일리가 있었다. 이데가 말하는 "현장 중심"에 공감하는 사람은 아마 지금도 적지 않을 것이다. 철도의 역사는 사고의 역사고, 그 덕분에 안전성이 향상되었다는 주장도 흔히 듣는 말이다. 일반론으로 따지면 맞는 말일 것이다.

그러나 여기에는 안전 기술의 진보 뒤에서 희생된 사람들에 대한 시선이 없다. 가족을 잃은 사람의 비탄에 조금이라도 멈춰 서서 귀를 기울일 자세가 돼 있지 않다. 이데의 눈에는 무수한 사고에 우연히 조우해버린 불행한, 무명의 개인들로만 보인 것이 아닐까? 조직과 전체의 발전을 위해서, 혹은 거대한 역사와 대의 앞에서 '개인'의 존재는 짓밟히고, 배제되어도 어쩔 수 없다는 신념을 강하게 갖고 있는 것이 아닐까?

철저하게 통치자의 시선인 것이다. "수십만 명의 조직을 움직이고 싶다"라며 국철에 들어갔을 때부터 그는 그렇게 생각했을 것이다. 이윽고 조직의 규칙과 질서가 어지럽혀진 것을 바로잡고자 소수 정예의 엘리트들을 모아 '궁정 혁명'을 일으켰다. "내 회사"라고 부른 JR 서일본에서도 선두에 서서 개혁의 깃발을 흔들며 국철의 적폐와 싸웠다. 그리고 지금도 그에게 국철 개혁은 끝나지 않았다. '총사령관'의 자부심을 가슴에 안고, 국철의 환영幻影과 싸우고 있다.

인터뷰를 마치고 나는 이데를 향해서 이렇게 말했다.

"말씀하신 이야기는 꽤 흥미로웠고, 궁금증도 상당 부분 해소되었습니다. 감사드립니다. 그렇지만 편지에도 썼던 것처럼 저는 아사노라는 유가족의 심정을 대변해서 이 자리에 왔습니다. 아사노의 입장에서 봤을 때, 이데 씨의 사고에 대한 인식과는 거리가 멀고, 어떻게 해도 메울 수 없는 간극을 느낀 것 역시 사실입니다. 그 부분에 대해서는 가감 없이 책에 쓰겠습니다."

이데는 말했다.

"내 발언에는 책임을 질 거야. 당신이 어떻게 받아들이더라도, 아무리 나쁘게 쓰더라도 상관없어. 그렇지만 정확한 사실만 써. 억측을 섞거나 쓸데없는 수식어를 더하지는 마."

평범한 관료와는 다르다. 그의 주변을 취재하면서 여러 번 들은 말을 다시 한번 떠올렸다.

"JR 서일본의 천황"이라 불렸던 이데 마사타카의 말을 가능한 한 정확히 기록했다고 생각한다.

제3부

안전을 위한 싸움

다시 말해서 문외한의 외재적 비판을 '과학'에 더해야 한다. (…) 문제는 그 역사사회에서의 과학 전체의 원리인 것이다. 외재적 비판이란, 근대 과학의 개별적 지식 등은 경우에 따라 수용하면서, 원리적으로는 대립하는 스타일의 비판인 것이다.

무라오 고이치, 『죽음에 이르는 문명: 공해론 입문』

대화

—

과제검토회 1: 하나의 테이블

살짝 열린 문틈 사이로 보이는 회의실, 아사노의 험악한 표정이 카메라에 잡힌다.

"그기 아이다. 우리는 목숨이 걸려 있데이."

화가 난 목소리로 책상을 내려친다. 긴장된 분위기가 한층 더 긴박해졌다. 아사노 앞에 앉은 JR 간부들은 고개를 숙이고 입을 다문 채 아무 말도 하지 않는다. 아사노가 계속해서 화난 목소리로 소리치는 와중에 문이 닫힌다.

2015년 4월 20일, NHK의 「클로즈업 현대」에서 "생명을 잇는 대화: 유가족과 JR의 10년"이라는 제목으로 방영된 프로그램의 첫 장면이다. 촬영 장소는 JR 본사 옆에 있던 오사카 야요이회관(2015년 9월 폐관)이다. 그곳이 후쿠치야마선 탈선 사고의 유가족과 회사 간부들이 마주 앉아 공동 검증을 한 장소였다.

2009년 12월 25일에 시작되어 1년 4개월 동안 도합 열여섯 번의 회의를 가졌다. JR 측 참석자는 "처음에는 견해차가 컸지만, 전체적으로는 냉철하고 이성적인 대화였다"라고 정리하는 반면, 유가족에서는 "마지막까지 입장 차이를 메우지 못했다"라고 말하는 사람이 많다.

증언과 보고서를 통해, 유례가 없었던 공동 검증의 전모를 파악하고자 한다.

과제검토회 참석자는 아사노, 기노시타 등 4.25 네트워크 유가족 7명과, JR에서는 부사장 겸 철도본부장 니시카와 나오키, 피해자 대응본부장 나카무라 히토시中村仁, 안전추진부장, 운수부장, 인사부장 등 8명, 여기에 논픽션 작가 야나기다 구니오가 옵서버로 참가해서 한 달에 한 번, 2시간 30분 정도 회의를 했다.

니시카와와 나카무라는, 야마자키가 약속한 공동 검증을 실무적으로 조율하고 실제로 대응한 핵심 인물이었다.

기술직의 엘리트인 니시카와는 토목이 전문이어서 선로 부설과 개량, 역 설치, 역 빌딩 건설 등 대형 공사를 혼자 떠맡으며 건설 공사 부문에서 '공사 전문가'로 경력을 쌓았다. 사고 당시에는 오카야마지사의 지사장이었다.

"건널목 사고라는 첫 소식을 듣고 나서 TV를 켰는데, 사고 현장을 보고 전율했다. 그렇게까지 심각한 상황이 건널목 사고일 리 없다고 직감했다."

니시카와의 말이다. 6개월 뒤인 2005년 11월 철도본부 부본부장 겸 안전추진부장으로 본사에 돌아와 안전 계획을 철저히 하고, 사고조사보고서가 지적한 문제점을 개선하고자 노력했다. 마루오 가즈아키 부사장의 진술이 비판을 받았던 공청회(제3장) 당시, 마루오와 사전에 면밀한 조율을 통해 원고를 작성하기도 했다. "그런 의미에서는 내 책임도 크다"라고 말한다.

한편 사무직 엘리트인 나카무라는 사고 당시 총무부장이었다. 사고 직후부터 피해자 담당으로, 본사와 지사, 계열사에서 직원들을 긁어모아 대응 부서를 조직했다. 이후 7년 2개월 동안 피해자 담당 창구 역할을 했다.

4.25 네트워크의 항의와 요구, 유가족설명회, 나아가 추모식과 배상 협상까지 맡으며 아사노와 가장 자주 만났고, 가장 많이 대립한 간부였을 것이다. 아사노가 공동 검증을 정식으로 요청하는 문서를 제출하기 몇 달 전에 협의한 상대 역시 나카무라였다. 아사노가 처음에 제시한 "사고의 진상과 책임 소재를 조직적·구조적 문제로 규명한다"라는 초안에서 "책임"이라는 표현을 삭제하도록 함으로써 회사가 수용할 수 있는 형태로 만들었다.

사고 이후 몇 년간 JR의 대응이 유가족의 반발과 비판을 불렀던 사실에 대해 니시카와와 나카무라는 어떻게 봤을까? 몇 가지 사례에 대해 묻자, 당시 회사 사정과 배경을 설명하면서도 "그 부분이 유가족에게 어떻게 비칠지에 대한 배려가 부족했다" "피해자의 관점에서 보는 게 중요하다는 걸 알았다"라고 이구동성으로 말했다. 그리고 4.25 네트워크뿐 아니라 다른 피해자들이 "JR의 설명을 직접 듣고 싶다"고 요구할 때는 그룹 차원에서나 개인적으로 얼마든지 응하겠다고 했다.

공동 검증은 네 가지 주제로 이뤄졌다. 일근교육, 열차 시간표, ATS, 안전관리 체계였다. 사고 직후부터 아사노가 주목했고, 사고조사보고서에서도 중점적으로 다루었던 항목인데, 재고하기로 했다. 유가속의 의문과 지적에 대해 JR은 회사 자료와 데이터를 통해 대답했다. 납득되지 않으면 다시 질문하고, 또다시 질문하면서 합의를 통해 개선 방향을 모색한다. 그런 식으로 하나의 주제에 대해 두세 번씩 회의를 했다. 유가족 대표 7명에게는 각각 중시하는 포인트가 있었다.

예를 들어 기노시타는 시간표 편성, 특히 역과 역 사이의 소요 시간에 관심을 가졌다. 그 역시 출퇴근할 때 후쿠치야마선을 이용했다. 장남이 죽은 열차보다는 이른 시간대였는데, 사고가 나기 1년 전부터 이상하다고 느끼던 차였다.

"저는 2000년부터 도쿄에서 근무하다가 2004년 4월에 다시 돌아와서 후쿠치야마선을 이용하게 됐어요. 그랬더니 그 전보다 속도가 빠르다는 걸 확연히 느낄 수 있었죠. 급정차하면 몸이 붕 뜨기도 하고, 고무나 금속이 타는 냄새가 나기도 했어요. 역에 도착했다 싶으면 금세 문을 닫고 출발했고, '정시운행에 협조해주십시오'라는 안내 방송도 자주 나왔어요. 지연에 예민해졌다는 걸 알 수 있었죠.

사고조사보고서를 읽고 나서 그 사실을 새삼 떠올렸어요. 애초에 시간표에 문제가 있었던 거예요. 그런데도 정시운행에 대한 압박만 심해지다보니 운전사는 초조해져서 제한속도까지 속도를 올렸던 거죠. 그러다 늦으면 일근교육이니까요. 그것도 정시운행을 지키려다 그렇게 된 거잖아요. 무리한 시간표 편성이 모든 문제의 근원이라고 생각하게 됐습니다."

사고조사보고서가 나온 2007년부터 2년간 기노시타는 매일 운전석 바로 뒤에 타고, 휴대전화 시계로 역마다 도착 시간과 출발 시간을 측정했다. 사고 전에는 정차 시간이 15초로 설정된 역도 있었는데 사고 후에 20초 이상으로 늘렸다고 JR은 말했다. 그러나 문을 여닫는 시간까지 포함하면 5~10초 이상 지연되었다. 지연이 축적되면 속도를 올려서 만회하는 "회복 운전"을 하는 수밖에 없고, 그게 가능한 건 사고 현장 직전의 직선 구간밖에 없다.

JR은 그러한 실태를 알고 있는가? 이러다간 다시 사고가 나는 게 아닌가? 기노시타는 그렇게 물었다.

JR의 설명은 이랬다. 시간표는 "주요 역 사이에 정시운행할 수 있는" 것이 기본이고, 다카라즈카와 아마가사키 사이의 여덟 역(그중 쾌속이 정차하는 역은 나카야마데라, 가와니시이케다, 이타미)을 하나의 그룹으로 보며 '소요 시간'을 설정하고 있다. 소요 시간은 전철이 역 사이를 운행하는 '기준 운전 시간'과 역에서 승객이 승하차하는 '정차 시간' 그리고 '여유 시간'으로 구성되어 있다. 그중 여유 시간은 구간 중 어디에서나 소비해도 되므로 역마다 지연을 계산할 필요는 없다. 어디까지나 아마가사키 역의 도착 시간이 중요하다.

사고가 난 전철의 다카라즈카-아마가사키 구간의 소요 시간은 16분 25초였고, 기준 운전 시간 15분 35초 외에 28초의 여유 시간이 있었다. 사고 전 3개월 동안의 데이터를 보면 중앙치로 봤을 때 2초밖에 지연되지 않았다. 거의 시간표대로 정시운행하고 있었고, 시간표 편성에 문제는 없었다.

이러한 JR의 설명에 기노시타는 반발했다.

"그런 문제가 아니다. 그건 사고 전의 시간표를 설명하면서 적절했다고 주장하는 것에 지나지 않는다."

그러고는 다시 질문했다. 빨리 도착하는 것만을 우선시한 나머지, 실태를 충분히 조사하지 않고 시간표를 만들었던 게 아닌가? 거의 매번 지연을 만회하기 위해 속도를 올려야 하는 이유는 "주요 역 사이를 정시운행할 수 있다"는 전제 자체가 잘못되었기 때문이고, 여유 시간에 대한 설명도 허상이 아닌가? 사고 후에 개정한 시간표를 검증한다고 하는데, 사고 전에 한 검증과는 무엇이 다른가? 그 결과가 시간표에 반영되지 않는 이유는 무엇인가?

그러나 전혀 납득할 수 없는 대답만 돌아왔다.

"이딴 설명은 아무리 들어도 소용없어!"

화가 난 기노시타는 결국 자리를 박차고 나갔다. NHK 프로그램에는 그다음 장면에 "제한속도 직전까지 운전하다보면 운전사가 실수할 수밖에 없다. 그걸 문제라고 생각하지 않는 사고방식이 무섭다"라고 말하는 기노시타가 나온다.

지금은 쓴웃음을 띠며 이렇게 회상한다.

"그대로 듣기만 하다간 뚜껑이 열릴 것 같았어요. 그러면 다른 유가족분들께도 민폐일 것 같아서 자리를 박차고 나왔죠. 고생해서 겨우 얻은 자리를 망치면 안 되잖아요. 그 부분은 냉철하게 생각하고 있었죠. 그다음 회의에는 다시 아무 일 없었던 것처럼 갔지만요. 다들 제가 다시 안 올 거라고 생각했나봐요. 그래도 진실을 알고 싶으니까 갔던 거죠."

처음에 아사노가 언성을 높이던 장면도 시간표에 대한 공방 중에서였다.

JR은 운전사 30명에 대한 설문조사 데이터를 보여줬다. 전철의 지연에 스트레스를 느끼냐는 질문에 대해 "거의 느끼지 않는다"와 "조금 느낀다"가 27명, "상당히 느낀다" "매우 강하게 느낀다"가 3명이었다. JR은 "스트레스를 느끼는 비율은 10퍼센트에 불과하다. 문제없다"고 설명했다.

"그기 아이다. 데이터 해석이 틀렸다 아이가."

아사노는 지적했다.

"우리가 보기엔 10퍼센트나 되나 싶었지. 전체 중에서 소수니까 문제없다고 하는데, 10분의 1이든, 100분의 1이든 사고를 당한 쪽에서 보면 그 낮은 확률로 발생한 일 때문에 인생이 결딴나고 가족을 빼앗긴 거잖아. 왜 그걸 모르는가 싶었어."

기노시타의 비판은 더 신랄했다.

"저는 통신 관련 제품을 만드는 일을 하는데, 제조 공정에서 10퍼센트나 불안이 있으면 제품은 못 만들어요. 그리고 어떻게 보면 스트레스를 느끼지 않는다고 대답한 90퍼센트가 더 위험할 수도 있어요. 괜찮다고 방심하고 있는 쪽이 실수할 가능성이 높다고 볼 수도 있죠.

결국 간부들은 현장의 실태를 모르는 거예요. 데이터만 보고, 중앙치가 어떻고, 몇 초 지연이니까 문제없다고 하는 거죠. 그렇지만 현장에서는 '동그라미 친다'는 은어가 있어요. 작은 실수는 모른 척하고 보고도 하지 않는 게 일상적이에요. 숫자에 나타나지 않는 실수나 사고 징후, 스트레스를 느껴도 말 못 하는 심리가 있는 거죠. '감점 방식의 성과주의' 풍조가 강해졌다고 현장 직원한테 들었어요. 그런 부분까지 개선해야 되는데, 표면적인 데이터와 이론만 보고, 안전을 장담할 수 있다고 생각하는 거예요."

"겨우 10퍼센트가 아니라 10퍼센트씩이나" 된다는 아사노의 지적에 참석자였던 과장은 NHK 프로그램에서 이렇게 말했다.

"지적을 듣고 부끄럽게 느꼈다. 머리로는 안전이 99퍼센트로는 부족하고 100퍼센트여야 한다고 알고 있었는데, 정곡을 찔렀다."

기노시타가 강력하게 주장한 시간표 문제에 대해서도 JR은 보고서에 다음과 같이 기록했다.

"여유 시간을 단축한 시간표가 운전사에게 미치는 심리적 영향에 대한 연구는 아직 착수하지 않았다. 여유가 없는 시간표가 실수를 저지른 운전사에게 스트레스를 줄 가능성이 과제검토회에서 제기되었음을 중요하게 직시할 필요가 있다."

유가족들은 왜, 그리고 어떻게라는 물음을 지우지 않았다. 전문적인 내용이라고 해서 포기하고 "대강 이해했다"라며 넘어가지 않았다. 의문점과 궁금한 부분을 솔직하게 몇 번이고 물었다. 책임을 추궁하기 위해서가 아니라 사실을 규명하고 원인을 밝히기 위해서였다.

기노시타는 말한다.

"부모인 내가 납득하면, 죽은 아들도 납득해줄 것 같았어요. 그 생각뿐이었죠."

과제검토회 2: 2.5인칭 시점

JR 책임자였던 니시카와는 과제검토회에서 유가족과의 대화를 이렇게 회상한다.

"철도는 아주 복잡하고 거대한 시스템이다보니 전문 용어나 계산식도 나옵니다. 그 부분을 어떻게 이해하도록 설명할 수 있을지, 처음에는 시행착오를 거듭했어요. 저희도 숨김없이 진지하게 설명해드리려 했는데, 초점이 빗나가서 '그런 걸 묻는 게 아니다'라며 혼나기도 했어요. 그때마다 자료와 데이터 작성, 설명 방법 등을 검토하면서 시행착오를 거듭했죠. 여러 번 반복해서 공을 던지다보니 조금씩 초점을 맞추게 된 것 같은 느낌입니다."

자료 제시 방식의 한 예로 '왜왜 분석'이 있다. 원래는 도요타의 생산 방식으로 유명한데, JR의 철도종합기술연구소가 휴먼에러 분석 방법으로 장려했고, JR 서일본에서도 받아들였다. 실수의 원인을 모두 열거하고, 그 배경 원인으로 거슬러 올라가며 "왜? 왜?"라는 물음을 되풀이한 결과를 플로 차트flow chart로 작성하는 방식이다.

과제검토회에서는 야나기다 구니오의 제안으로 "해당 운전사의 브레이크 작동이 늦었던 이유"를 분석했다.

· 운전사가 다른 데 정신이 팔려 있었다.

↓

· 차장과 관제센터의 무선에 유난히 주의를 기울이고 있었다.

· 차장과 관제센터의 무선 내용을 메모하려 하고 있었다.

· 차장이 말한 8미터가 너무 짧아서 당황했다.

· 차장의 보고 내용을 듣고 안도한 나머지 딴짓을 했다.

· 차장이 말한 8미터 오버런에 부합하는 변명을 생각하고 있었다.

· 운전사를 그만두게 될지도 모른다고 생각하고 망연자실했다.

· 회복운전을 통해 얼마나 지연을 만회할 수 있을지 생각하고 있었다.

↓

· 차장에게 차내 전화로 허위 보고를 요구하고 그 결과를 걱정하고 있었다.

· 전철의 운전 상황을 허위 보고 내용에 꿰맞추려고 생각하고 있었다.

↓

· 5418M, 이타미 역에서 정차 위치가 잘못되었지만, 오버런한 거리를 축소해서 보고해달라고 차장에게 부탁했다.

↓

· 회송 5418M, 다카라즈카 역에서 과속 등으로 일련의 문제를 일으켰지만, 이를 은폐하기 위해서 정해진 절차를 지키지 않고 차장 및 관제센터에 보고하지 않았다.

이런 식으로 거슬러 올라간 플로 차트는 최종적으로 본사와 지사의 안전관리 체계로 이어진다.

· 국철 시절에 대한 반성 때문에 안전 확보를 위해서는 직장에서의 규율 확립이 중요하다고 생각했다.
· 원인과 배경을 다각적으로 분석하고, 적절한 사고 방지책을 수립하는 관점에서는 충분한 노력이 이뤄지지 않았다.
· 안전 확보를 위해서 신상필벌이 매우 효과적이라고 생각하고 있었다. (그 외 세 항목)

여기에도 일부 나와 있듯이 보고서 결론 부분에서 JR은 회사의 직원 관리와 이른바 조직 문화를 솔직하게 반성했다.

"사고 대책이 과거에 발생한 사고나 사태에 대한 대증요법, 즉 경험적 발상에 그치고 있어 휴먼팩터에 대한 이해가 부족했다. 그 때문에 실수를 보고하기 쉽게 만들려는 노력이 부족했고, 사고의 징조를 알아채지 못했다. 위험성을 정량적으로 규명하지 못하고, ATS-P 정비를 서두를 생각을 하지 못했다. 국철 시절 해이해져 있던 규율에 대한 반성과 회사 발족 이래로 이어진 상명하복 방식으로 인해 직원 관리와 재교육이 징벌적이었고, 개인의 책임을 추궁하는 문화가 되었다."

앞 장에서 이데가 내게 했던 말과 거의 정반대라 할 수 있다. 물론 이 보고서는 이데 개인을 배제하거나 그의 공적을 부정하는 것이 아니고, 책임을 추궁하는 것도 아니다. 이데가 이끌고 확립했던 '이데 그룹'으로서의 과거와 결별하고, 국철 개혁 이후로 이어진 조직 문화와 발상으로부터 탈피해 새로운 시대의 안전 사상과 그에 걸맞은 조직을 지향하기 위한 첫걸음으로 볼 수 있다.

후쿠치야마선 사고의 가장 큰 원인은 무엇이었는가? 거기서 얻은 교훈은 무엇인가? 내가 총정리를 해달라고 하자 니시카와는 잠시 생각하다가 이렇게 대답했다.

"결코 안전을 경시했던 건 아닙니다. 그렇지만 안전을 지키기 위한 구체적인 대책이 없었어요. 잠재적인 위험성을 발견하고 대처할 수 있는 기술이 부족했던 거죠. 그걸 확립하기 위해서 2008년 안전기본계획으로 시작한 게 위험성 평가(위험성을 사전에 발견해서 분석·평가하고 대책을 세우는 일)입니다. 작은 실수나 불안까지도 전부 책상에 올려놓고 검토하는 거죠. 문제를 파악하면 절대 방치하지 않기로 말이죠. 마음가짐이나 의식의 문제가 아니라 구체적인 시스템을 만들지 않으면 안 됩니다."

그가 이렇게 말할 수 있었던 것은 아사노와 기노시타를 비롯한 유가족과의 대화 덕분일 것이다.

보고서 말미에 야나기다 구니오가 인상적인 글을 썼다.

지금까지의 사고, 재해, 공해 문제에서는 피해자의 존재가 너무 가볍게 다뤄졌다. 원인을 제공한 기업에서는 피해자를 손해배상과 보상을 청구해오는 상대라는 이해관계로밖에 보지 않았다. 사고 조사에서도 전문 지식이 없다는 이유로 피해자는 경시됐고, 오히려 객관성을 유지하기 위해 거리를 둬야 할 대상으로 보았다. 재발 방지와 안전성 향상을 지도하는 정부도 피해자들에게 관심을 갖지 않았다. 말하자면 피해자를 '건조한 3인칭 시점'으로 봤던 것이다.

그렇게 설명한 끝에 야나기다는 이렇게 기록한다.

"나는 우리 사회가 풍부한 인간성을 되찾기 위해서는 피해자(1인칭)나 사회적 약자(1인칭) 및 그 가족(2인칭)에 가까운 관점을 지녀야 한다고 느낀다. '이게 우리 부모님, 배우자, 자식들이었다면'이라고 생각하는 자세다.

물론 전문가나 조직의 관점(3인칭)에 요구되는 객관성과 사회성을 잃어서는 안 된다. 그러한 객관적 시선을 유지하면서도 피해자와 유가족을 위한 대응을 나는 '2.5인칭 시점'이라고 부른다. 과제검토회에서 JR이 유가족에게 다가가려는 대응 방식에서 나는 '2.5인칭 시점'에 가까운 자세를 느꼈다."

야나기다에게 과제검토회에서 본 아사노의 인상을 묻자, 이렇게 대답했다.

"아사노 씨는 진행자 역할을 했기에 JR의 설명에 분노나 부족함을 느껴도 결코 토론을 중단하려 하지 않았어요. 기노시타 씨가 자리를 박차고 나갔을 때도 잘 무마했고요. 건축이나 도시계획을 전공한 분이라 그런지 무척 합리적으로 생각하더군요. 전체를 보고 총괄하는 관리자나 조율자로서의 관점을 가지고 있었어요. 과제검토회가 일정한 성과를 이룰 수 있었던 가장 큰 요인일 겁니다."

나는 고개를 크게 끄덕였다. 제2장에서 자세히 다뤘던 아사노의 경력과 그로부터 얻은 능력은, 대립하는 양자를 하나의 테이블에 앉히고 협상하는 역할이었다. 그리고 아사노는 자신의 신념으로 '주민 중심'과 '당하는 쪽의 논리'를 강조했다. 그러한 과정에서 그가 자연스럽게, 그리고 강력하게 획득한 것이야말로 야나기다가 말하는 "2.5인칭 시점"이 아니었을까?

유가족이라는 당사자가 돼서도 아사노는 결코 포기하지 않았다. 그렇지 않을까?

아사노 자신은 과제검토회를 이렇게 회상한다. 과제검토회 실현을 추진해준 사카타가 말한 '강'의 비유에 호응하면서 말이다.

"처음에는 강 하구만큼 큰 강폭을 사이에 두고 서 있어서 서로 무슨 말을 하는지 몰랐어. 대화를 거듭하면서 점점 상류로 오르고 강폭도 좁아졌지. 서로 대화도 나누고 무슨 말을 하는지도 이해하게 됐어. 그걸 반복한 거지."

그러나 겨우 말이 통하게 됐을 뿐, 내용 면에서까지 합의할 수 있었던 것은 아니다.

"서로 자기 인식과 주장을 말할 뿐이었고, 시간표 문제를 비롯해서 의견 일치를 볼 수 없는 부분도 많이 남았어. 그래서 보고서 결론 부분도 두 가지를 기록하는 수밖에 없었지."

아직 충분하지 않다. 안전 구축을 위한 대화가 필요하다. 그러한 생각이 다음 단계로 이어졌다.

안전 팔로업 회의 1: 조직을 가시화하다

과제검토회의 보고서가 나온 것은 사고로부터 6년이 지난 2011년 4월이었다. 그 후 다시 한번 아사노의 주도로 약 1년간의 준비 기간을 거친 2012년 5월, 'JR 서일본 안전 팔로업 회의'가 발족된다. 마나베 세이지가 사고 후 세 번째 사장이 되면서 경영진이 새로 교체된 시기였다.

과제검토회에서는 사고 원인이 된 문제들과 조직의 판단을 파헤쳐 JR의 조직 문화와 안전 인식의 문제점을 열거하는 데 그쳤다. 이번에는 그것들이 서로 어떻게 연관되고 영향을 미쳤는가, 혹은 연계가 단절되고 부족했는가를 검증해서 사고의 조직적 구조를 밝히는 것이 한 가지 목표였다. 그리고 다른 하나는 향후 안전 대책을 제안하는 것이었다.

유가족 측에서는 아사노와 기노시타가 참석했고, JR에서는 새로 부사장 겸 철도본부장으로 취임한 야마모토 아키요시山本章義를 비롯해 안전추진부장, 안전연구소장이 참석했다. 여기에 철도 안전의 심리학과 인간공학 전문가인 하가 시게루 릿쿄대학 교수, 집단 메커니즘과 조직 행동을 연구하는 야마구치 히로유키山口裕幸 규슈대학 교수, 사고 당시 아마가사키 시장이었고 항공사 근무 경험이 있는 시라이 아야白

井文, 그리고 기계공학 전문인 니시카와 에이이치西川榮一 고베상선대학 명예교수가 참석했다. 제삼자인 연구자가 더 많아졌고, 좀더 객관적인 분석과 토론을 하려는 의도가 엿보인다.

이 중 좌장을 맡은 니시카와는 아사노와 40년 이상의 교류가 있었다. 원래는 증기 동력과 전열공학 연구자인데, 아사노가 국토문제연구회에서 활발히 조사하던 1970년대에 처음 만났고, 고베 대지진 당시에도 함께 활동했다.

"공장 폐수 때문에 김 양식업이 피해를 입었다며 조사해달라는 의뢰를 받아 함께 일했던 게 첫 만남이었어요. 공해와 환경 문제에 대한 관심이 높아지기는 했지만, 그때만 해도 아직 '환경영향평가'라는 말 자체가 거의 알려지지 않았죠. 그 시절 아사노 씨는 이미 과학기술과 사회의 관계나 사회적 책임 같은 걸 생각하고 있었어요. 그것도 피해자 혹은 당하는 쪽의 시선으로요.

고베 대지진 조사 연구와 복구 제안을 함께했을 때는 '인간 복구'라는 것을 강력하게 주장했어요. 과학기술은 사회를 위한 것이고, 우리 기술자들은 개개인의 생명과 삶을 지키기 위한 일을 한다는 게 그의 신념이었죠. 저도 그 점을 존경했기에 아사노 씨가 후쿠치야마선 사고에 대한 의뢰를 해오면 꼭 수락할 생각이었어요."

사고 분석과 조직론이 전문은 아니지만, 니시카와는 원래 교통공학과 철도 시스템에도 관심이 많았고, 후쿠치야마선 사고 이후에는 관련 학회나 연구회에 적극적으로 참석했다. 사고조사보고서를 읽고 논문을 쓰기도 했다. 친구인 아사노가 피해를 입었기에 남의 일로 생각할

**도표 1   철도 수송 사업 시스템 모델:
시스템으로서의 JR 서일본 회사 조직**

출처: JR 서일본 안전 팔로업 회의 보고서

수 없었던 것이다.

논의의 주안점은 JR이라는 회사 조직을 '시스템'으로 보는 것이었다. '철도 기술을 이용해서 여객 운송을 하는 사람과 기술의 시스템'으로 보고 사업 계획을 세운 '경영층', 설계와 시스템 구축을 담당한 '기술 층', 현장에서 운행과 보수 작업을 한 '실행층'으로 나뉜다(도표 1). 이러한 분류를 통해 각각이 해야 했던 역할과 실제로는 못 했던 일, 부족했던 부분들을 정리할 수 있다고 멤버들은 생각했다.

이를 바탕으로 사고조사보고서와 과제검토회에서 밝혀진 사실 및 조직의 의사결정을 목적별로 분류하고 시간순으로 배열했다. 그렇게 나온 것이 도표 2다.

가로로는 크게 세 흐름이 있다. 그중 두 가지는 '안전 대책'인데, 그 것은 다시 운전사의 훈련과 재교육 등의 '인적 대책'과 ATS 정비 등의 '기술적 대책'으로 나뉜다. 나머지 하나는 '경영 효율화 및 수입 기반 확립'. 이것은 'JR 다카라즈카선(후쿠치야마선) 고속화, 편리화'의 움직임을 드러낸다.

이 부분을 보면, ATS 정비 계획과 최고 속도 완화, 신형 차량 투입, 시간표 개정 등의 고속화가 전혀 연동되지 않았음을 알 수 있다. 즉, 안전 대책은 소홀히 한 채 속도만 쭉쭉 올렸던 것이 일목요연하게 드러난다.

팔로업 회의 보고서 내용과 니시카와의 해설에 따르면 다음과 같다.

JR은 1990년부터 시간당 15편 이상 되는 밀도 높은 노선부터 순차적으로 ATS-P를 설치했다. 후쿠치야마선 정비는 2003년 2월에 난야

도표 2 　 사고에 이른 주요 원인의 인과관계 연쇄 차트

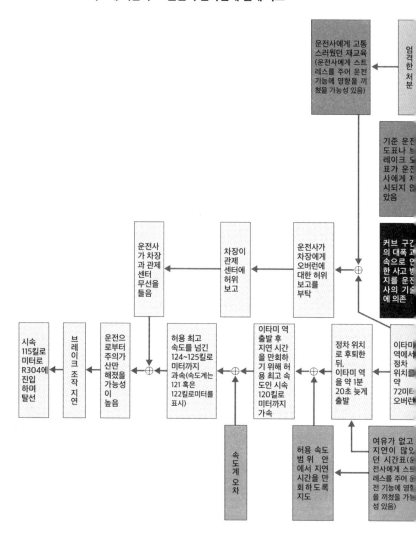

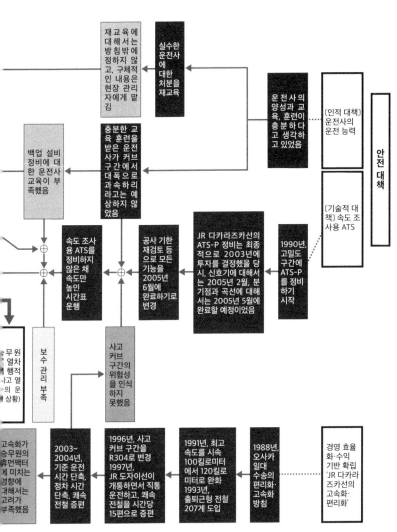

재교육에 대해서는 방침밖에 정하지 않고, 구체적인 내용은 현장 관리자에게 맡김

실수한 운전사에 대한 처분을 재교육

운전사의 양성과 교육, 훈련이 충분하다고 생각하고 있었음

〔인적 대책〕 운전사의 운전 능력

안전 대책

충분한 교육 훈련을 받은 운전사가 커브 구간에서 대폭으로 과속하리라고는 예상하지 않았음

백업 설비 정비에 대한 운전사 교육이 부족했음

〔기술적 대책〕 속도 조사용 ATS

속도 조사용 ATS를 정비하지 않은 채 속도만 높인 시간표 운행

공사 기한 재검토 등으로 모든 기능을 2005년 6월에 완료하기로 변경

JR 다카라즈카선의 ATS-P 정비는 최종적으로 2003년에 투자를 결정했을 당시, 신호기에 대해서는 2005년 2월, 분기점과 곡선에 대해서는 2005년 5월에 완료할 예정이었음

1990년, 고밀도 구간에 ATS-P를 정비하기 시작

⊕

⊕

⊕

무원 열차 행적 고 열 의 운 상황)

보수 관리 부족

사고 커브 구간의 위험성을 인식하지 못했음

고속화가 승무원의 휴먼팩터에 미치는 영향에 대해서는 고려가 부족했음

2003~2004년, 기준 운전 시간 단축, 정차 시간 단축, 쾌속 전철 증편

1996년, 사고 커브 구간을 R304로 변경 1997년, JR 도자이선이 개통하면서 직통 운전하고, 쾌속 전철을 시간당 15편으로 증편

1991년, 최고 속도를 시속 100킬로미터에서 120킬로미터로 완화 1993년, 출퇴근형 전철 207계 도입

1988년, 오사카 일대 수송의 편리화·고속화 방침

경영 효율화·수익 기반 확립 'JR 다카라즈카선의 고속화·편리화'

출처: JR 서일본 안전 팔로업 회의 보고서

사장이 승인했는데, 2004년도까지 공사를 완료할 예정이었다. 그런데 담당자의 인사 이동 때문에 이사회의 투자 심의가 늦어졌고, 그 뒤로도 다른 사업과의 비교, 공사 담당 부서 이관 등으로 인해 연기가 거듭되었다. 최종적으로 2005년 6월에야 겨우 사용할 수 있게 되었다.

한편으로는 경쟁사들에 대항하기 위해 어반 네트워크의 고속화와 편리화가 진행되었다. 후쿠치야마선의 ATS-P 계획이 구체화되기 전 상황을 살펴보면, 2002년 3월에는 시간표 개정으로 기준 운전 시간을 20초 단축, 이듬해 3월에도 시간표 개정으로 20초를 단축했다. 같은 해 12월에는 쾌속 열차를 늘리고, 나카야마데라 역에도 정차하는 대신 이타미 역의 정차 시간을 단축(20초에서 15초로)하기로 결정했으며, 2004년 10월 시간표 개정으로 다시 10초가 단축되었다. 사고가 난 5418M은 가장 빠른 속도로 달리게 된 것이다.

"이렇게 보면 기술층과 경영층의 문제인 게 명백하죠. ATS 정비를 담당하는 부서와 시간표를 편성하는 부서가 서로 연계하지 않고 따로 작업했어요. 양자를 통합해서 조정해야 할 종합기획본부나 안전추진위원회도 문제를 파악하지 못했어요. 그 이유에 대해서 그 사람들은 '운전사가 커브 구간에서 대폭 과속할 줄은 몰랐다' '커브 구간의 위험성을 인식할 수 있는 기술이 없었다'라고 말해요. 그건 사람은 실수하기 마련이라는 휴먼에러에 대한 인식이 부족했고, 잠재적 위험을 예측해서 사전에 대책을 마련하는 위험성 평가에 대한 발상이 없었다는 뜻이죠. 그럼 어떻게 개선할 수 있을 것인가가 다음 과제로 이어집니다."

도표 3 후쿠치야마선 사고에 대한 JR 서일본의 조직적 관여 개략

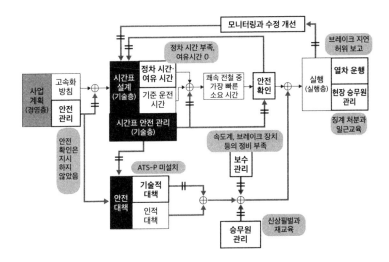

은 주요한 문제 상황 내지는 문제 행동을 나타냄. 문제가 발생한 과정은 두꺼운 글자, 두꺼운 상자로 표시함. 옅은 회색 선은 안전 관리, 안전 대책에 관련된 흐름, =은 그 흐름이 기능하지 않았음을 나타냄.

출처: JR 서일본 안전 팔로업 회의 보고서

니시카와의 말은 명쾌했다. 팔로업 회의가 분석에 사용한 자료는 기존 조사와 검증 결과뿐이었고, 새로운 사실을 발견하거나 증언을 얻어낸 것은 아니었다. 그러나 기존 사실을 꼼꼼히 정리하고, 이론적으로 재배치해 그 의미를 검토함으로써 사고에 대한 조직적 문제가 밝혀진 것이다.

"이렇게 도표로 만들면 '뭐야, 이런 거였어'라고 생각할 정도로 쉽게 보이잖아요. 그런데 이래 봬도 만드는 데 시간이 상당히 걸렸어요. 아사노 씨 사무실에도 JR 담당자가 와서 이 부분이 틀렸다, 이쪽으로 옮기라 저쪽으로 옮기라고 몇 번이나 고치고, 다시 토론하고…….

이건 우리 연구 분야에서는 흔한 일인데, 여러 문제점이나 논점을 총망라해서 오랜 세월 고민했던 게 어떤 아이디어나 순서만 찾아내면 술술 연결돼요. 끝나고 보면 의외로 간단한 구조였다는 걸 알게 되죠. 그래도 거기까지 이르기 위해서는 토론과 고찰의 축적이 불가피해요. 즉 어느 정도 시간이 필요하다는 거죠."

이 플로 차트(도표 2)와 개념도(도표 3)가 완성된 것은 팔로업 회의가 막바지에 이른 2014년 초였다고 한다. 사고 후 9년 가까이 사고 조사를 비롯해 피해자들과 함께 여러 검증과 토론을 거듭했기에 도달할 수 있었던 결론이다.

안전 팔로업 회의 2: 사람은 실수를 하기 마련이다

팔로업 회의에 주어진 또 하나의 과제는 "그럼 어떻게 하면 그런 사고를 막을 수 있을까" 하는 대책 수립이었다. 이를 위해서는 지금까지 몇 번이나 언급한 휴먼에러 인식과 위험성 평가가 핵심이 된다.

팔로업 회의 멤버이기도 한 하가 시게루의 저서 『사고가 없어지지 않는 이유』에 따르면 휴먼에러 개념은 1970년대부터 주목받았다고 한다. 기계가 잘 고장 나지 않게 된 대신, 사고 원인 중 사람이 차지하는 비중이 늘었고, 시스템이 복잡하고 거대해진 탓에 하나의 실수가 큰 피해를 입히게 되었기 때문이다. 하가의 책에는 이렇게 쓰여 있다.

"사고의 대부분이 휴먼에러로 인해 발생하기 때문에 설비가 아니라 인간의 의식과 주의력을 개선해서 사고를 방지할 필요가 있다'고 말하는 사람이 있는데, 그건 휴먼에러 개념을 오해한 것이다. 휴먼에러는 시스템 속에서 일하는 사람이 시스템의 요구에 부응하지 못할 때 발생하는 것이므로 대책은 설비를 포함한 시스템 차원에서 생각할 필요가 있다."

"일반적으로 휴먼에러는 선의의 작업자가 성실하게 임무를 수행하는 중에 본의 아니게 저지르는 실수를 가리키는 것으로, 의도적인 위반이나 위험을 인식하고서 감행한 도발적 행동과는 구분할 필요가 있다."

앞 장에서 이데가 말한 것과 같은 위험성 인식(운전사나 현장 작업자의 기강 해이 또는 회사에 적대적인 노조원의 악의 때문에 사고가 일어난다는 생각)은 시대착오적이고, 실제로는 그와 다른 차원의 대책을 필요로 한다는 것이다.

사람은 실수를 저지른다. 휴먼에러는 단순히 사고의 '원인'이 아니라 그 자체가 여러 요소 때문에 발생한 '결과'다. 그 사실을 전제로 실수했을 때, 피해를 최소한으로 막는 하드웨어의 정비와 함께 실수를 유발하는 요인을 사전에 발견하고 최소한으로 줄이는 예방 시스템이 필요해진다. 이것이 위험성 평가의 발상이다. 구체적으로는 보고하는 문화를 정착시키는 것, 다시 말해 실수를 은폐하거나 허위 보고하지 않도록 기업 문화를 바꾸는 것이다.

과제검토회에서 JR 측 대표였던 부사장 니시카와 나오키가 말했듯이, JR은 2008년 4월에 수립한 안전기본계획에서 위험성 평가를 도입했고, 그에 따라 사고의 정의도 수정했다.

기존의 회사 규정에서는 직원의 조작 실수로 탈선 등의 심각한 사고로 이어지거나 열차 운행을 30분 이상 지연시킨 것을 '책임 사고', 그보다는 가볍지만 10분 이상 지연시키면 '반성 사고 1,' 그보다는 가볍지만 수송 장애를 발생시키면(대략 1분 이상의 지연) '반성 사고 2'라고 규정하고 처벌 대상으로 삼았다.

이러한 규정을 폐지하고, 대인 혹은 대물 피해가 발생한 경우만을

'사고'로 규정하기로 했다. 그 외에 결과적으로는 사고가 나지 않았지만, 사고로 이어질 만한 현실적이고 구체적인 위험이 있었던 경우를 '요주의 상황', 기타를 '안전 보고'로 규정했다. 오버런 등의 경미한 실수는 평가 대상에서 제외함으로써 쉽게 보고할 수 있는 시스템을 만들겠다는 의도였다.

그러나 시스템을 만들었다고 해서 곧바로 거대 조직의 문화가 바뀌는 것은 물론 아니다. 전혀 예측할 수 없었던 문제가 발생하거나 왜 아무도 그 문제를 인식하지 못했나 싶은 경우가 여전히 많았다. "보고를 하면 불리하다"는 심리적 압박감까지 그리 쉽사리 없어지지 않았던 것이다.

팔로업 회의의 보고서에는 이 부분에 대한 멤버들의 발언이 나와 있다.

"보고를 할 수 있는 문화라고 하는데, 무엇을 위한 보고인지가 전달되지 않은 것 아닌가? 보고를 함으로써 안전에 공헌할 수 있다는 긍정적 측면이 명확하게 전달되지 않은 것 아닌가?"

"정확한 보고를 위해서는 누가 듣느냐가 관건이다. 직계 상사가 아니라 제삼자가 들어야 하는 것 아닌가?"

"안전연구소의 심리학 전문가가 함께한 자리에서 인터뷰를 하고 있다. 그렇지만 전문가가 모든 사태에 대응하는 건 불가능한 이상, 각 지사에서 그렇게 인터뷰할 수 있는 사람을 양성할 필요가 있다."

"'거짓말하는 문화'는 회사 전체의 문제다. 기업 문화에 대해서 좀더 진지하게 생각할 필요가 있다. 발상을 바꾸면 기업의 법령 준수 수준을 올릴 수 있다."

"(사고 현장 커브의) 안전성 점검이 없었던 것은 사실이다. 인식한 사람도 있었겠지만, 회사 차원에서 점검하지 못했다."

"현장에서 보고가 없었다고 하는데, 실제로는 보고가 있었다."

이러한 인식 부족과 정보 경시, 오판은 경영진이 저지른 넓은 의미의 휴먼에러였다고 보고서는 말한다. 사고 원인을 현장에 있는 개개인의 주의력과 역량 부족으로 돌리고, 결과적 책임만을 조직이 지는 것은 경영진이 빠지기 쉬운 '심리적 함정'이라는 것이다.

그러고는 다음과 같은 대책을 제시했다.

· 안전을 가장 우선시하는 경영과 효율적인 관리가 이뤄지고 있는가를 감시하기 위해 사내 감사를 강화하고, 외부의 제삼자에 의한 검사를 받을 것.
· 성실한 직무 수행 중에 발생한 휴먼에러는 징계하지 않을 것. 원인 규명과 재발 방지를 우선시하기 위해서 직원은 처벌하지 않을 것.
· 휴먼에러와 휴먼팩터에 대한 연구를 거듭하고 회사 안팎에 널리 알리기 위해 안전연구소의 기능을 확충할 것.
· 운전사와 차장의 커뮤니케이션 등 직종 간의 교류를 장려하는 방침을 실시할 것.
· 경영진이 승객으로서 전철을 이용하거나 직원과 업무를 보는 등 현장을 파악하기 위한 노력과 행동을 의무화할 것.

· 상명하복이 아니라 현장을 중시하고, 조직의 일상적인 지휘 계통 외에 '직접 경영진에게 호소할 수 있는' 시스템을 만들 것.

이 밖에 인사 방침과 신설 부서 등을 제언한 끝에 1년 11개월 동안 11회에 걸친 팔로업 회의는 2014년 4월에 그 역할을 마쳤다.

과제검토회까지 포함하면 3년 3개월이었다. 대형 사고의 유가족과 가해 기업의 간부, 제삼자인 연구자가 한 테이블에 앉아 사고 원인을 검증하고 앞으로의 안전 대책에 대해 토론했다. 이 전례 없는 시도에 대한 기록은 두 편의 보고서, 총 148페이지로 완성되었다.

—

만감이 교차한 발표

2014년 4월 25일, 후쿠치야마선 탈선 사고로부터 꼬박 9년째 되는 날, 추모식장 옆에 있는 아마가사키 시내의 호텔에서 4.25 네트워크의 모임이 열렸다.

사고 이듬해부터 매년 아사노가 중심이 되어 기획하고, 안전 문제 연구자와 전문가를 초빙해 그 사고로부터 배울 점을 생각하며 발표하는 자리였다. 이 해에는 안전 팔로업 회의 보고가 주요 의제였고, 좌장을 맡았던 니시카와와 JR 대표였던 야마모토 부사장이 성과를 보고했다. 야마모토는 "사고에 이른 경위를 체계적으로 정리하고 다시 살필 수 있었다. 수많은 제언에 대해서는 구체적으로 검토하고 그에 따른 업무 운영을 추구하겠다"라고 말했다.

마지막으로 아사노가 단상에 올라 마무리 발언을 했다. JR 직원과 기자들이 뒤쪽 자리를 차지한 것 외에는 빈자리가 두드러졌다. "사고로부터 10년째를 맞이하며"라는 제목으로 심경을 전하던 아사노의 모습이 아직도 눈에 선하다. 이제야 여기까지 왔다 싶은 감상이 흘러나오는, 그야말로 만감이 교차한 발언이었다.

"9년 전 오늘은 새파란 하늘이었습니다. 늦게 핀 벚꽃이 난무하면서 길가에 흩내리던 광경이 지금도 눈에 선합니다. 그 꽃잎들처럼 아내와 여동생은 사라졌습니다. 마지막 인사조차 하지 못했습니다. 그로부터 9년이 지나고 저도 겨우 제 자신을 되찾은 것 같습니다.

그동안 마음속에 있었던 것은 '왜 이런 사고가 일어났는가?'라는 물음이었습니다. 그 물음을 해소하기 위해 9년의 세월이 필요했던 것 같습니다. 그동안 제가 생각하기에도 때로는 망연자실하고, 때로는 자포자기하고 싶기도 한 걸 어떻게든 견디면서 그 '왜'라는 물음에 대해 유가족 여러분과 대화하며 여기까지 왔습니다."

시작부터 눈물을 참으며 말하던 아사노는 사고 이후 자신의 발자취를 돌이켜봤다. 유가족의 '왜'에는 두 가지 물음, 원인 규명과 책임 추궁이 있다. 사고 후 얼마 동안은 양자가 마음속에서 뒤엉킨 채 시간만 흘렀다. 그 사실을 깨닫고 둘을 분리해서 생각하기로 마음먹었을 때, 사고의 검증과 총정리에 나설 수 있었다.

아내와 여동생에 대한 애통한 심정은 일단 미뤄두기로 했다. 사고에 대한 원망과 가해 기업에 대한 분노도 일단 미뤄두기로 했다. 야마자키에게 공동 검증을 제안했던 밤, 그렇게 말했다. 그리고 마침내 실현된 과제검토회에서 JR 간부에게 말했다.

"이건 과학기술 논쟁이다. 감정론이 아니다. 감정론만 얘기하다보면, 안전으로의 길은 열리지 않는다."

피해자와 가해자의 입장을 뛰어넘어, 오로지 어쩌다 이런 사고가 났는가라는 문제에 관해서만 서로 의견을 나누고, 생각하는 자리로 만들고 싶었다. 실제로 대화해보니 견해차도 컸고, 보고서는 양쪽 이야기를 다 기록하게 되었다. 그러나 이때 만들어진 공통된 인식은 이어진 팔로업 회의에서 논의를 진행할 수 있는 토대가 되었다.

사고의 조직적 구조를 분명히 밝히겠다는 시도는 아마 일본에서 처음 있는 일이었을 것이다. 그 정도의 자부심과 의욕으로 시작했다고 아사노는 말한다. 현장의 실수만이 원인은 아니다. 회사의 경영 이념, 경영진의 안전의식, 지휘 계통과 관리 방식, 직원 교육과 개개인의 책임감 등 여러 요인이 얽힌 게 조직적 사고인 것이다. 그러한 이야기 끝에 이렇게 말했다.

"눈에 보이지 않는 부분에 근본 원인이 있다. 그것을 파헤쳐야만 사고를 사회화할 수 있다. 사고의 사회화가 이뤄지지 않으면 유가족으로서의 내 책임은 끝나지 않는다고 생각했습니다. 오늘에야 그 시작점에 설 수 있었습니다.

이게 모범 사례라고는 생각하지 않습니다. 하나의 특이 사례로 제시하고 싶을 뿐입니다. 이 보고서에는 과학적 관점과 논리가 있고, 윤리가 있습니다. 몇 점짜리가 될지 모르겠지만, 저로서는 최선을 다했습니다. 이 시도가 사회적으로 받아들여져야만 우리의 노력은 결실을 맺을 거라 생각합니다."

JR에 대해서는 몇몇 쓴소리도 했다. "이 사고는 100만분의 1이 아니다. 당사자에게는 1분의 1이고, 결코 돌이킬 수 없다"고 생각하지 않으면 안전의식은 진정으로 고양시킬 수 없다는 점, "적절하고 안전한 시간표 편성이란 무엇인가"라는 문제는 팔로업 회의에서도 합의되지 못하고 과제로 남았다는 점, 그리고 JR뿐 아니라 회사의 경영 속에 뿌리 깊은 "경영 효율성과 안전성은 트레이드오프(한쪽을 추구하면 다른 한쪽이 희생되는, 양립할 수 없는 상태)"라는 생각, 팔로업 회의에서도 아사노는 그러한 인식에 대해 강력한 반론을 제기했다.

"안전을 추구하는 것이야말로 결과적으로 경영 효율성을 높인다. 그렇게 생각해야 하지 않을까요? 그 둘을 양립시키는 것이야말로 철도 사업자의 사명이고, 앞으로 경영진이 될 사람의 가장 큰 과제가 아닐까요?"

25분 남짓의 스피치는 JR에 대한 당부로 마무리했다.

"'JR도 변했구나, 개혁하고 있구나'라는 모습을 우리한테, 그리고 세상에 보여주길 바랍니다. 개혁을 이루는 출발점은 이 두 보고서에 있습니다. 이 두 보고서에만 있다고 생각합니다. 그런 책임감으로 밀도 있는 토론을 했습니다. 이것을 제대로 받아들이고, 기본적인 인식부터 다시 한번 정리해주십시오.

저도 하나의 도착점에 다다랐다고 생각합니다. 지금까지는 꽤 무리를 했습니다. 앞으로는 조금 쉬고, 다시 한 사람의 승객으로서 JR의 노력을 점검하고, 우리와 함께 만든 이 보고서가 JR에서 어떻게 활용되는지 깊이 기대하면서, 또 기원하면서 지켜보도록 하겠습니다. 긴 시간 동안 수고하셨습니다."

과학기술의 사명, 유가족으로서의 책임, 문제를 사회화하는 관점, 확률론에 대한 반론, 안전과 경영의 양립 등 아사노 야사카즈라는 사람의 철학이 이 발언에 농축되어 있었다.

어느 술자리에서

그로부터 6개월이 지난 11월 5일, 아사노는 오사카 시내에서 강연을 했다. 오랫동안 친교가 있던 도시정책 연구자 가타요세 도시히데片寄俊秀의 부탁이 있었던 것이다.

가타요세는 원래 오사카의 기술자로 센리千里 뉴타운 개발에 관여했다. 연구자가 되고 난 후에는 나가사키조선대학, 간세이가쿠인대학 등에 근무했고, 국토문제연구회 멤버로서 아사노와 함께 나가사키 수해, 운젠산 분화, 고베 대지진 등의 현지 조사를 한 동년배의 기술자였다. "도시 재생과 재해 복구에 관여한 도시계획 전문가로서의 경력 및 후쿠치야마선 사고 이후의 경과를 젊은 친구들에게 얘기해달라"는 것이 의뢰 내용이었다.

장소는 우메다의 고층 빌딩에 있는 간세이가쿠인대학의 작은 강의실이었다. 나는 아사노의 정면에 위치한 앞에서 셋째 줄에 앉아 강연이 시작되기를 기다리고 있었는데, 바로 옆 빈자리에 한 남자가 와서 앉았다.

얼굴을 보고 깜짝 놀랐다. 야마자키 마사오였다.

이때는 JR의 촉탁으로 안전연구소 기술 고문직에 있었다. 그때까지 몇 번 야마자키를 찾아 이 책을 위한 인터뷰를 부탁했다가 거절당한 적이 있던 나는 작은 소리로 인사했다. 야마자키는 특별히 경계하는 내색도 없이 '어' 하고 대답했다. 강연이 시작되자 열심히 메모하기도 하고, 자료에는 밑줄을 긋기도 하면서 들었다. 쉬는 시간에 물어보니 강연이 있다는 사실을 신문에서 보고 참석했다고 한다.

"같은 기술자라도 아사노 씨의 삶은 나 같은 회사원하고는 전혀 다르네. 열정이 대단해"라며 솔직한 감상을 말했다.

더 놀란 것은 그다음이었다. 강연이 끝나고 빌딩 지하의 술집에서 뒤풀이가 있다고 가타요세가 말했다. "참석하실 분은 손 들어주세요"라는 말에 옆에서 야마자키가 망설임 없이 손을 들었다. 야마자키 말고도 JR 직원이 몇 명 있었는데, 물론 손은 들지 않았다.

대형 사고를 일으킨 가해 기업의, 그것도 국철 출신의 전직 사장이다. 자신의 재판은 끝나고 촉탁 신분이 되긴 했지만, 역대 사장들의 재판은 현재진행형이었다. 그런 사람이 혼자 유가족의 강연을 들으러 온 것만으로도 놀라운데, 수행 직원도 없이 뒤풀이에 참석하겠다는 것이다.

"젠체하거나 앞뒤가 다른 구석이 없는 사람"이라거나 "사소한 일에 연연하지 않는 성격"이라는 평가는 익히 들어서 알고 있었고, 내가 인터뷰를 부탁했을 때도 그렇게 느꼈지만, 다른 사람 같으면 사회적 지위를 신경 썼을 것이다. 대체 무슨 생각인지 알 수가 없었다.

그러나 술자리에서 야마자키를 관찰한 결과, 정말로 아사노의 강연을 들으러 와서 그냥 뒤풀이에 참석했을 뿐인 듯했다. 길쭉한 자리의 출입구에서 가장 가까운 말석에 앉아 종업원이 가져온 음식을 받거나 빈 접시를 모아 돌려줬다.

"야마자키 씨, 그런 건 제가 할 테니 안쪽으로 가서 앉으세요."

몇 번이나 그렇게 말해도 "아니, 이런 건 익숙해"라고 답하면서 손을 내저었다. 20명 정도 되는 참석자 중에는 신문 기자도 있었다. 야마자키가 무슨 말을 하고 아사노가 어떻게 대하는지 촉각을 곤두세우고 있는 이는 나뿐만이 아니었다. 그러나 그런 일은 신경 쓰이지 않는다는 듯, 주변 사람들과 대화하며, 아사노와 건배하고, 국철 시절의 이야기를 했다.

유가족과 가해 기업의 전직 사장이 한자리에서 건배하다니. 설마 그 장면을 목격하게 될 줄은 몰랐다. 나중에 아사노에게 물었더니, "취임 인사랑 퇴임 인사 하러 왔을 때를 빼고는 마주하고 대화한 적이 없어서 나도 약간 놀랐다"라고 말했다.

잠시 후 주최자인 가타요세가 "오늘 아사노 씨의 강연을 듣고 느낀 점을 한 사람씩 돌아가며 말해주세요"라고 했다. 야마자키가 무슨 말을 할지 신경을 곤두세우며 나는 식탁 밑에서 메모지를 꺼내들고 펜을 쥐었다.

순서가 돌아오자 야마자키는 주저하지 않고 일어나서 이렇게 말했다.

"오늘 참석한 가장 큰 이유는 우리가 일으킨 사고로 인해 가장 큰 불행을 짊어진 아사노 씨가 그럼에도 불구하고 지금까지 여러 프로젝트를 성공시킨 그 추진력의 원천이 어디에 있나 가해자로서 배우고 싶었기 때문입니다.

강연을 듣고 알게 된 사실이 두 가지 있습니다.

하나는 아사노 씨가 쭉 혼자서 싸워왔고, 가장 곤란한 일에 스스로 뛰어들기를 반복했다는 사실입니다. 보통 사람 같으면 편한 일만 하고 싶다고 생각하기 마련이라 스스로 고생길에 뛰어드는 건 쉽사리 할 수 있는 일이 아니죠. 이는 아사노 씨가 평소에 지닌 사명감 때문일 겁니다.

또 하나는 주변 분들의 응원이 대단하다는 겁니다. 강연 전후에도 그렇고, 지금도 그렇고, 젊은 친구들이 아사노 씨에게 가서 말을 건네고 격려를 하잖아요. 그런 광경은 우리 같은 관료 출신의 세계에서는 좀처럼 볼 수가 없거든요. 부럽기도 하고, 도저히 흉내 낼 수 없는 다른 차원의 세계라 생각했습니다."

동병상련일까? 거대 조직이 위기에 처했을 때, 굳이 사장이라는 이름으로 험지에 들어가 고군분투하며 조직 개혁에 힘쓰다가 도중에 물러나야만 했던 자신의 처지와 비교하고 있는 것일까? 기술자로서의 긍지와 삶을 관철시킨 아사노에게 어지간히 감동한 것일까?

어쨌든 꾸미거나 치장하지 않는 야마자키의 말투와 행동을 직접 보고 나는 더 관심을 갖게 되었다. 이러한 사람이기에 아사노가 대화 상대로 점찍었다는 사실이 실감났다. 이데와는 정반대의 의미로 "평범한 관료가 아니"라고 느꼈다.

비록 처지는 달랐어도 과학기술입국과 고도경제성장 시기를 살면서 앞만 보고 달려왔던 두 기술자만 느끼는 깊은 공감대가 있을 것이라고 상상했다. 피해자와 가해자의 벽을 뛰어넘을 정도의 공감 말이다.

뒤풀이가 끝나고 나는 야마자키에게 다시 말을 걸었다.

"인터뷰 말인데, 한번 더 검토해주실 수 없을까요?"

야마자키는 잠시 웃고 난 뒤,

"음, 그건 또 다른 문제니까. 다른 분들 재판도 아직 안 끝났고, 유가족분들 심경도 헤아려야지. 나중에 적절한 시기가 오면 생각해볼게."
라고 말하며 사라졌다.

실제로 인터뷰가 성사된 것은 그로부터 2년 반이 지나서였다.

제 8 장

궤도

철도안전고동관

입구에 서면 그날의 생생한 사고 현장이 한눈에 들어온다.

알루미늄 캔처럼 찌그러진 채 아파트를 휘감듯이 쓰러진 둘째 칸, 바퀴와 축을 드러낸 채 뒤집힌 차량, 셋째 칸 지붕에 올라서서, 혹은 겹쳐진 잔해 사이로 구조활동을 시도하는 구급대원과 경찰 기동대원들, 그리고 근처 공장과 사무실에서 달려와 수색과 운반을 돕는 사람들.

확대한 몇 장의 보도사진이 벽 한 면을 채운 가운데, 가장 눈길을 끄는 것은 상공에서 찍은 조감 사진이다. 열심히 구조 작업이 이뤄지고 있는 사고 현장과 아파트를 사이에 둔 사각지대의 선로에 파란 작업복에 노란 헬멧을 쓴 사람 수십 명이 보인다. JR 직원들이다.

그들은 구조에 뛰어드는 대신 그저 서 있다. 불과 수십 미터 앞에 펼쳐진 처참한 광경으로부터 눈을 돌리고 마치 강 건너 불구경이라도 하듯, 그 자리에 멍하니 서 있다. 지시가 없어서 움직이지 못하는 것인지, 그 자리에 있으라는 명령이 있었는지, 아니면 너무나 참혹한 사태에 얼어붙어 자신이 무슨 일을 해야 할지 몰랐던 것인지…….

심하게 말하면 '오합지졸'. 좋게 봐도 '지시대기조'. 도저히 철도원으로 볼 수 없는, 더군다나 대형 사고를 일으킨 회사 직원이라고는 믿기 힘든 모습이 찍혀 있다. 후쿠치야마선 탈선 사고가 발생한 2005년 4월 25일, JR이라는 기업의 실태를 보여주는 한 장의 사진이다.

"우리는 왜 이렇게 돼버렸는가…… 뼈아프게 반성하고, 진지하게 생각하자. 그런 의미에서 이 사진을 정면에 전시했습니다."

철도본부 안전추진부에서 안전 매니지먼트 전략실장을 맡고 있는 도미모토 나오키富本直樹의 말이다.

이곳은 JR의 연수 시설인 '철도안전고동관鉄道安全考動館'이다. 2007년 4월, 오사카부 스이타시에 위치한 사원 연수센터 안에 지어졌다. 안전을 확립하고 지키기 위해 깊이 '생각하고考' 구체적으로 '행동한다動'는 목표가 드러난 이름이다. JR 및 계열사의 직원들, 사고 유가족과 피해자 외에는 공개되지 않은 시설인데, 나는 도미모토에게 부탁해 견학했다.

관내는 크게 두 공간으로 나뉘어 있다.

하나는 후쿠치야마선 사고에 관한 전시실이다. 앞서 이야기한 보도 사진 외에 시시각각으로 사망자 수가 늘어가는 신문 호외, 사고 현장 앞에 있던 '일본 스핀들 제조사 직원들이 구조에 사용한 체인과 장도리 등의 도구, 유가족과 부상자의 수기, 유가족 대응과 유품 반환을 담당한 직원의 증언 등이 소장되어 있다. 증언에 따르면 유품은 누더기가 된 가방, 짝을 잃은 신발, 구부러진 안경 등 2213개에 달한다고 한다. 중앙에는 사고 현장을 재현한 20분의 1 크기의 디오라마도 전시돼 있다.

유가족 담당 직원의 증언 중에 "진정한 유가족 담당 직원은 누구인가?"라는 제목의 글이 있다. 그 속에 이런 내용이 있다.

"JR 임원이 아무리 사과해도 다른 직원들은 남의 일이라고 생각한 다. 이러다간 다시 사고가 일어나는 게 아닐까"라는 말을 유가족분들 에게 많이 듣는다. 폭풍이 지나가길 가만히 기다리기만 하는 것 아니 냐고 말이다. 그렇지 않다고 믿고 싶지만, 그렇지 않다고 말할 자신은 아직 없다. JR이 바뀌었다는 사실을 보여줄 수 있는 것은 현장에서 일 하는 직원들의 행동과 실적밖에 없다. 직원 개개인의 변화된 행동만이 유가족의 새 출발을 응원하는 유일한 길이다. 현장 직원들이야말로 진 정한 유가족 담당 직원인 것이다. 특히 운전 관련 업무를 맡은 직원들 에게 말하고 싶다. "당신들이야말로 유가족에게 힘이 될 수 있는 존재 다"라고.

다른 전시실에는 일본 철도 사고의 역사가 패널로 정리되어 있다. 안전 설비 신설, 법령과 규칙 변경의 계기가 된 39건의 사고를 나열하 고 있다.

예컨대 1962년의 미카와시마三河島 사고는, 국철 조반常磐선 미카와 시마 역에서 세 대의 열차가 뒤엉킨 다중 충돌 사고로 사망자 160명, 부상자 296명이 발생한 대참사였다. 이 사고를 계기로 신호 위반과 과 속을 방지하는 ATS가 도입되었다. 이데 역시 이 사고 현장에 갔다고 인터뷰 때 말했다. 이른바 "국철 5대 사고" 중 하나다.

1951년에 발생한 사쿠라기초櫻木町 사고 역시 5대 사고 중 하나다. 게이힌토호쿠京浜東北선 역사에서 전기 공사 실수로 인해 발생한 화재 사고, 문이 열리지 않은 탓에 승객들이 탈출하지 못하고 106명의 사망자와 92명의 부상자가 발생했다. 사고 후 비상용 스위치 설치가 의무화되었고, 비상시에는 승객이 수동으로 문을 열 수 있도록 법령이 개정되었다.

2001년 JR 야마노테山手선 신오쿠보 역 사고는 기억이 새롭다. 만취해서 선로에 떨어진 취객을 구하려 두 명●이 뛰어내린 사이에 전철이 도착해 세 명 모두 사망했다. 이 사고를 계기로 플랫폼에 비상 정지 스위치가 정비되었다. 현재 진행 중인 스크린도어 설치 역시 이 연장선상에 있다.

JR 서일본 구역에서는 도카이도선 쓰카모토 역의 사고가 있다. 선로에 진입한 중학생이 신쾌속 열차에 치여 중상을 입었다. 사고 현장에 도착한 구급대원 네 명이 구조 작업 중이었는데, 특급 열차가 지나가면서 두 명을 치었다. 한 명은 사망했고, 다른 한 명은 중상을 입었다. 두 열차의 승무원, 관제사, 나아가 현장 역무원들의 연락 실수와 오판이 원인이었다. 이 사고 이후 JR은 '투신사고 대책 요령'이라는 매뉴얼을 작성했고, 관제센터와 현장 책임자가 직접 연락을 주고받을 수 있도록 역마다 휴대전화를 나눠줬다.

물론 이 책에서 다룬 사고들도 전시되어 있다.

·1986년, 아마루베 철교 사고(돌풍으로 열차 추락)
·1991년, 시가라키 고원철도 사고(폐색 실수로 정면충돌. 이 전시물에 대해

● 한국인 유학생 이수현씨와 일본인 카메라맨 세키네 시로 씨가 희생되었다.

서는 "JR 측의 책임이 충분히 언급되지 않았다"는 유가족들의 항의로 인해 두 번에 걸쳐 수정과 보완이 이뤄졌다)

· 1993년, 고베 역 탈선 사고(궤도 마모로 인한 탈선)

· 1993년, 이바라키 역 탈선 사고(전철기● 조작 실수로 인한 진로 불량)

· 1993년, 아이오이 건널목 사고(공사 중 안전 확보 미흡)

· 1995년, 고베 대지진(지진 피해)

· 1995년, 아이모토 역 탈선 사고(강설로 인한 브레이크 고장)

이렇게 시간순으로 보면, "철도 안전의 역사는 사고의 역사"라는 말이 실감난다. 정말 맞는 말이다.

그러나 JR 직원들이 이런 사고를 이미 규명되고 대책도 세워진 과거의 일로만 받아들이며, 이 전시를 전체적인 역사 돌아보기 정도로만 생각한다면 안전의식을 향상시키기는 어려울 것이다. 자신이 지금 몸담고 있는 직장이나 하고 있는 일들이 역사가 된다는 사실을 실감해야 한다. 언제 또 예기치 못한 사고가 일어날지 모른다는, 어디에 위험이 숨어 있을지 모른다는 당사자 의식을 갖지 않는다면 아무리 "안전을 최우선시하는 문화" "두번 다시 사고를 일으키지 않겠다"라고 되뇌어도 의미가 없다. "사고는 1000만분의 1이 아니라 1분의 1이다"라는 아사노의 말이나, "현장 직원의 행동과 실적을 통해 바꿀 수밖에 없다"라는 유가족 담당 직원의 호소 역시 그래서일 것이다.

● 철도에서 차량을 다른 선로로 옮길 수 있도록 하는 장치.

도미모토와 다른 직원들에 따르면, 약 3만 명 이상의 JR 직원과 1만 명 이상의 계열사 직원이 3~5년에 한 번씩 이곳을 찾아 강의를 듣는다고 한다. 지금은 세 번째 사이클 중이다. 매번 쓰게 하는 리포트를 보면 "올 때마다 초심으로 돌아가게 된다"는 사람도 있고, "지난번보다 안전에 대한 이해가 깊어졌다"는 사람도 있다. 후쿠치야마선 사고 유가족의 수기를 읽고 말없이 눈물만 흘리는 사람도 적지 않다.

신입 사원들이 가장 먼저 연수를 받는 장소 역시 이곳이다. 지금의 신입 사원들은 사고 당시 초등학생이었던 세대다. "당신들은 이런 사고를 일으킨 회사에 들어온 겁니다"라는 설명을 듣고 큰 충격을 받는 사람도 있다. 그러나 이 사실의 무게를 가슴에 새기지 않고는 철도 업무 현장에 나설 수 없다.

앞으로 후쿠치야마선 사고를 모르는 세대가 점점 늘어갈 것이다. 그럼에도 불구하고 사고의 경험과 배경이 된 원인, 유가족과 피해자들로부터 앗아간 것들, 그들에게 남긴 상처와 고통, 그 후 몇 년에 걸쳐 축적한 반성과 교훈을 '이미 끝난 일'이 아니라 '지금' 있는 일로 느끼게 할 수 있을 것인가? 기억이 사라지지 않도록 안전의식을 계승하는 것이야말로 안전고동관의 가장 큰 목적이다.

비슷한 작업이 다른 곳에서도 진행되고 있다.

예를 들어 '상황보고회'란 것이 있다. 피해자 대응본부 직원들이 10개 지사의 역, 지구, 사무실 등 모든 현장을 정기적으로 방문해 유가족과 피해자들의 현재 상황을 전하고 있는 것이다. 자신이 만난 유가족과 피해자들이 어떤 상황에 처해 있는가, 어떻게 일상을 살고 있고,

JR에 대해서는 어떻게 생각하고 있는가를 이야기한다. 한창때 300명 가까이 되던 피해자 대응본부의 규모는 현재 약 90명밖에 안 된다. 그들이 매달 가나자와에서 후쿠오카까지 지사를 찾고 있는 것이다.

유가족과 피해자의 목소리를 직접 듣는 '강연'도 있다. 매년 4월 25일이 다가오면, 각자의 사고 체험을 전 직원에게 들려준다. 한 번에 다 모일 수는 없기에 DVD로 만들어서 작업장별로 시청한다.

부인을 잃은 유가족은 그 강연과는 별개로 매년 신입 사원들에게 강연을 하기도 한다. JR로부터 잊히는 것을 가장 두려워하기 때문이다. 그는 "내가 왜 당신들한테 이런 이야기를 하는지 생각해보길 바란다"고 말한다.

사고 현장에는 '보초'라 불리는 업무가 있다.

헌화를 하기 위해서, 기도를 하기 위해서, 혹은 마음속으로 대화를 나누기 위해서, 가족과 친구를 잃은 장소를 찾는 이들의 발걸음은 끊이지 않는다. 매달 25일●이나 주말은 특히 많다. 입구에 경비원이 365일 24시간 서서 자리를 지키고 있다. 그와는 별개로 아침부터 저녁까지는 향로와 헌화대 앞에 JR 직원이 직립부동으로 대기하고 있다. JR 서일본의 모든 직원이 2~4명씩 오전과 오후에 교대로 근무한다. 먼 곳에 근무하는 직원이나 본사 임원도 예외가 아니다.

방문객이 오면 깊이 고개를 숙이고, 기도하는 동안은 자리를 뜬다. 아무도 들어오지 못하게 가만히 서서 전철과 충돌한 흔적이 남은 아

●　일본에서는 매달 기일忌日과 같은 날을 월명일月命日이라고 하여 기린다.

파트 벽을 보고 있다. 오랫동안 유가족 대응을 담당한 직원도 "그 자리에서만 느낄 수 있는 분위기가 있다"라고 말한다. 그는 지금까지 보초를 네 번 섰다. "기도하러 온 유가족분들의 뒷모습이나 아파트 벽을 보면 우리가 일으킨 사고의 상처가 아물지 않았음을 뼈저리게 느끼고 새삼 숙연해집니다"라고 말한다.

아파트는 일부 보존 공사가 진행 중이다. 추모 광장이 생기고, 추모비와 희생자 이름을 새긴 비가 세워질 것이다. 풍경이 바뀌어도 이곳은 JR 직원들에게 계속 "특별한 장소"일 수 있을까? 그것은 개개인이 사고를 얼마나 깊이 반성하고, 안전의식을 얼마나 생생하게 새길 수 있느냐에 달려 있다.

___

안전 투자

그렇다면 JR은 바뀌었을까? 적어도 바뀌려는 노력은 하고 있을까?

먼저 안전에 대한 투자 상황을 살펴보겠다. 2006년도부터 2016년도까지 사고 후 11년간 설비 투자 총액 중 안전 관련 투자액은 60퍼센트대를 유지하고 있고, 평균을 내면 61.06퍼센트다. 사고가 있기 전 9년간(고베 대지진 복구가 일단락된 1997년도 이후)은 대략 50퍼센트대였고, 평균은 55.67퍼센트였다. 액수로 보면, 사고가 나기 전해인 2004년도는 945억 엔 중 467억 엔(49.41퍼센트)이었던 것이 2016년도에는 1598억 엔 중 1050억 엔(65.70퍼센트)이 되었으니 확실히 늘었음을 알 수 있다.

"안전 투자 권한이 사고 후 철도본부로 이관된 게 가장 큰 요인입니다. 총액수를 예산으로 따서, 필요에 따라 투자하게 되었거든요. 그 전에는 사람, 돈, 물건 모두 종합기획본부에 설명하고 여러 절차를 거쳐서 다른 사업과 조정한 끝에 허가가 난 예산만 확보할 수 있었어요. 필요성을 이해하고 있는 부서가 결정권을 가지고 나서 유연하고 신속정확하게 투자할 수 있게 된 겁니다."

안전 매니지먼트 전략실장인 도미모토의 말이다.

도미모토는 1992년에 입사한 후 운전직으로만 경력을 쌓고, 승무원 관련 업무를 담당했다. 신칸센 운전사 면허도 있다. 교습소에 다닌 6개월을 포함해서 2년간 운전사로 근무했다. 그 뒤에는 운전사와 차장이 소속된 미야코 지구(교토)의 지구장도 거쳤다. 야마자키 전 사장처럼 운전직이다. 그 경험을 살려 2014년에는 안전추진부로 왔고, 2017년부터는 신설된 안전 매니지먼트 전략실의 실장이 되었다.

도미모토처럼 젊어서 운전사를 경험한 대졸 관리직은 적지 않다. 그의 세대부터 단기간 승무원이나 역무원 연수를 받고 끝내는 게 아니라 실제로 몇 년간 경험을 쌓게 하는 순환 근무가 정착되었다. 그의 부하 기시모토 요시노리岸本良記 역시 재래선 운전사로서 오사카순환선과 간사이본선에서 승무원으로 근무한 경험이 있다고 말했다.

승무원의 일과 직장 환경을 경험하고 이해하는 '현장'을 중시한(구체적인 방법은 달랐지만, 이데와 야마자키가 강조한 부분이다) 직원 교육이 사고 전부터 행해지고 있었던 것이다.

사고를 겪고 나서는 예산 면에서도 '현장 중심, 안전 우선'이 되었다고 도미모토는 말한다. 인사와 조직 면에서는 야마자키가 사장이던 시절 기술 이사라는 직책이 새로 생겼고, 안전연구소와 안전고동관도 생겼다. 안전연구소는 휴먼팩터 연구를 진행하고 있다. 안전고동관에는 2015년부터 '안전체험동'이 새로 생겼다. 젊은 직원들이 브레이크, 폐색, 쇄정鎖錠,● ATS 등 철도 안전을 지키는 시스템과 산재 예방을 경

● 신호기나 전철기 등을 제어해 열차가 운행하는 동안 전철기가 작동하지 않도록 하는 장치.

험으로 배울 수 있는 시설이다.

그렇다면 안전 투자의 내용은 어떤가? JR이 발행한 「철도안전보고서 2017」 등 각종 자료와 도미모토의 이야기를 종합하면 다음과 같다.

먼저 후쿠치야마선 사고의 원인이 된 ATS 설치 문제에 대해서다. 사고 직후 다카라즈카-아마가사키 구간의 ATS 설치가 운행 재개의 조건이 되었다. 그 밖의 구간에도 설치가 이뤄졌다. 2006년 3월까지 사고 현장과 비슷한 정도의 커브 구간 1234곳에 속도 조사 기능이 부착된 곡선용 ATS-SW가 설치되었다. 2007년 3월까지는 분기점 1018곳과 종착선 57곳에 ATS-SW를 설치했다. 도시부에서는 2006년 1월의 가모加茂-오지王寺 구간을 시작으로 히네노日根野-와카야마 구간, 교토-기즈木津 구간, 신산다-사사야마구치 구간 등에 ATS-P가 순차적으로 설치되었다. 사고 이후 국토교통부가 2006년에 내린 ATS 설치 지침에 해당되는 구간은 2012년도 말까지 모든 구간에 설치가 완료되었다.

새로운 운전 안전 시스템 개발도 진행 중이다. 히로시마 지사에서는 2013년도부터 ATS-DW라는 시스템이 정비되었다. 신호 위치, 제한속도, 플랫폼 위치 등의 데이터를 차량에 탑재해서 운전사의 실수를 커버한다는 것이다. 신칸센은 안전성이 높은 ATC(자동 열차 제어장치)라는 시스템이 사용되고 있는데, 2017년 2월부터는 좀더 원활하게 감속할 수 있는 신형 기종을 사용하기 시작했다.

그 밖에 투자액이 큰 것은 재해 대책(고가 선로의 내진 보강, 집중호우시 산사태를 막는 사면 콘크리트화 등), 신형 차량 도입(운전사가 일정 시간

핸들을 조작하지 않으면 자동으로 비상 정지하는 EB 장치나 충돌 시 충격을 흡수하는 구조), 승객의 추락을 방지하는 스크린도어 등이다.

최근 필요성이 대두되고 있는 스크린도어는 JR 서일본에서는 아직 설치가 지지부진한 상태다. 총 1200개 역 중에서 재래선은 여섯 역, 신칸센 역시 호쿠리쿠 신칸센을 중심으로 여섯 역에 설치되었을 뿐이다(2018년 2월 말 시점. 일부 플랫폼 설치 역도 포함). 앞으로 승객이 10만 명을 넘는 15개 역에 우선적으로 설치할 예정이라고 한다.

"필요한 안전 투자는 아끼지 않지만, 금액 면에서 보면 경영 규모에서 우위에 있는 JR 동일본이나 JR 도카이와 비교가 안 되는 건 어쩔 수 없죠. 그만큼 지혜와 궁리를 발휘해서 작은 것부터 바꾸고 싶어요."

도미모토는 이렇게 말한다.

예를 들어 플랫폼 의자의 위치 문제가 있다. 그 전에는 선로와 평행으로 설치돼 있었는데, 직각으로 방향이 바뀐 역이 최근 늘었다. 안전연구소의 연구 성과에 기반한 것이다. 취객의 선로 추락이나 전철과의 충돌 사고를 분석한 결과, 승객들이 의자에서 일어나서 곧장 걸어가는 경향이 있다는 것을 파악하고, 방향을 바꿨다는 것이다. 안전연구소는 그 밖에도 운전사의 졸음 예방책을 내놓거나 속도계를 잘 보이는 모양과 위치로 바꾸도록 제안했다. 휴먼팩터란 무엇인가를 해설한 교과서를 만들거나 작업장에서 강의를 하기도 하며 "지혜와 궁리"를 끌어내고 있다.

"지사별로 직종을 뛰어넘는 안전 미팅이 열리게 된 것도 사고 후의 변화입니다. 국철 시절부터 이어진 관습 때문에 운전사와 차장, 역무원, 보선과 전기 공사 작업원 등은 밖에서 보면 이상할 정도로 교류가 적었어요. 그 때문에 서로 무슨 일을 하는지도 모르고 소통이 잘 안 됐죠. 그런 관습을 없애고자 현장에서 자발적으로 시작한 겁니다. 앞으로는 안전 미팅에서 새로운 개선책이나 제안이 나올지도 모르죠."

이러한 현장의 안전활동을 총괄하는 안전관리 체계는 2015년부터 외부 기관에 의한 제삼자 평가 시스템이 도입되었다. 안전 팔로업 회의에서 니시카와와 아사노가 강력하게 요구한 제언이 받아들여진 것이다.

그 외부 기관의 이름은 노르웨이에 본부를 둔 국제적 평가 기관 'DNV GL'로, 일본법인 본사는 고베에 있고, 선박과 제조업의 안전 관리 평가, 국제 규격 ISO 인증 등을 하고 있다. 직원들이 국토교통부 가이드라인 14항목에 비춰 JR 내부 감사에서 적절한 안전 매니지먼트가 이뤄지고 있는가를 평가하는, 말하자면 '내부 감사를 외부에서 감사하는' 시스템이다. 2015, 2016년도 평가보고서를 보면 "개선이 필요한 사항"에 몇 가지 흥미로운 지적이 있다.

"안전 관리의 이념과 방침은 명확하지만, 이를 구체화하기 위해서는 안전 관리 체계 기준도 분명히 할 개선책이 필요하다."

"위험성 평가가 충분히 실시되지 않은 상황이다. 그렇기 때문에 회사의 모든 부문에서 높은 수준의 위험성 평가를 실시하는 개선이 점진적으로 이루어져야 한다."

"현장에서 안전 관리 체계 추진 등에 대해 부담을 느끼는 경우가 있다. (…) 규칙이나 절차에 대해서는 시간이 지날수록 사고와 요주의 상황이 발생할 때마다 수정이 이뤄져 실시 항목이 늘어나는 경향이 있다. 현장 직원들에게는 점차 부담이 될 수 있다. 경우에 따라서는 '위에서 이래야 한다, 저래야 한다는 지시를 많이 받아도 일일이 처리하기 힘들어질 수 있다' '매뉴얼대로 하다가는 일을 못 한다'고 생각하는 직원이 나올 위험도 크다."

안전을 위한 규칙과 절차, 업무가 늘어나면서 현장을 옥죄고, 오히려 스트레스를 주고 있다는 지적이다. 그럴 수도 있다. 야마자키가 추진했던 SA 계획에 대해 5장에서 언급했지만, "기본 동작을 철저히" 하라는 명령을 현장 운전사들은 반기지 않았다. 오히려 지나치게 세세한 지시에 대한 불만만 커졌다. 운전사 경험이 있는 도미모토 역시 그러한 부분을 이해한다.

"무슨 일이 있을 때마다 기본 동작이나 검사 항목이 늘어나서 업무 내용이 점점 가중됐어요. 쓸데없는 건 폐지하고 확 줄이자고 제안한 적도 있는데, 그러면 현장에서 오히려 '그렇게 줄이면 안 된다'고 반발하더라고요.

즉, 사람이 지금까지 해왔던 업무 방식이나 절차, 태도, 그리고 성공 경험은 그리 쉽게 버리거나 바꿀 수 있는 게 아니에요. 제가 담당하고 있는 위험성 평가도 하루아침에 정착되리라고는 생각하지 않아요. 몇 년에 걸쳐 진득하게 노력하는 수밖에 없다고 각오하고 있어요."

JR은 분명히 바뀌려 하고 있다. 그러기 위한 투자와 조직, 프로젝트도 이뤄지고 있다. 그러나 그러한 노력이 성공하느냐의 여부는 결국 현장의 '사람들', 휴먼팩터에 달려 있다는 것이다.

—

처벌하지 않겠다는 발상

휴먼에러는 징계하지 않는다.

2016년 4월, JR의 마나베 세이지 사장이 내세운 방침은 큰 주목을 끌었다. 철도 업계에서는 처음 있는 일이었다.

앞 장에서 JR이 2008년부터 '사고'의 정의와 분류를 다시 만들어 오버런이나 지연 등의 경미한 실수를 징계나 평가 대상에서 제외했다는 사실은 언급했다. 여기서 더 나아가 실제로 대인, 대물 피해가 발생한 사고나 신호 위반 등에 대해서도 고의나 명백한 태업이 아니라면 징계하지 않겠다는 것이었다. 원인을 규명하고 향후의 재발 방지를 지향하겠다는 내용이었다.

후쿠치야마선 사고 전까지 뿌리 깊게 박혀 있던 '기강 해이나 의식 부족 때문에 발생하는 휴먼에러가 사고의 가장 큰 원인'이라는 책임 추궁식 인식에서 '휴먼에러는 시스템과 인간의 부조화, 인간의 특성과 여러 조건으로 발생한 결과일 뿐, 원인이 아니'라는 원인 추구식 발상으로 전환한 것이다. 이것이야말로 아사노 등이 과제검토회와 안전 팔로업 회의를 거치며 도달한 결론이었고, JR에 요구한 것들을 구체화한 것이다.

위험성 평가를 통해 사고의 싹을 뽑아내고, 그럼에도 불구하고 발생한 사고나 실수에 대해서는 피하기 어려운 휴먼에러였다고 판단되면 징계하지 않겠다. 이 두 가지 개선책이야말로 JR이 후쿠치야마선 사고의 교훈으로부터 얻은 안전관리 체계의 기둥인데 다른 업계에는 선행 사례도 있다.

위험성 평가란 앞서 말했듯이 직장 환경이나 설비, 작업 절차에 숨겨진 위험성을 발견하고, 원인과 구조를 분석해 사고로 이어질 수준이 어느 정도인가를 평가하는 작업이다. 이에 기반해 대책을 세우고 사고를 예방한다. 조직적 사고의 스위스 치즈 모델(제6장)을 고안한 휴먼에러 연구의 일인자인 제임스 리즌 등이 주장한 뒤, 1990년대 초 영국에서 확산되었다. 일본에서는 건설 현장이나 제조업 산재 예방을 위해 도입되었는데, 원전이나 석유화학 공장 등 사고가 일어나면 심각한 피해를 일으키는 분야로 확산되었다. 2006년에는 후생노동부가 권장하기 시작했다.

운수 업계에서는 항공사들이 먼저 도입했다. 항공 업계에서는 한 대형 사고를 계기로 휴먼에러에 대한 인식이 높아져 세계적으로 연구가 진척되었다. 바로 1977년, 스페인령 카나리아 제도 테네리페섬 공항에서 대형 여객기가 정면충돌한 사고로, 583명이 사망했다. "테네리페의 비극"이라 불리는 사고다.

사고의 개요는 다음과 같다. 그날, 카나리아 제도의 주요 국제공항이 테러 때문에 일시적으로 폐쇄되었다. 각국의 비행기들은 테네리페 공항에 대체 착륙하고 대기한 탓에 활주로가 하나밖에 없었던 공항은 북적였다. 저녁에 국제공항이 재개되면서 비행기들은 순차적으로 그쪽으로 이동했다. 그때 사고가 일어났다. 활주로에 아직 비행기가 있었는데, 다른 비행기가 이륙하려다가 충돌한 끝에 대파된 것이다.

직접적으로는 이륙하려 했던 기장의 오판이 원인이었지만, 배경에는 여러 요인이 겹쳐 있었다.

운항 지연으로 기장은 피로와 초조함을 느끼고 있었고, 관제탑의 지시가 애매해서 의미를 오해했으며, 활주로에 있던 비행기의 기장이 무선 통화 중에 끼어들어서 지시가 잘 전달되지 않았다. 게다가 저녁에 안개가 발생해 활주로의 시야가 잘 확보되지 않았다. 이륙하기 직전 불안을 느낀 항공기관사가 제지하려 했으나 베테랑 기장이 이를 무시했다.

예기치 못한 공항 운용, 저녁 안개 등의 악조건에 오해와 착각, 선입견, 자만, 지연으로 인한 스트레스, 승무원 사이의 권력관계 등 휴먼에러가 연쇄적으로 겹치면서 일어난 그야말로 조직적 사고였다.

이 사고가 세계적인 교훈이 되면서 항공 업계에서는 ICAO(국제 민간 항공기구)가 인시던트 보고를 수집하고 발생 빈도와 경향을 분석해 대책을 취하며, 다른 항공사들과도 정보를 공유하도록 제언했다. 정확한 보고를 많이 수집하기 위해서는 공정한 판단과 실수를 처벌하지 않는 게 요구된다. 보고했다가 징계나 기소 대상이 된다면 실수를 감추는 게 인간의 심리이기 때문이다. 그렇게 휴먼에러는 징계하지 않는다는 발상이 정착되었다.

미국에는 '자발적 항공 안전 보고 제도'가 있어서 열흘 내로 보고하면 면책된다. 유럽 항공사와 비행기 제조사 등 15개 회사가 참여하는 '포괄적 안전 보고 제도'에는 연간 4만 건이 보고되지만, 사실상 형사 사건으로 입건되는 경우는 없다.

6장에서 야나기다가 지적한 것처럼, 일본은 실수를 저지른 개인을 특정해서 벌하려는 책임 추궁 의식이 강하지만, 항공사들은 국제적인 제도를 채용하고 있다. JAL은 2007년부터 휴먼에러를 징계하지 않는 다는 방침을 정했고, ANA도 그 뒤를 따랐다. 대책을 세우는 데 도움 이 된 보고를 한 사람에게는 감사장을 수여하는 등 쉽게 보고할 수 있는 문화를 만들어 성과를 내고 있다고 한다.

그렇다면 JR의 위험성 평가 시스템은 어떻게 돼 있고, 휴먼에러 여 부를 판단하는 기준은 무엇인가? 그리고 현재 어느 정도 효과를 거두 고 있는가? 도미모토와 담당자의 설명은 다음과 같다.

먼저 위험성 평가 제도는, 사고와 산재로 이어질 가능성이 있는 위 험성(요주의 상황이라고도 한다) 보고를 작업장별로 모아서 지구장들이 하나씩 평가해 점수화한다. 기준은 세 가지다. 하나, 사고가 났을 때의 심각성(0~10점). 둘, 사고로 이어질 가능성(1~6점). 셋, 사고가 일어나는 빈도(1~4점).

셋을 합산해서 총점이 높은 것부터 우선적으로 대책을 세운다. 총 20점 중에서 12점보다 낮으면 '허용할 수 있는 위험'으로 현장에 대응 을 맡긴다. 12점 이상은 지사로 보고해서 다시 엄밀한 분석과 평가를 한 뒤 대책을 취하고, 본사에도 보고한다.

제도를 도입한 2008년 4월부터 2017년 11월 말까지 수집된 보고는 29만1179건. 그중에서 12점 이상은 1만 건 가까이 있었다. 그러나 도미모토에 의하면, 그중 90퍼센트는 재평가한 결과 허용 가능한 위험성으로 판단되었다. 투자와 인원 투입 등의 대책이 필요한 나머지 1000여 건 중에서 80퍼센트는 산재 관련이었다. 철도 운행 및 승객 안전과 관련된 위험성은 200건 남짓이었다. 신호가 잘 보이지 않거나 건널목 설비 고장 등 하드웨어와 관련된 것이 많았다고 한다.

한편 휴먼에러를 징계하지 않으면서 예전이라면 징계 대상이 되었을 10킬로미터 이상의 과속이나 신호위반, 보선 작업원이 열차가 접근하기 직전까지 작업을 하는 등의 실수는 책임을 묻지 않게 되었다. 2016년도에는 85건, 2017년도 상반기에는 34건이었다. 지사별로 판정위원회가 심문과 데이터 분석을 통해 고의로 인한 행위나 심각한 태업에 해당되지 않는, 다시 말해서 불가피한 휴먼에러였다고 판단한 것이다. 2015년도에는 82건 있었던 징계 처분이 도입 이후에는 한 건도 없어졌다.

"예를 들어 빨간불인데도 멈추지 않았다고 가정해보죠. 이때 운전사에게 사정을 묻지만, 본인의 기억은 애매한 경우가 많아요. 그래서 운전실에 설치한 블랙박스에 기록된 영상과 운전실 음성을 확인하면서 본인과 함께 점검합니다. 그러면 처음에는 리듬감 있게 손동작도 하고 복명복창도 하다가 언제부턴가 느려져요. 평소에는 속도를 높이지 않던 곳에서 높이기도 하고 자세한 상황을 파악하게 됩니다. 그러한 정보를 종합적으로 보고 휴먼에러인지 아닌지를 판단합니다."

후쿠치야마선 사고 이후 블랙박스를 도입하기로 했을 때, 노조에서는 "운전사를 감시하겠다는 거냐"라며 반발하기도 했다. 휴먼에러의 판정 기준이 애매해서 운용이 자의적이라는 차원의 비판도 있다. 그러나 도미모토는 "감사나 근무 평가 같은 노무 관리적 발상이 아니라 어디까지나 철도 안전을 위해서"라고 단언한다. 그리고 현장으로부터 신뢰를 얻어 안심하고 보고할 수 있는 문화를 만들기 위해서도 실수는 처벌하지 않겠다는 방침이 필요하다고 말한다.

사고 이후 비판이 집중되었던 일근교육도 바뀌었다. 현장에 맡기는 대신 운전 경험이 풍부한 전문 지도관을 지사에 배치해서 시뮬레이터 등을 이용해 기술 지도에 힘을 쏟았다. 지도관은 지사가 아니라 본사 운수부 소속이라 승무원과는 직접적인 상하관계가 아니다. 징벌이나 마이너스 평가로 이어지지 않기 때문에 실수한 승무원도 보고나 상담을 하기 용이해지는 것이다.

그렇다면 후쿠치야마선 사고 당일 다카미 운전사의 행동을 현재의 회사 기준에 비춰보면 어떻게 될까?

"만약 그가 사고 후에도 살아 있어서 심문 가능한 상태였고, 그 결과 고의나 태업이 아니라고 판단했을 경우라는 몇 가지 가정이 필요합니다만……."

도미모토는 신중하게 말했다.

"다카라즈카 역에서의 ATS 작동, 이타미 역에서의 오버런, 사고 현장에서의 과속은 책임을 물을 수 없을 겁니다. 다만 다카라즈카에서 ATS를 무단으로 해제한 건 징계 대상입니다.

즉, 졸음이나 주의 산만으로 인한 실수는 어쩔 수 없어요. 그런 건 누구에게나 있을 수 있는 일이고, 하드웨어로 방지하는 대책을 취할 수 있어요. 정말 무서운 건 실수했을 때, 숨기려 하는 그다음 행동입니다. 보안 장치를 해제하는 것만큼 무서운 건 없지요."

위험성 평가도, 휴먼에러는 징계하지 않겠다는 방침도 팔로업 회의에서 지적한 것처럼 "보고할 수 있는 문화"가 회사에 정착 가능한지에 성패가 달려 있다.

—

사고의 전조를 알아차리다

사고에 대한 인식을 재고하고, 안전 투자도 늘렸다. 마음 편히 보고할 수 있는 제도와 재교육 방식도 마련했다. 그 덕분인지 JR 서일본 내부 요인(차량이나 설비 고장, 직원의 실수 등 JR의 문제)으로 인한 수송 장애는 후쿠치야마선 사고 이후 10여 년간 감소 추세였다. 2005년도에는 344건이었는데, 2016년도에는 149건으로 줄었다. 절반 이하, 40퍼센트 수준까지 감소한 것이다. JR의 다른 회사들과 비교해도 감소 속도가 두드러진다.

그럼에도 불구하고 빈틈을 파고든 사고와 실수는 발생한다. 결코 없어질 수 없다. JR의 철도안전보고서와 홈페이지에는 최근 몇 년간 발생한 사고와 인시던트들이 게재되어 있다.

산인선 풍속 규제 위반(2015년 5월 12일): 지요강 다리의 풍속계가 기준치를 넘겼기에 돗토리 역 신호 담당자가 관제센터에 연락했다. 관제센터는 운전사에게 정지하라는 지시를 내렸지만, 열차는 계속 달린 끝에, 신호를 지나쳐 1.2킬로미터 진입한 뒤에야 정지했다. "풍속이 기준치를 넘겼으니 잘 부탁합니다"라는 관제센터의 애매한 지시가 원인이었다.

산요 신칸센 커버 낙하(2015년 8월 8일): 고쿠라小倉-하카타 구간의 터널을 주행 중이던 신칸센 차량 하부 기기를 덮는 커버가 떨어졌다. 차량 측면 여러 곳에 부딪힌 끝에 터널 상부의 전선에 접촉하면서 정전이 일어났다. 차량에 대한 충격 때문에 승객 1명이 부상을 입었다. 해당 열차는 직전에 주행 시험을 했는데, 그때 커버를 다시 달았다. 평소 검사 담당자와는 다른 팀이 작업한 탓에 절차 확인이 부족했고, 커버가 떨어졌던 것이다.

마야 역 건설 현장 지지대 추락(2015년 12월 11일): 새 역사를 건설 중이던 공사 현장에서 강풍으로 인해 지지대가 하행선 선로에 떨어졌다. 현장 바로 옆을 달리던 신쾌속 열차는 긴급 정지했고, 승객들은 한동안 차량 안에 갇혀 있어야 했다. 시공 업자가 방어 시트를 방치한 탓에 강풍을 견뎌내지 못한 데다가, 지지대 고정 작업도 부실했던 것이 원인이었다.

간사이공항 특급 패널 낙하(2016년 1월 14일): 간사이공항선에서 야간 선로 작업을 하던 인부가 선로에 차량 부품이 떨어져 있는 것을 발견했다. 전날 저녁에 현장을 주행하던 특급 짐칸 문에서 외부 패널이 떨어진 것이다. 오래된 접착제가 원인이었는데 도중에 역에서 여러 직원이 열차의 문제점을 인식했음에도 불구하고 보고하지 않았다. 이유를 묻자 "그런 상태로 달리는 건 있을 수 없는 일이다. 다른 사람이 이미 보고했으리라 생각했다" "수리하러 차량 기지로 가는 중인 줄 알았다" 등의 대답이 돌아왔다.

고케이 역 열차 탈선(2017년 1월 24일): 하쿠비선 고케이 역사 안에서 보통 열차의 셋째 칸이 탈선했다. 원인은 깜빡하고 바퀴 고정 장치를 해제하지 않았던 것이다. 이 열차 운전사는 역을 출발한 직후, 앞쪽 선로 침목에서 연기가 나는 것을 발견하고, 열차에서 내려 불을 껐다. 이때 차장이 바퀴를 고정했는데, 불을 끄고 다시 출발할 때 바퀴 고정 장치를 해제하지 않았던 탓에 탈선했던 것이다.

이 밖에 차량 대차台車● 균열이 두 건(2015, 2016년), 공사 인부가 화물 열차에 치여 사망한 산재 사고가 한 건(2017년) 있었다. 이 산재 사고와 위에서 언급한 신칸센 커버 낙하 및 마야 역 지지대 추락에 대해서는 당국의 경고가 있었다.

이 사례들을 보면 지시를 오인하거나 작업 순서를 잊거나 확인을 게을리하거나 착각하는 등의 휴먼에러가 대부분이다. 그것도 승무원뿐 아니라 차량 검사, 공사나 보선, 역무원, 하청 공사업자에 이르기까지 거의 모든 현장에서 전반적으로 발생한 것이다.

후쿠치야마선 사고 이후 네 번째 사장이 된 기지마 다쓰오(2016년 6월 취임)는 2017년 12월 1일 기자회견에서 "내부 원인으로 인한 수송 장애가 대폭 줄어든 것은 어떤 이유에서인가?"라는 물음에 "휴먼에러는 아직도 일정 수준 일어나고 있다"라며 신중한 태도를 보였다. 수송 장애가 줄었다는 성과를 자랑하기보다는 앞으로 더 줄이도록 노력하겠다고 강조했다.

그로부터 11일 뒤에 있었던 나와의 인터뷰에서도 기지마는 그렇게 말했다. 사고 후 내세운 안전을 가장 우선시하는 기업 이념은 정착되었는가, JR은 정말 바뀌었는가를 묻자 그는 말을 신중히 고르면서 이

● 차체 밑부분을 떠받치는 틀.

렇게 대답했다.

"우리가 바뀌었는가 여부는 피해자분들이나 사회적 평가에 맡겨야죠. 사고를 일으킨 주제에 스스로 평가할 수는 없다고 생각합니다. 회사 전체가 위험성 평가에 힘을 기울이며 노력하고 있습니다만, 직종이나 지역마다 차이가 있어서 정말 정착하고 있는지, 전 직원이 모두 같은 수준으로 노력하고 있는지는 확신할 수 없습니다.

휴먼에러는 원인이 아니라 결과라는 전제에서 출발한 사고방지 대책도 아직 정착했다고 하기는 어렵습니다. 엄하게 혼내면 사고는 일어나지 않는다는 과거의 직원 관리 행태에서 이어져온 상명하복식 지도, 일방적 지시만 기다리는 분위기가 상사와 부하 직원 사이에 남아 있고, 완전히 사라졌다고는 할 수 없을 것 같습니다.

그 부분을 어떻게 불식시킬 수 있을지, 지도하는 쪽과 받는 쪽 양자의 대화를 통해 직원들의 이해도를 보면서 부족한 부분을 채워갈 수 있는 교육 방법을 각자의 위치에서 찾고자 노력하고 있습니다."

위험성 평가의 수준을 향상시키는 것이 목표지만, 보고 건수가 많을수록 좋다거나 반대로 적을수록 사고 위험성이 줄었다고 하기는 힘들다. 기지마는 단순히 숫자만 보고 평가할 수 없다고 말한다. 중요한 것은 수집한 정보로부터 사고와 실수가 일어나는 장소, 시간, 계절, 날씨 등의 경향성을 파악하고 전조를 알아챔으로써 사고 방지를 위해 노력하는 것이다.

그러기 위해서 과거의 사고와 산재, 직원으로부터 보고된 위험성, 대책 등의 정보를 일원화하여 관리하는 데이터베이스를 만들었다. 모든 부서에서 컴퓨터로 열람할 수 있고, 사고의 종류와 장소, 날씨 등의 조건을 지정하면 발생하기 쉬운 사고를 검색할 수 있다. 약 7억5000만 엔이 들었다.

"우리 철도 사업자들은 안전을 확보하지 못하면 사업할 자격이 없다고 생각합니다. 그래서 앞으로도 노후 설비 갱신이나 재해 대책 등을 포함해 안전 투자를 우선시할 생각입니다.

다른 한편 지방의 인구가 앞으로도 감소하는 와중에 안전에 투자할 수 있는 자금도 마련해야죠. 2020년까지 비철도 사업의 매출을 전체의 40퍼센트까지 끌어올리는 게 목표입니다. 그렇게 사업을 영구적으로 할 수 있는 길을 마련할 예정입니다. 그리고 직원들의 사기를 어떻게 높일 수 있을지를 고민하는 것이 사장으로서 제 역할입니다."

기지마는 후쿠치야마선 사고 당시 홍보실장이었다. 살기등등한 취재진과 부하들이 격렬하게 다투던 와중에 책임자인 기지마만은 침착하고 예의 바르게 대응했다고 당시 기자들은 말한다. 그 뒤로는 피해자 대응본부의 본부장을 맡아 아사노를 비롯한 유가족과 만날 기회도 많았다. 한 피해자가 "당신들이 무슨 말을 해도 정당화를 위한 변명이나 거짓말로밖에 안 들린다"라고 한 말을 듣고, 자신의 회사가 얼마나 신용을 잃었는지 실감했다고 한다.

만나보니 확실히 인상은 부드럽고, 말씨도 겸손하며 신중했다. 그런 만큼 앞서 만났던 이데나 야마자키에 비해 사장으로서 개성이 부족한 느낌도 든다. 본인도 "롤모델로 삼는 지도자가 없고, 사람들 앞에서 그런 이야기를 한 적이 없다"라며 쓴웃음을 지었다.

이런 사람이 사장이 된 것도 JR의 변화일지 모른다. 그런 생각을 하며 나는 JR 본사를 나왔다. 이 인터뷰를 끝으로 취재를 마칠 생각이었다.

그러나 이걸로 끝이 아니었다.

―――
심각한 인시던트

첫 소식은 인터넷의 단신이었다.

신칸센 '노조미'에서 이상한 냄새 소동/ 대차 부분 이상/ 나고야
11일 오후 5시 무렵, JR 나고야 역에 정차 중이던 하카타발 도쿄행 도카이
도 신칸센 '노조미 34호'의 대차 부분에서 이상이 발견되어, 해당 열차의 운
행을 중단했다.
JR 도카이에 따르면 교토 역을 출발한 뒤, 승무원이 차량에서 탄내가 난다
는 사실을 파악했다고 한다.(『아사히신문 디지털』 2017년 12월 11일)

이튿날인 12일 오후 3시 30분, 차량을 보유하고 있는 JR 서일본의
발표로 심각한 사태였음이 알려졌다. 신칸센 대차 부분에서 큰 균열
이 발견되었던 것이다. 대차가 파손되면 차축을 고정시킬 수 없어 고
속으로 달리다가 탈선할 우려도 있다. 운수안전위원회는 "심각한 인시
던트"로 인정하고 조사를 시작했다. 2001년에 항공·철도사고조사위원
회가 출범한 이후 신칸센을 대상으로 한 조사는 처음이었다.
문제는 크게 두 가지였다.

하나는 하드웨어 부분과 검사 체계의 문제였다. 강철을 소재로 한 대차에 왜 균열이 생겼는가? 왜 파손 우려가 있는 부분을 사전에, 혹은 주행 중에 발견하지 못했는가?

파손된 부분은 대차의 "가와바리側バリ"라 불리는 부분으로 바퀴와 차축을 고정시키는 기어박스 근처에 있다. 안쪽 폭 16센티미터와 좌우 양측 17센티미터 중 14센티미터 이상, 즉 'ㄷ'자 모양으로 균열이 나 있었다. 남아 있는 부분은 3센티미터도 되지 않았다. 끊어지기 직전이었던 것이다.

대차가 뒤틀리고, 모터 회전을 바퀴에 전하는 이음새가 닳아서 기름이 흘러나와 탔다. 탄내가 난 이유는 그 때문이었다. 약 10개월 전 JR 서일본이 하카타 차량 기지에서 했던 전반 검사(부품을 떼어내고 대차만 검사) 때는 문제가 없었다. 운행 전날 JR 도카이의 차량 기지에서 육안으로 한 검사에서도 이상은 발견되지 않았다. 이 점검 작업에 문제가 없었다면, 주행 중에 문제가 발생했다고 볼 수 있다.

JR 서일본은 대차의 이상을 검지檢知하는 센서를 개발·도입하기로 결정하고, 2018년도부터 시작하는 새로운 '철도안전 고동考動계획 2022'에 추가했다.

그리고 또 하나의 문제는 차장과 관제사 등 여러 직원이 이상 징후를 느꼈음에도 불구하고 운행을 그대로 계속했으며 신오사카 역에서 교대한 JR 도카이의 승무원들에게도 "주행에 지장 없음, 운전 계속"이라고 인수인계했던 것이다. 후쿠치야마선 사고 이후 "안전을 최우선으로" 한다고 내세우고, 위험성 평가를 시행하고 있었음을 고려하면 이게 더 심각한 문제다.

관계자들에 대한 조사 과정에서 밝혀진 당일의 상황은 다음과 같다.

노조미 34호(N700계, 16량 편성)는 13시 33분, 하카타 역을 출발했다. 승무원은 운전사 외에 차장 2명과 객실승무원 1명, 차내 판매원 3명이었다.

출발 2분 후, 객실승무원이 13호차(앞에서 넷째 칸) 덱 근처에서 끼익 하는 소리를 들었다. 13시 50분, 고쿠라 역을 출발한 직후에도 비슷한 소리를 들었다. 그 전에 차장과 판매원 2명이 7, 8호차 근처에서 "탄내" 혹은 "철을 태우는 것 같은 냄새"가 나는 것을 느꼈다.

14시 18분, 차장이 도쿄 관제센터의 관제사에게 냄새가 난다고 보고했다. 관제센터의 관제사는 승객의 신고나 이상한 소리가 있었는지 여부를 물었는데, 차장은 "없다"고 대답했다. 관제사는 차량 보수 담당자를 오카야마 역에서 승차하도록 지시했다. 이상한 냄새와 소리는 일시적으로 약해지는 듯하다가 다시 계속되었다. 후쿠야마 역을 출발한 15시 무렵, 히로시마 역에서 승차한 다른 차장이 승객으로부터 13호차에 이상한 냄새와 연기가 난다는 신고를 받는다. 확인해보니 객실 전체가 뿌연 연기로 가득했고, 탄내도 났다.

오카야마 역에서 승차한 보수 담당자 3명은 13호차에서 이상한 소리와 바닥의 부르르 떨리는 진동을 감지했다. 신고베 역으로 향하던 15시 31분, 관제사에게 "소리가 심하게 난다" "바닥 밑을 점검해봐야겠다"라고 전했다. 관제사는 "주행에 지장이 있는가"라고 물었고, 보수 담당자는 "그 정도는 아닌 것 같다. 한번 봐야 알겠다"라고 대답했다.

관제사는 주행에 지장이 없다고 판단했다. 보수 담당자는 "안전을 위해서 일단 신오사카에서 바닥을 봐볼까"라고 제안했으나 당시 관제사는 수화기를 귀에서 떼어놓은 상태여서 듣지 못했다. 상사의 상황보고 요구에 응하고 있었던 것이다. 그때 보수 담당자에게 "잠깐만 기다려주세요"라며 대화의 일시중지를 요청했다. 그러나 대화를 듣고 있던 다른 보수 담당자는 "신오사카에서 바닥을 점검할 준비를 할 테니 기다려"라는 뜻으로 이해했다.

바닥 점검을 제안했던 보수 담당자는 관제사의 대답이 없자, 13호차의 모터 개방(특정 모터를 사용하지 않도록 할 것)으로 이상이 있는 부분을 특정하도록 의뢰했다. 관제사는 운전사에게 모터 개방을 지시했다. 상사 관제사는 도쿄 관제센터의 책상 옆에 있던 JR 도카이의 관제사에게 "이상한 냄새가 났는데, 지금은 괜찮다" "이상한 소리가 나서 모터 개방을 하겠다"라고 전했다. 그러나 운행 중지에 대해서는 협의하지 않았다. 신고베 역에 도착했을 때, 보수 담당자 2명이 내려서 13호차와 플랫폼 사이에 전등을 비추고 확인해봤지만, 이상은 발견되지 않았다.

신고베 역을 출발한 15시 55분, 모터 개방 소리를 확인한 보수 담당자가 "소리에 변화가 없는데 대차 쪽이 아닌가"라고 관제사에게 전했다. 관제사가 "주행에 지장은 없는가"라고 묻자, 보수 담당자는 "판단할수 없다. 주행에 이상이 없다고는 단언할 수 없다" "소리가 여전히 나고있는 걸 보면, 평소와 다른 상태임은 틀림없다"라고 대답했다.

관제사는 이때 "보수 담당자는 차량 전문가이니 정말 위험하거나 점검이 필요할 때는 확실히 얘기할 것"으로 판단했다. 한편 보수 담당자는 "바닥을 어느 역에서 점검할지 관제사가 조정하고 있다"고 생각했다. 관제사는 "대차 문제인지 의심스럽지만, 잘 모르겠다는 뜻이죠?"라고 물었고, 보수 담당자는 "뭐, 그렇습니다"라고 대답했다.

주행에 지장이 없다는 관제사의 인식은 처음에 보수 담당자와 통화했을 때(오카야마 역 출발 직후)부터 변하지 않았다. 그 보고를 받은 상급 관제사 역시 그렇게 판단하고 JR 도카이 관제사에게 "보수 담당자한테서 이상 없다는 보고가 있었다"라고 전했다. 신오사카 역에 도착한 이후, 차장 3명은 JR 도카이 차장에게 13호차에서 이상한 냄새가 났고, 보수 담당자가 점검했으나 "주행에 지장 없음"이라고 인수인계했다.

그렇게 대차에 균열이 나고 이음새에서 기름이 샌 채로 노조미 34호는 나고야 역까지 달렸다. 하카타 역 출발 직후에 객실승무원이 이상한 소리를 들은 때로부터 약 3시간 20분. 그사이 벌어진 균열의 넓이는 최대 1.6센티미터에 달했고, 이음새는 비정상적인 고온 때문에 변색되었다.

대화를 분석해보면, 문제의 무시, 애매한 보고, 착각, 흘려듣기, 표현에 대한 오해, 확인 부족, 서로에게 판단을 미루는 무책임, 성의 없는 인수인계 등 휴먼에러의 연속이었다.

원래 열차 운행을 멈출 권한은 관제사에게 있다. 그 지시를 기다릴 여유가 없을 때는 현장의 판단으로 멈출 수도 있다. 그러나 이상한 소리를 감지했을 때의 매뉴얼은 있어도, 현장에서 실제로 나는 소리는 관제사에게는 들리지 않는다. 이상한 냄새가 났을 때의 매뉴얼은 있지만, 유독가스나 화재를 염두에 둔 것으로 이 경우는 해당되지 않았다.

서로 상대방이 판단하겠거니 하며 책임을 미루다가 이상 사태가 쭉 이어지는 대화에서 안전에 대한 둔감함을 느끼지 않을 수 없다. 적절히 상황을 파악하지 못하는 현장과 희망적 관측에 기댄 관제사의 대화는 제3장에서 기록한 후쿠치야마선 탈선 사고 직후의 차장과 관제사의 대화를 방불케 한다.

표현에 대한 오해나 선입견에 의한 실수는 앞서 다룬 최근 사례들에서도 나타난다. 그때마다 대책이 세워졌다. 예를 들어 지시나 상황을 명확히 전달하는 '확인 대화'를 철저히 하라고 거듭 주의를 환기했다. 그러나 이때 그 주의 환기가 효과를 발휘한 흔적은 전혀 없다.

신칸센은 재래선과 다른 계통으로 움직인 탓에 정보가 공유되지 않았단 말인가? 신칸센의 보안 시스템은 특별하다고 과신했던 것이 아닌가? 혹은 신칸센을 멈추면 승객에게 미치는 영향이나 경제적 손실이 크다고 무의식적으로 심리적 저항을 느꼈던 것은 아닌가? 그렇다 하더라도 JR 도카이는 멈췄는데 왜 JR 서일본은 멈추지 못했단 말인가?•

JR이 후쿠치야마선 사고 이후에 만든 안전헌장에는 이런 항목이

• 장거리를 운행하는 신칸센은 구간에 따라 전담하는 회사가 달라진다. 해당 열차의 경우 하카타 역에서 신오사카 역까지는 JR 서일본 관할이다. 나고야 역에서 운행을 중지한 것은 JR 도카이의 판단이다.

있다.

"판단이 어려울 때는 가장 안전하다고 여겨지는 행동을 해야 한다."

이 가장 중요한 항목이 지켜지지 않았던 것이다.

기지마가 "직종이나 지역마다 차이가 있어서 정말 정착하고 있는지, 전 직원이 모두 같은 수준으로 노력하고 있다고는 할 수 없"다고 말한 대로였다. 내가 기지마를 인터뷰했을 때는 12월 12일 오후 4시였다. 노조미 34호가 멈춘 다음 날, JR 서일본이 균열을 발표한 30분 뒤였다. 그러나 어리석게도 나는 그 소식을 파악하지 못한 채로 기지마를 인터뷰했던 것이다. 책의 마무리를 생각하며 전체적인 막연한 물음을 내가 되풀이하는 동안, 기지마의 머릿속은 구체적인 위기의식으로 가득했을 것이다.

현장의 능력 저하

노조미 34호의 심각한 인시던트로 인해 JR에서는 사장 기지마와 회장 마나베를 비롯한 11명의 감봉, 부사장 겸 철도본부장 요시에 노리히코吉江則彦의 강등을 결정했다. 더불어 부사장을 3명으로 늘렸다. 그중 한 명은 과제검토회에서 아사노를 상대했던 히라노 요시히사平野賀久였다. 그리고 간사이대학의 아베 세이지 교수를 좌장으로 하여 휴먼 팩터 관점에서 검증·제언하는 자문위원회를 설치했다.

새해가 되고 나서 나는 다시 도미모토를 만났다. 사건으로부터 한 달이 지나서였다.

"여러 문제가 있습니다만, 최종적으로는 단 하나, 운행을 멈추지 못했던 게 가장 큰 문제입니다. 누구도 그 판단을 못 하고, 행동으로 옮기지 못했던 것은 뼈저린 실패입니다."

먼저 그렇게 말한 뒤, 관제사와 보수 담당자가 판단을 내린 배경을 추론했다. 앞서 말했듯이, 도미모토는 신칸센을 운전한 경험이 있다.

신칸센에서 '이상한 소리'가 난다는 보고는 연간 100여 건이나 된다고 한다. 2017년도에는 이번 인시던트가 발생하기 전까지 104건이 보고되었다. 대부분은 주행과 무관한 소음이었고, 실제로 열차를 멈추고 점검할 필요가 있었던 것은 단 한 건뿐이었다. 그래서 처음에 보고를 받은 관제사는 "늘 있는 일"이라고 인식했을 가능성이 있다. 그러나 보수 담당자를 태워서 검사하게 하는 경우는 한 달에 한두 번에 불과하다. 모른 척하고 넘어가도 될 사태라고는 생각하지 않았던 것이다.

그렇다면 왜 그 이상의 조치를 취하지 않았을까?

신칸센은 재래선에 비해 이런 문제가 드물었고, 특히 초기의 0계통 차량이 운행을 종료한 이후에는 거의 발생하지 않았다고 한다. 그래서 현장 직원들도 문제에 대한 경험이 별로 없었고, 이번에도 괜찮을 것이라 과신하고 말았다. 다시 말해서 불리한 정보를 과소평가하거나 무시하는 '정상화 편향normalcy bias'이 작용했던 것으로 볼 수 있다고 한다. 그리고 또 하나는 역시 최종 판단을 서로 미루면서, 스스로 '생각하고 움직이는' 자세가 뿌리 내려 있지 않았던 것이다.

문제는 후쿠치야마선 사고 이후 JR이 수도 없이 지적과 비판을 받고, 몇 년에 걸쳐 겨우 반성한 조직 문화와 기업 문화로 귀결된다는 것이다.

"다른 무엇보다 안전을 우선시한다고 생각했는데, 최전선의 현장까지 정착되지는 않았어요. 정착시키지 못한 제 책임이 큽니다. 그렇지만 지금까지 노력해온 방향성이 바뀌는 일은 없습니다. 대차의 3센티미터가 간당간당하게 버텨준 것을 천우신조로 여기고, 다시 한번 후쿠치야마선 사고의 원점으로 돌아가 착실하게 노력하는 수밖에 없죠."

이 사건에 대해 나는 아사노와도 몇 번이나 이야기를 나누었다. 처음에는 실망감을 드러내며 분노하기도 했다. 그러나 도미모토가 연말에 인사를 갔을 때, 아사노는 격려했다고 한다.

"당신들이 한 일은 잘못되지 않았어. 앞을 보고 나아가."

물론 낙관하지는 않는다. 대차의 재질과 강도, 제조 공정과 품질 관리 등 JR만의 문제가 아니라는 생각도 든다. 그러나 그 이상으로 사고 이후 대화와 토론을 거듭하면서 함께 생각하고, 만들어온 안전으로의 궤도를 JR이 지켜나가기를 믿으려는 것이다.

2월 말에 인시던트의 발단으로 추정되는 사실들이 드러났다.

대차를 제조한 가와사키 중공업이 강철을 가공할 때, 설계 기준보다 얇게 깎는 바람에 강도가 부족했던 것이다. 설계 기준에는 대차에는 두께 8밀리미터의 강판을 사용하고, 용접과 가공 시에 0.5밀리미터 이상 깎지 않도록, 즉 두께가 7밀리미터 이상이 되도록 설계 기준이 마련되어 있다. 그러나 현장의 작업 팀에 그 기준이 공유되지 않았던 탓에 기준치 이상으로 깎았던 것이다. 대차에 다른 부품을 용접할 때, 접착면의 빈틈을 없애기 위해서였다고 한다. 가장 얇은 부분은 4.7밀리미터까지 깎여 있었다고 한다.

문제를 일으킨 대차는 2007년에 만들어졌는데, JR 서일본이 가와사키 중공업에서 구입한 100대의 차량과 JR 도카이가 보유한 46대의 차량에서도 마찬가지 결함이 발견되었다. JR 서일본은 차량을 교환하는 한편, 육안으로는 확인할 수 없는 부분이나 미세한 상처를 발견하기 위해 초음파 검사를 도입하겠다고 발표했다.

가와사키 중공업의 사장 등 임원들은 기자회견에서 "반장의 착각으로 잘못된 지시를 내리고 있었다. 가공 불량이라는 인식이 없었기에, 정보가 위로 올라오지 않았다" "현장의 판단에 맡긴 나머지 기본적인 교육이 부족했다"라며 현장의 실수를 강조했다.

그러나 문제는 거기서 그치지 않는다. 가와사키 중공업 전체의 품질 관리 체계, 발주한 JR의 검사 체계, 나아가 일본이 자랑한 제조업 전체의 결함을 이 인시던트는 드러내고 있다.

일본의 제조업에서는 최근 연달아 문제가 발각되고 있다. 미쓰비시 자동차의 경차 연비 시험 데이터 조작, 닛산과 스바루에서 있었던 무자격 직원에 의한 출하 검사, 고베제강의 알루미늄 및 동銅 제품 검사 데이터 조작……. 잘못된 일이라는 인식조차 없이 수십 년에 걸쳐 일상화된 경우도 적지 않다.

'현장'의 능력 저하를 지적하는 목소리도 들린다. 전문화와 세분화가 이뤄지면서 작업 과정은 블랙박스가 되고 말았다. 경영진은 현장을 모른 채 유리되었다. 이러한 현장과 경영진의 유리는 1980년대 후반의 버블 경제 무렵부터 시작되었다는 이야기를 들었다. 이익과 효율성만을 추구하다가 버블 경제가 무너진 이후에는 인원과 비용을 삭감한 나머지, 일본 기업 전반적으로 안전과 품질을 지키려는 '윤리'가 경시되고 뒷전으로 밀렸다. 그 결과가 지금 터지고 있는 것이라고 한다.

정말 그렇게까지 일반화할 수 있는 문제인지는 알 수 없다. 그러나 후쿠치야마선 탈선 사고 이후, 아사노가 거듭 지적한 문제와 겹치는 부분은 결코 적지 않은 것 같다.

—

현대사의 두 궤도

한때 온천과 유원지로 북적였던 교외의 역을 출발한 은색 전철이 오래된 주택가 사이를 달린다. 이따금 나타나는 논밭과 저수지가 재래선의 그리운 풍경들 속으로 점차 아파트와 쇼핑센터, 공장 등이 섞인다. 더 나아가면 작은 공장들과 물류 창고, 자재 창고 등이 늘어서고, 곧게 뻗은 선로 앞에 메이신 고속도로의 고가도로가 보인다.

그 아래를 지나면 제한속도 60킬로미터를 알리는 표지판이 보인다. 운전석 모니터에서는 "제한속도 60킬로미터" 표시가 반짝이고, "속도 확인!"이라는 음성이 나온다. 운전사의 뒷모습이 어쩐지 긴장된 것처럼 보인다. 커브 구간이 나타나고, 전철은 천천히 그 아파트 옆을 지난다.

이 책을 쓰기 시작한 이후 JR 후쿠치야마선의 다카라즈카-아마가사키 사이를 몇 번이나 왕복했다. 탈선 사고는 왜 일어났는가? 아사노가 사고 이후 요구했던 것은 무엇이었는가? 그 이전부터 이어진 그의 궤도는 어디에서 출발해 어디로 가려 하는가? 역마다 달라지는 차창 밖 풍경을 눈으로 쫓으며 막연히 생각했다.

아사노의 인생 역정은 일본 현대사를 한 군데서 바라본 초상이다.

과학기술 진흥, 일본 열도 개조, 지역 개발과 도시계획, 그 모든 것을 통해 실현된 고도경제성장. 그 그늘에서 나타난 공장 매연과 배기 가스 등 대기 오염, 수질 오염과 자연환경 파괴, 산림과 농어촌의 상실, 그리고 지진과 수해, 분화와 산사태 등 대규모 재해.

아사노의 정신적 발자취는 그 양면을 오가면서도 강자보다 약자, 큰 사람보다 작은 사람, 조직보다 개인, 권력과 자본가보다 시민과 노동자 편에 있었다. "나는 '당하는 쪽'에 서겠다"는 신념처럼 말이다. 그에게 일관된 신념은 정치적 신념이 아니라 기술자로서의 긍지였다. 도시계획과 도시재생 전문가로서 프로페셔널한 일을 하고 있는가, 책임을 다하고 있는가, 그것만이 스스로를 평가하는 잣대였다.

재해 복구 이야기만큼 다루지는 못했지만, 2000년 아마가사키 공해 소송의 화해가 성립된 뒤, 아사노는 환자 모임의 의뢰를 받아 그들을 지원하는 조직을 설립하고 사무국장을 맡았다. 자동차 공해의 발생 원인이 된 국도 43호선과 한신 고속도로 환경 대책부터 환자들의 요양 여행까지 여러 협상과 활동을 조정하고 직접 참여했다.

공해로 상처받고 피폐한 아마가사키 남부의 환경 재생과 활성화를 목표로 '아마가사키 남부 재생 연구실'이라는 시민 조직도 꾸렸다. 지역의 역사와 자원을 재발견해서 옛날에 있었던 특산 고구마를 재배하기도 하고, 주민들의 연대와 도시의 활기를 되찾기 위한 여러 아이디어를 냈다. 그 작업은 와카사 겐사쿠와 쓰나모토 다케오 등 젊은 세대로 이어지고 있다. 그들은 아사노와 함께 국토문제연구회에서 활동한 가타야마 도시히데의 제자들이다.

기술자 네트워크와 여러 분야의 전문 지식을 활용해서 주민들의 관점에서 도시 재생과 재해 복구를 위해 노력했다. 그것이 아사노의 삶이었다.

그것은 본인이 의도했든 의도하지 않았든 전후戰後 민주주의 사상에 입각하고, 이를 실현한 삶이었다. 흔히 "전후가 끝났다"라고 하는 1995년의 고베 대지진이 그의 경력에서 집대성된 것은 그런 의미에서 상징적이다. 그리고 "전후의 끝"에서 꼬박 10년이 지나 일어난, 그리고 자신이 당사자가 된 후쿠치야마선 사고에서도 아사노는 기술자로서의 긍지와 전후 민주주의에 기반한 사상을 포기하지 않았다

한편 가해자인 JR 서일본의 궤적 역시 일본 현대사 그 자체다.

제2차 세계대전이 끝나고 출발한 국철의 수송력 증강과 교통망 확충, 동력의 근대화와 신칸센을 비롯한 고속화. 그러나 거대 공기업이기 때문에 비효율적이었던 경영과 정치의 간섭, 유착 또한 문제시되었다. 동시에 노동운동의 거점이었고, 격렬한 노사 대립의 무대였다.

막다른 골목에 다다른 거대 조직은 이윽고 해체의 길로 향한다. 분할 민영화, 그것은 "전후 정치의 총결산"을 내건 나카소네 정권의 "민간 활성화"나 "작은 정부"를 명분으로 한 신자유주의 개혁이었고, 그 이면에는 국철 노조와 노동자총평의회를 붕괴시켜 일본의 노조 전체를 약체화하려는 의도가 있었다. 국철의 총사령관이었던 이데 마사타카는 민영화를 "궁정 혁명"이라 부르고, 그 밑에서 움직였던 가사이 요시유키는 "계몽운동"이라 부른다. 어느 쪽이든 철저하게 통치자의 시선으로 위에서 내려온 개혁이었다.

JR이 출범한 이후에는 민영화의 결실을 맺는 게 회사의 가장 중요

한 목표가 되었다. 한계를 모르는 속도 경쟁, 도시 노선 확충과 적자 노선 폐지, 인원 감축 등의 경영 합리화, 이데가 이끄는 JR 서일본은 한때 "민영화의 모범 사례"로 불리기도 했다.

그러나 그 성공 경험과 독재 체제의 결과로 사고가 일어났다. 그것은 이데 개인이나 JR 서일본이라는 특정 기업만의 문제가 아니다. 민영화를 지지한 여론, 효율성과 속도를 요구한 승객들, 즉 우리 자신의 문제이기도 하다는 사실을 인정해야만 한다.

아사노와 JR, 입장과 관점이 달랐던 두 현대사의 궤도가 순전히 우연으로 인해 교차한 순간이 후쿠치야마선 사고였다. 그러나 아사노는 우연을 부조리로 끝내지 않았다. "왜"라는 물음을 철저하게 관통한 끝에 사고를 사회화하고자 했다. 말하자면, 사고의 순간을 미래에서 호명함으로써 우연성에 영원한 의미를 부여하려 한 것이다.

스스로가 "당하는 쪽"이 된 아사노는 아내와 여동생을 잃은 유가족으로서, '개인'으로서 거대 기업에 맞섰다. 4.25 네트워크는 유가족의 모임이지만, '조직'은 아니다. 어디까지나 JR로 하여금 사고와 자신들에 대한 대답을 내놓게 하기 위해 모인 약자와 작은 사람들의 연대였다.

실마리는 조직 속의 개인을 발견하는 데서 시작되었다. 난야 쇼지로나 가키우치 쓰요시와는 말이 통하지 않았다. 교대로 사과를 하러 오긴 했지만, 완강하게 조직을 방어하는 말밖에 하지 않는 임원들 역시 도저히 대화 상대가 될 수 없었다.

독재자가 지배하는 조직은 개인을 용해시켜버린다. 개인은 용해되면서 주체적인 판단과 생각을 할 수 없게 된다. 선례와 예산, 내부의 권력

관계, 그리고 분위기에 지배당하게 된다. 그것이 JR의 '조직 문화' 내지는 '기업 문화'라 불린 것들이다. 국철 개혁의 총사령관에서 '천황'이 된 이데의 위엄이 그런 조직을 만들어버린 것이었다.

거기에 나타난 특이한 인물이 야마자키 마사오였다. 같은 세대의 기술자였기에 아사노의 눈에 들었고, 진솔한 말에 호감을 가졌다. 야마자키는 조직 개혁 도중에 퇴장하지 않을 수 없었고, 정보 유출이라는 실수로 인해 비난을 샀지만, 아사노의 신뢰는 변함없었다.

또 한 사람은 사카타 마사유키였다. 그는 야마자키보다는 조직생활에 익숙했지만, 아사노를 비롯한 유가족과 피해자 등 약자, 작은 사람들의 말에 귀 기울일 줄 아는 개인이었다. 그러한 사카타의 지지를 등에 업고 아사노는 가해 기업과 대등한 대화의 장을 열 수 있었다.

아사노와 야마자키라는 두 기술자가 만나서 공명하고, 안팎에서 조직에 구멍을 뚫었다. 조직 안의 분위기를 파악할 줄 모르는 야마자키를 사카타가 지원했다. 그리고 몇 년에 걸쳐 JR이라는 거대 기업의 궤도는 완만한 곡선을 그리기 시작했다. 후쿠치야마선 사고 이전에 목표로 했던 행선지와는 조금 다른 방향으로 나아가기 시작한 것이다.

신호가 항상 파란불일 수는 없다. 선로에는 장애물도 있을 것이다. 예상치 못한 차량의 결함이나 기계의 고장도 있을 수 있다. 승무원이 실수를 저지르는 일도 당연히 있을 것이다. 그리고 종착역에는 결코 도착할 수 없을 것이다. '절대적' 안전은 불가능하기 때문이다.

JR이 내건 안전헌장 첫머리의 말처럼 "부단한 노력"을 이어갈 수밖에 없는 것이다.

에필로그_한 사람의 유가족으로서

선명한 노란색과 주황색 열매들이 큼지막이 겨울 햇살에 반짝이고 있다.

유자, 귤, 금귤, 영귤, 레몬…….

아사노의 집에서 걸어서 5분 거리의 주택가에 부친이 은퇴 후에 꾸린 밭이 있다. 밭 한쪽에 30여 년 전부터 과일나무를 심기 시작했다. 아사노 부부와 동생들이 함께 비료를 주고, 가지치기와 수확 등을 하며 돌봤다.

두 그루의 레몬나무는 아사노와 요코가 묘목을 사서 함께 심었다.

"그게 고베 대지진 이후 몇 년 뒤였으니까 20년 가까이 되나? 오랫동안 꽃도 열매도 도통 구경 못 했는데, 아내가 죽고 나서 그 대신이라도 되는 양 이렇게 열매가 많이 열렸어. 아마 지금이 한창때일 거야."

상큼한 향기가 나는 테니스 공 크기의 레몬을 따면서 아사노는 중얼거렸다.

머잖아 아내가 죽은 지 13년이 된다. 레몬과 밭에서 난 햇양파, 거기에 바나나, 당근, 샐러리를 넣고 야채 주스를 마시는 게 매일 아침의 일과다. 남은 건 이웃과 사무실 직원들에게 나눠준다. 그래도 남는다.

한때 부부와 세 자녀, 부모와 조모까지 8명이 살던 넓은 집에는 이제 아사노밖에 없다.

사고 당시 함께 살던 맏아들은 일 때문에 1년 반 뒤에 집을 나갔다. 3년이 지나고 부친은 92세의 나이로 세상을 떠났다. 중상을 입고 6개월 가까이 입원해 있던 둘째 딸 나호는 퇴원 후 혼자 살기 시작했다. 재활을 계속하면서 후유증을 극복하고 자립하기 위해서 열심히 노력하고 있다. 큰딸인 미치가 그녀를 돌보고 있다.

"내가 이래라저래라 참견할 수가 있나. 물론 걱정은 되지만, 할 말이 없어. 무슨 말을 하면 좋을지 모르겠어.

우리 가족은 그 사고 때문에 각자 깊은 상처를 입었어. 서로를 위해서 사고 얘기도 안 했어. 아니, 못 했어. 짊어진 짐을 어떻게 바라보고 인생을 열어갈지는 각자 스스로 생각하는 수밖에 없지."

집안의 기둥이었던 요코를 잃고 가족들은 뿔뿔이 흩어졌다. JR 간부에게 말한 적이 있다.

"당신들은 우리 가족을 이어주던 정신적 끈까지 끊어버렸어. 완전히 무너뜨린 거야. 그걸 알아?"

사고 검증 때는 아내 생각이나 원망은 일단 내려놓겠다고 말했지만, 완전히 사라진 것은 아니다.

사고로부터 5년이 지나고, 그가 어느 잡지에 기고한 글에는 이렇게 쓰여 있다.

"지금은 공기가 없는 집에 사는 것 같은 나날이 계속된다. 가족 중 누가 있고 없고에 따라서 전혀 다른 공간처럼 느껴진다. 그저 매일 아침 반려견과 함께 출근하고, 밤에 내 방에서 푹 자는 모습에 문득 아내의 환영을 겹쳐 보고 싶어진다."

엄격한 태도로 JR에 맞서면서도 집에 돌아오면 문득 아내의 환영을 보는 일이 몇 번이나 있었다. 봄날의 정원에서, 귀여워하던 반려견의 산책길에 있던 골목길 모퉁이에서, 연못 수면이나 나무 그늘에서, 아내는 아무 말 없이 아무 움직임 없이 아사노를 바라보며 서 있었다.

꽃이 보고 싶은가 싶어서 가을에 팬지를 심었다. 겨울에는 영정 앞에 레몬을 공양했다. 그렇게 아내를 잃은 뒤부터 일상을 간신히 살아왔다. 유일하게 위안이 되었던 반려견 쿠키(원래는 고베 대지진 때 구출된 강아지였는데, 동물을 좋아하던 나호가 입양했다) 역시 잡지에 기고한 지 얼마 지나지 않아 세상을 떴다.

공기가 없는 집에 사는 고독, 거기에 병마까지 덮쳐왔다.

시작은 사고가 난 해 여름이었다. 퇴근할 때 가슴 통증으로 병원에 갔더니 협심증이라는 진단을 받았다. 즉시 입원했지만, 며칠 뒤에 있을 아내의 100일 법요法要 때문에 응급 카테터 치료만 받았다. 두 달 뒤 새로 입원해서 치료를 받았고, 몇 년마다 한 번씩 입원을 거듭했다. 안전 팔로업 회의가 시작된 2012년에는 관상동맥 우회 수술을 받았다.

이듬해에는 뇌경색이 왔다. 집에서 TV를 보다가 갑자기 시야가 좁아지면서 화면의 4분의 1이 안 보이게 됐다. 구급차를 불러서 입원했다. 다행히 발견이 빨라서 투약만 했으나, 이후 두 번이나 구급차로 실려갔다.

오랜 지병도 악화되었다. 걷는 게 힘들 정도로 발이 아팠다. 젊어서부터 있었던 요통의 영향일 것이라는 말을 들었다. 겨울철 추위에는 특히 취약하다. 고베 대지진 무렵부터 당뇨를 앓고 있었는데, 아내의 기일이 다가오는 매년 봄에는 혈당치가 오른다. 의사는 "아마 정신적 스트레스 때문일 겁니다"라고 말한다.

2014년 4월 25일의 발언에서 "지금까지는 상당히 무리했다"라고 말한 이유는 이러한 건강 문제 때문이었다. 나이가 들면서 노쇠가 시작되고 익숙하지 않은 독거생활의 피로 탓도 있을 것이다. 그러나 무엇보다 아내를 잃은 충격과 뜻대로 되지 않는 JR과의 힘든 싸움이 정신적 스트레스를 가중시켜 몸이 비명을 지르고 있는 것이라는 자각이 있었다.

그럼에도 불구하고 망설임 없이 앞을 향해 달려올 수 있었던 것은 역시 정신력이라고 할 수밖에 없다. 부조리하기 짝이 없는 아내의 죽음을 헛되이 할 수 없다, JR로 하여금 사고의 진상을 말하게 하고 조직 개혁을 하도록 해야 한다, 유가족이 된 자신의 사회적 책임을 다해야 한다. 그런 마음만으로 병마를 견디며 간신히 버텨왔다.

정신적으로나 신체적으로 안정되기 시작한 것은 그가 노력을 쏟은 제언으로 인해 JR에 변화의 기미가 보이면서다. 10년 이상의 세월이 지나 있었다.

"당신은 할 만큼 했다 아이가. 내는 인자 됐다 마."

혼자 집에 있을 때, 그런 아내의 말이 들려오는 것 같았다.

기술자로서의 금지와 피해자로서의 감정

아사노에게는 취미라 할 만한 게 없었다.

또래 회사원들이 즐겨했던 골프에는 관심이 없었다. 멀리 가지 않고도 할 수 있는 등산이나 낚시도 하지 않았다. 야구는 좋아했지만, 적당히 보기만 했다. 경마나 마작도 하지 않았고, 영화나 음악에도 시큰둥했다. 자기 자신을 잊고 무언가에 열중하고 싶은 기분도 들었다. 그러나 그러한 자신을 냉랭하게 보는 또 하나의 자신이 있어서 무슨 일에든 몰두할 수 없었다고 한다.

결국 일밖에 모르는 인생이었다. 지자체로부터 의뢰받은 피해 지역 시찰이나 환경 조사 등의 부수적 업무가 '취미'였다. 그래서 일 외에 교류하는 친구도 별로 없었다. 가끔 아내와 떠나는 여행이 소소한 즐거움이었지만, 은퇴 후에 계획했던 여행 계획은 이루어질 수 없었다.

취미라고 할 수는 없지만, 사고 이후 뜻하지 않게 요리에 눈을 떴다. 그때까지는 전혀 부엌에 서지 않았다. 그러나 해야 했기에 식사 준비를 하다보니 재료의 조합이나 조리법을 이것저것 궁리하고 새로운 요리를 발견하거나 시도하는 일이 의외로 즐거웠다. 그는 "요리는 논리"라고 말한다. 요리 정보를 전화나 메일로 주고받는 또래 친구도 있다. 제조업 회사에서 일하던 원자력 기술자였는데 사고 이후 친해졌다고 한다.

나도 언젠가 그 친구와 함께 아사노의 요리를 먹은 적이 있다. 도밋국, 채소 조림, 돼지고기 말이, 죽순밥 등 "간이 심심해서 맛이 별로"라며 차려준 음식들은 모두 맛있었다. "일흔 살의 새내기 요리사"치고는 홀륭했다. 무엇보다 고집스럽고 무뚝뚝한 아사노가 정성 들여 요리해 준 그 마음 씀씀이가 기뻤다.

식탁에서 고베 대지진 이야기가 나왔다.

"젊은 시절 아사노 씨는 '당위'를 말하는 이상주의자였어요. 그러다 운젠산 분화와 고베 대지진 무렵부터 현실을 어떻게 받아들일지를 생각하게 된 것 같아요. 단순히 타협하는 게 아니라 주민의 권리와 인간으로서의 존엄성 같은 이상을 명확히 하면서도 현실에서 출발한 거죠."

친구가 말하는 아사노의 평가에 본인은 이렇게 대답한다.

"운젠산 분화 때는 재해 복구 속에서 이재민의 심정을 어떻게 반영할 것인가를 생각하기 시작했고, 고베 대지진 때는 실천했지. 그리고 이 사고에서 당사자가 되고 비로소 피해자의 심정을 이해하게 됐어. 그래도 내 감정을 그대로 드러내면 그때까지 사람들을 돕고, 문제를 사회화하려 했던 전문가로서는 실격이라고 생각했지. 피해자의 심경을 사회적 문제로 만들어야 전문가잖아."

잡담은 어느샌가 일 이야기가 되어 있었다. 복구란, 도시계획이란, 기술자란, 전문가의 책임이란 무엇인가?

솔직히 말해서 나는 이해되지 않는 부분도 있었다. "사회화"는 미뤄두고 때로는 감정을 드러내는 것도 필요하지 않은가? 그래도 되지 않나? 그러나 아사노의 생각은 달랐다. 개인적 감정의 문제를 사회화함으로써 스스로를 납득시키고, 전문가로서의 신념을 관철할 수 있도록 살아왔다. 아마도 그렇게밖에 살 수 없었을 것이다.

열차가 궤도를 벗어나서는 달릴 수 없듯이, 스스로가 정한 길을 온전히 따르지 않고서는 앞으로 나아갈 수 없었던 것이다. 피해자가 돼서도 그 궤도를 벗어날 수 없었던 것이다.

2017년 4월 25일, 사고로부터 12년째 되는 날에도 나는 아사노와 함께 추모식에 참석해 사고 현장에 헌화했다. 아사노는 이날도 감상에 젖는 장소가 불편해 보였다. 그는 1년에 한 번밖에 이 장소에 오지 않는다.

아파트 보존 공사는 한층 더 진행돼 있었고, 2018년 초에 내가 갔을 때는 비바람을 막는 아치형 지붕이 생겼다. 부지는 잔디 광장으로 바뀌고, 위령비와 희생자 이름이 새겨진 비가 세워질 예정이다. 2018년 여름에 완공 예정이라 하니 아직 6개월 이상 남았다.

아사노는 희생자비명에 아내의 이름을 새기길 거부했다. 그것은 그 나름의 신념이었다. 사고 현장을 보존하고, 사고를 사회적으로 기억하도록 하는 것은 의미 있지만, 아내의 죽음을 애도하고 추모하는 것은 가족의 일이며, 개인적 감정의 문제라고 그는 말한다.

아내의 묘소는 집 근처 절에 있다. 그날 집을 나설 때 입었던 옷과 반지, 안경도 그 곁에 있다. 그걸로 충분하다.

하나의 레일이 기술자로서의 긍지라면, 또 하나의 레일은 아내를 잃은 남자의 심정이다. 아사노의 궤도는 이 둘로 만들어져 있다. 두 레일이 만나는 일은 없지만, 떨어지는 일도 없다.

그의 궤도는 인생의 종착역까지 그렇게 계속될 것이다.

───

저자 후기

"후쿠치야마선 아마가사키에서 건널목 탈선 사고!"

편집국장이 두 손에 메가폰을 들고 그렇게 외친 기억이 난다.

그때 나는 기사 제목과 지면 구성을 담당하는 정리부의 외딴 책상에서 석간 스포츠 면을 어떻게 만들까 고민하던 참이었다. 내근 4년차가 되니 긴장감이 떨어져 있었다.

"미국 메이저리그, 데빌레이스의 노모 히데오 투수가 2패."

"아테네 올림픽 금메달리스트 기타지마 고스케, 세계 수영 선수권 대표로 선발."

통신사에서 들어오는 일상적 기사를 느긋하게 훑어보던 중이었다.

그러던 차에 날아든 사고의 첫 소식. 나는 담당하던 지면을 서둘러 마무리하고, 1면과 사회면 기사 작성을 도왔다. 사고 현장에서 사진과 기사가 잇따라 들어왔다. 무참히 파손된 차량, 애타는 수색과 구조, 시시각각 늘어가는 사상자…….

건널목이 아니라 커브 구간에서 탈선하고 아파트에 충돌했다는 사실도 얼마 지나지 않아 알게 됐다. 그날 석간신문은 사고 기사로 메워졌다. 호외도 발행했다.

그러나 나는 취재를 나가는 것도 아니고, 내근이라 당일 지면이 만들어지면 일은 끝난다. 작업이 일단락되고 긴장이 풀어진 저녁 무렵, "심각한 사고네. 그쪽은 어때?"라며 아마가사키에 있는 친구에게 전화했다. 바로 아사노 야사카즈 씨의 사무실에서 일하는 와카사 겐사쿠 씨였다. 생각지도 못했던 대답이 돌아왔다.

"사모님이 전철에 타고 계셨는데, 아직 발견이 안 됐어요."

설마 내가 아는 사람이…… 할 말을 잃고 몸이 굳었다. 긴장감이 없던 나 자신이 부끄러웠다.

1년여 뒤, 신문사를 퇴사했다. 프리랜서로서 처음 쓴 기사가 제2장에 인용한 아사노 씨의 수기였다. 나보다 훨씬 먼저 신문사를 그만두고 도쿄에서 주간지 기자 일을 하던 니시오카 겐스케 씨가 잡지 『월간 현대』를 소개해줬던 것이다. 그 잡지도 지금은 폐간된 지 오래다.

그 뒤로도 사고 관련 기사를 몇 번 썼지만, 체계적으로 추적하고 있었던 것은 아니다. 그래도 아사노 씨의 언행이 보도되면 관심이 갔고, 여전히 그의 사무실에 들락거렸기에 사정은 전해 듣고 있었다.

아사노 씨를 만나면 4.25 네트워크의 움직임이나 JR과의 대화 내용도 직접 들을 수 있었다. 언젠가 정리해서 책으로 낼 필요가 있을 것 같다 싶다가도 망설여졌다. 프롤로그에도 썼다시피 아사노 씨가 무슨 주장을 하고, 무엇을 목표로 하는지 처음에는 이해할 수 없었기 때문이다.

"사고 이후에 했던 일을 객관적 기록으로 남길 수 없을까 생각하는

데……."

아사노 씨가 그렇게 말한 것은 2012년 봄 무렵이었던 것으로 기억한다. 과제검토회가 끝나고 안전 팔로업 회의를 시작하던 즈음이다. 내가 그 역할을 맡아도 될지 어떨지도 모르는 채, 이듬해부터 추모식에 함께 참석하게 되었다.

취재는 어려웠다. 아니, 무엇을 어디까지 써야 할지 감이 잡히지 않았다. 아사노 씨의 주장과 행동, 심경을 듣고 쓰는 것으로 그친다면 그리 어렵지 않을 것이다. 그러나 그가 한 일이 가해 기업인 JR에 어떻게 전해지고, 누가 반응하고, 그로 인해 안전의식과 경영 방식에 어떤 변화가 생겼는지 조직 내부의 사정까지 쓰지 않으면 무의미하다고 생각했다. 아사노 씨와 인터뷰를 거듭하고, 관련 자료를 읽으며 JR의 전직 간부들에게 인터뷰를 부탁했다.

나 같은 일개 프리랜서 기자가 JR 관계자와 전문가들을 인터뷰할 수 있었던 것은 아사노라는 유가족의 심정을 대변하고 있었기 때문이다. 특히 JR의 전직 전무 사카타 마사유키 씨와 피해자대응본부에서 오랫동안 아사노 씨를 담당한 사노 요시키 씨에게는 신세를 많이 졌다. 깊이 감사드린다. 사카타 씨는 아사노 씨의 숙원을 어떻게든 실현하고자 보이지 않는 곳에서 온 힘을 다했다. 사노 씨는 많은 회사 관계자의 인터뷰를 주선해주었다.

선배 기자인 니시오카 겐스케 씨와 마키 히사시 씨에게도 진심으로 감사한다. 일반적인 철도 사고를 취재한 경험은 있어도 JR을 담당한 적도 없고, 국철 개혁에 대한 지식이나 이해도 부족했던, 철도 마니아도 아니었던 내가 그나마 이 책을 쓸 수 있었던 것은 니시오카 씨의『맹그로브』와 마키 씨의『쇼와 해체』를 읽고 국철 개혁의 구조와 사정, 그 후의 적폐에 대해 공부한 덕분이다. 그리고 핵심 인물인 이데 마사타카 씨를 비롯한 관계자들을 만나게 해준 것도 감사하다. 결과적으로 노조 문제를 본격적으로 다루지는 못했지만, JR이라는 거대 조직에 따라다니는 역사를 살피지 않고서는 이 책은 나올 수 없었을 것이다.

본문에서는 신문 기사를 다수 인용했지만, 약 13년간의 막대한 보도들 가운데 대략적인 경위를 알기 위해, 내가 일찍이 몸담았던『고베신문』기사를 참고했다. 다른 언론사들이 역량을 총동원해 도쿄의 국토교통부나 사고조사위원회에 기자들을 보내는 와중에 인력과 취재망에 한계가 있는『고베신문』이 고군분투했다는 사실에 경의를 표한다. 이 사고의 교훈을 전하며 JR이 진정으로 변했는지 지켜보는 것이야말로 사고 현장에 있는 지방 신문의 사명이라 생각한다.

동양경제신문사의 와타나베 도모아키 씨는 이 책의 기획이 막연했던 단계부터 조언해주었다. 집필을 시작하고 나서도 속도가 느리고, 금세 난관에 봉착해서 글쓰기를 멈추곤 하던 나를 인내심 있게 기다려주고, 격려해주었다. 그 전에 쓴 책을 낸 직후에 인사하러 갔다가 우연히 그를 만났던 것은 행운이었다.

이 책은 아사노 야사카즈라는 한 유가족의 어깨너머로 사고를 추적한 기록임을 프롤로그에서 언급했다. 아사노 씨도 모르는 JR 관계자를 만나서 사정을 들을 때도 나는 아사노의 눈과 귀가 될 수 있도록 노력했다. 그 때문에 다른 유가족이나 피해자와는 생각이 다른 부분이 많을지도 모른다.

실제로 아사노 씨나 4.25 네트워크와 전혀 무관하게, 전혀 다른 방식으로 사고 이후를 살고 있는 사람을 나는 알고 있다. 그렇기 때문에 이 책의 내용이 유일한 '정답'이라거나 '이상적인 모습'이라고 말할 생각은 없다. 수백 명의 유가족이 있고, 저마다의 사고 이후가 있다는 사실은 당연하다.

그러나 나는 아사노 씨와의 인연으로 인해 내가 지금까지 걸어온 경력과 인간관계 속에서 생겨난 내 '책임', 즉 아사노 씨의 기술자로서의 인생과 JR의 역사를 거슬러 두 궤도가 교차한 지점에서 다시 기록하는 일을 마침내 해낼 수 있었다는 생각이 든다.

마지막으로 후쿠치야마선 탈선 사고로 희생된 분들의 명복을 빌며, 부상당한 분들과 유가족분들이 하루빨리 평온한 일상을 되찾을 수 있기를 기원한다.

2018년 3월

마쓰모토 하지무

보론: 사고를 마음에 새기며 •

코로나로 인해 제기된 '경영과 안전'

안전과 경영은 양자택일의 문제가 아니다. 그래서는 안 된다. 안전을 추구하면서 경영 효율화를 양립시키는 것이야말로 철도 사업자의 사명이 아니겠는가?

아사노 야사카즈가 JR을 향해 제기했던 문제가 불현듯 현실이 되었다.

2020년 초부터 일본에서 확산된 신종 코로나 바이러스는 해가 바뀌어도 수습될 기미가 보이지 않는다. 철도·항공을 비롯한 대중교통, 특히 장거리 수송이 중심인 회사들은 큰 타격을 입고 경영 위기에 빠졌다.

출퇴근 및 통학 승객 감소, 출장과 여행 자제, 외국인 관광객 감소 등으로 인해 회사들은 운행 스케줄을 줄이고, 노선을 폐지하거나 재편하기도 하고, 신규 사업을 동결시켰다. 한편으로는 직원들을 일시

• 2021년 4월에 문고판으로 재출간될 당시에 추가된 보론이다.

휴직시키거나 다른 사업 분야나 회사로 이동시키고 급여나 보너스를 깎으며 고용 면에서 비용 절감을 꾀했지만, 코로나 시국이 끝나지 않는 이상 역경은 계속될 것이다. 경영 계획 재고로 인해 대규모 인원 감축도 예상된다.

JR 서일본 역시 예외가 아니다. 2020년 10월 말에 공개된 9월의 중간 결산 결과, 매출이 전년 같은 달 대비 49퍼센트 감소해 최종 손익은 1281억 엔의 적자를 기록했다. 1년 전에는 간사이 지역의 외국인 관광객 유치가 순조로웠던 덕분에 역대 최고 수익을 기록했고, 목표를 상향 수정할 기세였는데 1년 만에 정반대가 된 것이다. 2021년 3월 결산에서는 적자가 2400억 엔으로 늘 것으로 추정된다. 민영화 이후 가장 큰 적자다.

2019년 가을 기지마 다쓰오가 사장 자리에서 물러나 부사장으로 취임한다고 갑작스럽게 발표한 직후, 12월부터 9대(후쿠치야마선 사고 이후 다섯 번째) 사장으로 취임한 하세가와 가즈아키長谷川—明는 예기치 못한 위기에 맞닥뜨렸다.

기자회견에서 기지마가 "날카로우면서도 섬세한 면이 있다"고 평했던 하세가와는 주로 재무와 영업, 경영 기획을 전문으로 했고, 부사장 시절에는 호텔과 상업 시설 및 부동산 등 비철도 사업을 총괄했다. 2025년에 개최될 예정인 오사카 엑스포를 염두에 두고 사업을 다각화하며 새로운 성장 전략을 세우기 위한 사장 인사였다.

한편 후쿠치야마선 사고 당시에는 고베지사 차장으로 피해자 대응을 담당한 경험도 있다. 본인도 기자회견이나 간부 모임에서 "기간산업인 철도의 안전 없이 우리 그룹의 성장은 불가능하다"고 몇 번이나 강조했다. 아사노가 요구한 "경영과 안전의 양립"을 목표로 내걸었던 것이다.

그러나 코로나로 인해 성장은커녕 사업의 존속 자체가 위기에 빠진 것이다.

그동안 JR은 산요 신칸센의 편수를 한 달 동안 최대 30퍼센트 줄였고, 재래선 특급도 대폭 줄였다. 일이 줄어든 역무원과 승무원을 비롯해 각 부서의 직원들을 하루에 1000~1400명씩 쉬게 하는 단체휴직도 두 번이나 했다. 사장인 하세가와가 솔선해 월급의 절반을 반납했고, 임원 보수도 없앴다.

다음 연도 채용 인원도 줄이고, 재래선의 적자 노선 폐지를 포함해 다방면에서 자구책을 강구하기로 했다. 제1노조는 2021년의 임금 협상에서 발족 이후 처음으로 임금 인상을 요구하지 않기로 했다. 2021년 봄부터는 심야 시간대의 시간표를 개정해 간사이 지역 12개 노선에서 48편을 없앴다.

이로 인해 막차 운행이 최대 30분 앞당겨졌다. 이는 코로나 이전부터 심각했던 심야 보선 작업을 담당하는 관련 회사의 인력 부족이라는 원인도 포함된 결과다. 불규칙한 야간 근무와 위험하고 힘든 작업 때문에 사람들이 기피했던 것이다. 겨우 사람을 구했다 하더라도 이직률이 높았다.

중간 결산과 함께 하세가와는 2022년도 중장기 경영 계획을 재수립하겠다고 발표하면서 다음과 같이 이유를 밝혔다.

"단기간에 이용객 회복은 어렵고, 코로나가 끝나도 승객은 90퍼센트 정도밖에 돌아오지 않는다.

재택근무와 인터넷 회의가 정착되고, 여행과 외출이 줄면서 사람들이 서로 만나는 기회 자체가 줄어들 것을 전제로 한 예측이다. 회사 관계자들 사이에서는 더 비관적인 목소리도 들린다."

"심할 때는 출퇴근 시간대의 승차율이 30퍼센트인 때도 있었다. 근무 방식이 크게 변화한 것을 생각하면 코로나 이전의 70퍼센트도 힘들다."

"고베 대지진, 후쿠치야마선 사고 이후 세 번째, 이번이 가장 큰 위기다. 회복될 기미가 보이지 않는 게 더 힘들다. 20년 뒤의 인구 감소 사회가 갑자기 들이닥친 느낌이다."

이러한 급격한 실적 악화 속에서도 하세가와는 "안전"을 가장 우선시해야 할 과제로 꼽고 있다. 경영 계획을 재고한다는 기자회견에서도 "변함없는 가치관이 있다"며 후쿠치야마선 사고와 같은 대형 사고를 두번 다시 일으키지 않겠다는 결의를 다시 밝혔다.

"우리 회사가 엄청나게 심각한 사고를 일으킨 책임은 전혀 변하지 않습니다. 반성과 교훈을 깊이 새기며, 피해자분들에 대한 진지한 대응, 안전성 향상을 위한 노력, 개혁 추진이라는 기존의 세 가지 중점 사항은 앞으로도 가장 중요한 과제로 삼겠습니다."

사고 15주기를 맞은 2020년 4월 25일은 코로나로 인해 추모식이 열리지 않았지만, 사고 현장에 헌화를 하러 온 하세가와는 기자들에게 둘러싸였고, 역대 사장들과 마찬가지로 "반성과 교훈" "사고를 마음에 새기겠다"라는 말을 했다. 이해부터 사고 이후 입사한 직원이 과반수인 52퍼센트를 차지한다는 사실에 대해 묻자, "세대가 바뀌어도 잊지 않고 피해자분들의 슬픔과 아픔, 안전성 향상에 대해 제대로 전달하겠습니다"라고 대답했다.

경영과 안전은 양자택일의 문제가 아니다. JR 사상 최악의 사고와 그 후에 아사노를 비롯한 유가족들과의 대화를 통해 JR의 안전 우선 노선이 아직까지는 유지되고 있는 것처럼 보인다. 사장과 경영진의 발언을 들으면 말이다.

중요한 것은 이러한 사장의 말과 경영의식이 단순한 슬로건으로 끝나지 않고 구체적이며 실제적인 실천으로 이어지고 있는가, '조직 문화'로 정착되었는가의 여부다. JR은 정말로 사고 이후 바뀌었는가? 경영이 위기에 처한 지금이야말로 스스로의 변화를 증명해 보여야 한다.

'추모의 숲'을 걸으며

희생자를 추모하고, 사고를 기억하고, 안전제일을 가슴에 새기기 위한 시설이 요 몇 년 사이에 정비되었다.

아마가사키시의 사고 현장은 얼핏 보기에는 사고 현장 같지 않은 공간으로 탈바꿈해서 '추모의 숲祈りの杜'이라는 이름이 붙여졌다. 2018년 9월 하순부터 일반에게 공개되었는데, 나는 그 전에 아사노와 함께 방문했다.

열차가 충돌한 아파트와 근린 지역을 포함해 7500제곱미터에 이르는 부지, 넓은 잔디밭 중앙에 분수가 있고, 흰 대리석으로 만든 높이

4미터의 추모비가 서 있다. 그 앞에 희생자의 이름이 새겨진 비와 헌화대, JR의 사과문과 안전에 대한 맹세가 있다. 수십 미터 앞에는 사고 피해를 입은 아파트가 있지만, 상록수 그늘로 가려져 기도하는 장소에서는 보이지 않도록 배려되어 있다.

원래 9층이었던 아파트를 어떻게 할지 JR이 유가족과 피해자들의 의향을 확인했을 때, 전체 보존부터 완전 철거까지 여러 의견이 있었다. 결국 충돌 흔적이 남은 북쪽 4층 부분부터 구조활동이 이뤄진 남쪽 1층까지를 계단식으로 보존하고 아치형 지붕으로 덮었다. 선로와의 사이에는 반투명 벽을 설치해 불과 5미터 앞의 선로를 달리는 전철도 잘 보이지 않게 되었다.

아사노와 함께 서 있으려니 수 분 간격으로 굉음과 소음만이 들려온다.

"현실감이 없달까, 서먹서먹하달까, 완전 다른 공간이 됐네. 유가족들 중에는 너무 깔끔하다는 반발도 있는 모양이던데, 보존하려면 이렇게 만들 수밖에 없었을 거야. 감상은…… 뭐, 그런 거지. 뭐라 말해야 좋을지 모르겠네."

여전히 감정 표현을 하거나 감상에 젖는 게 서툴다. 사고 유가족이라기보다 지진 복구와 공원 설계를 맡았던 도시계획 컨설턴트의 시선으로 보는 것 같았다.

추모의 숲 입구에는 작은 건물이 있고, 1층에 방명록과 상주 직원용 사무실, 지하에 '추모 공간' '사고를 전하는 공간'이라는 전시실이 있다. 여기에도 유가족의 의견이 반영되어 추모 공간에는 희생자에게 보내는 편지와 종이학 등이 전시되어 있다.

아사노가 관심을 가진 곳은 사고를 전하는 공간이다. 탈선에 이른 운행 경로와 시간, 속도, 차량 파손과 구조활동 등 현장 상황, JR의 안전 대책 부족과 조직 문화 등 배경까지 포함한 원인, 그리고 아사노 자신이 깊이 관여한 사고 검증과 안전 확립을 위한 노력, 그러한 자세한 내용이 사고조사보고서와 언론 보도, 회사 자료 등을 인용하며 전시되어 있다.

그곳을 둘러보던 중 아사노가 순간 내뱉은 그의 말에서 심경이 헤아려졌다.

"아내가 죽은 순간은 상상도 하고 싶지 않지만, 시신이 온전치 못했을 거야."

눈앞의 벽에 차량별로 사망자 수가 기록되어 있다. 첫째 칸 42명, 둘째 칸 57명, 셋째 칸 3명, 불명 4명. 아사노의 가족은 희생자가 가장 많았던 둘째 칸에 타고 있었다. 아파트 모퉁이에 짓눌려 거의 한가운데서부터 부메랑 모양(〈)으로 뒤틀린 사진을 보고 자신도 모르게 내뱉은 말이었다.

문제의 사고 차량은 몇 년간의 검토와 토론을 거쳐 최근에야 일곱 칸 모두 보존해서 전시하기로 했다. 아사노는 사고 현장 옆에 전시해야 한다고 주장했지만, JR은 스이타시의 사원연수센터 내에 보존 시설을 만들어 전시하기로 했다. 같은 부지에 제8장에서 다룬 '철도안전고동관'과 '안전체험동'도 있다. JR과 계열사 직원들이 정기적으로 안전 교육을 받는 데 도움이 될 것이다.

사고 차량 전시는 2024년 가을에 완성할 것을 목표로 하고 있다. 앞의 네 칸은 구조활동 당시에 절단하고 해체해서 원형을 찾을 수 없지만, 오히려 그게 사고의 참상을 생생하게 전할지도 모른다.

그렇다면 그 안전 교육은 효과를 거두고 있을까? 간부들이 말하는 것처럼 "사고의 반성과 교훈을 마음에 새겨 안전을 가장 우선시하도록 노력"하고 있을까?

도저히 그렇게 생각할 수 없는 일이 여러 번 있었다.

전직 사장의 뼈저린 후회

하나는 내가 현장 직원으로부터 들은 이야기다.

어느 지사를 방문해 JR이 사고 후, 회사 차원에서 실행하던 위험성 평가에 대해 이야기할 때 보선 담당 직원이 불만스럽게 말했다.

"현장의 실태는 전혀 달라요. 위험성 평가 보고를 하라고 지구장이 극성이거든요. 지사에서 매달 몇 건씩 할당량이 있나봐요. 직원도 줄어서 그러잖아도 여유가 없는데 일만 늘었어요."

비슷한 이야기는 다른 작업장에서도 들었다. 즉, 위험성 평가가 어떤 경위로 무엇을 위해 도입되었고, 왜 해야만 하는지가 전달되지 않은 것이다. 지사는 본사의 안전추진부가 하라고 하니까 할 뿐이다. 그래서 확실히 하고 있다는 걸 보여주기 위해서 현장에 할당량을 정한다. 현장은 현장대로 쓸데없는 업무가 늘어나고 노동이 심해졌다고 느끼며 억지로 하고 있다. 이래서는 아무 의미가 없다.

또 하나는 신문에 실린 사건이다.

「탈선 사고 추모는 '의리 없는 전쟁仁義なき戦い'[●] JR 역장이 게시」(『아사히신문 디지털』 2019년 11월 19일).

히로시마현 가이타이치海田市 역 사무실에 60세 역장이 한 장의 사진을 걸었다. 사진에는 역장을 비롯해 검은 양복을 입은 직원들이 보이고, "의리 없는 전쟁, 추모의 숲에"라고 적혀 있었다. 아마가사키의 사고 현장에 갔을 때 찍은 사진이라고 한다. 그는 관광이라도 간 기분이었나보다. 히로시마가 무대인 야쿠자 영화에 비유하며 사무실에 사진을 붙인 이상, 그러한 비판을 받아도 할 말은 없다.

회사 조사에서 역장은 "다른 직원들도 추모의 숲에 가주길 바라는 마음에 그랬다"라고 변명했다. 그 경솔함에 할 말을 잃었다. 사고 현장으로부터 멀리 떨어진 히로시마지사이긴 하지만, 사고 발생 당시를 기억하는, 역장 자리까지 오른 베테랑이 회사가 일으킨 사고를 이 정도로밖에 인식하지 못하다니! JR이 되뇌는 "반성과 교훈" "망각 방지" "피해자에 대한 진지한 대응"이 무슨 소용인가?

이 사건은 기지마가 사장을 그만두기 직전에 발각되었다. 사고의 반성과 철저한 안전을 거듭 강조했지만, 회사 안에서 그 의도가 전해지지 않았다고 새삼 느낀 기지마는 역장을 불러서 직접 이야기를 들었다.

"사고 현장에 가는 것 자체가 목적이 돼버려서 거기서 무엇을 배우고, 어떻게 자기 일에 적용할지 생각을 못 한 모양이에요. 사진 거는 걸 이상하다고 주의 준 사람도 없었고, 외부에서 지적할 때까지 일주

● 1973년 개봉한 후카사쿠 긴지深作欣二 감독의 야쿠자 영화. 히로시마가 무대다.

일 이상 걸려 있었던 것도 문제죠. 지사의 관리도 그렇고 심각한 문제로 인식하고 회사 전체적으로 이 문제를 다뤘습니다."

기지마의 재임 중인 2017년 12월 신칸센에서 심각한 인시던트가 발생한 일도 있었다. 이 역시 사고의 교훈이 현장의 말단까지는 전달되지 않았음을 보여주는 일이었다.

대차에 균열이 생긴 신칸센은 이상한 소리와 냄새, 승객의 신고 등 몇 가지 위험 신호가 있었음에도 불구하고 승무원, 차량 보수 담당자, 관제사 누구 하나 열차를 세울 결정을 내리지 못했다. 신칸센을 지연시키는 것에 대한 망설임 때문이었는지, 판단에 대한 책임을 미뤘던 것인지, 아니면 직급이 위인 상사에게 할 말을 못 하는 권력관계 때문이었는지 모르겠지만, 어쨌든 '별문제 없을 것'이라는 정상화 편향이 작용했다.

JR은 인시던트를 일으킨 휴먼팩터를 "규정상 대응할 수 없는 경우의 판단력 부족" "관계자들 사이의 인식 착오와 판단의 상호 의존"이라 총괄하고, "안전을 확신할 수 없을 때는 망설임 없이 열차를 멈춘다" "무슨 일이 있을 때는 현장의 판단을 우선시한다"며 '철도안전 고동계획 2022'에 명시했다.

신칸센 인시던트와 가이타이치 역 문제는 사장 재임 시절의 가장 뼈아픈 후회로 지금도 기지마의 뇌리에 남아 있다.

"후쿠치야마선 사고 현장을 보고 사고의 참상과 피해자분들의 아픔을 느낀다, 회사의 안전 대책을 제대로 이해한다, 그 교훈을 자신의 업무에 어떻게 살릴 수 있을지 생각하고 실제로 움직인다. 이 '고동'의

PDCA* 사이클을 개개인이 인식하지 않으면 승객의 생명을 지킬 수 없다는 사실을 앞으로도 침이 마르도록 이야기할 수밖에 없다고 생각합니다."

어느 유가족 담당 직원의 원점

사고를 잊어서는 안 된다. 자기 일처럼 생각하고 업무에 반영한다. 말은 쉽지만, 어떻게 해야 할까? 새삼 생각해봤을 때, 한 현장 직원의 이야기를 떠올리게 된다.

2018년 6월, 아마가사키의 호텔에서 이 책의 출판기념회가 있었다. 출판기념회 명목이었지만, 실제로는 아사노의 오랜 노고를 위로하는 모임이었다. 그의 동료들과 지원자, JR의 야마자키 마사오 전 사장, 사카타 마사유키 전 전무 등 아사노와 관계 깊은 사람들이 참석했고, 모임의 분위기는 화기애애했다. 각자 사고에 대한 심경과 아사노와의 추억을 말하는 시간을 가졌다.

마지막으로 차례가 돌아온 사람이 피해자 대응본부에서 오랫동안 아사노를 담당했던 사노 요시키였다. 어떤 마음으로 "유가족 담당"이라는 업무를 보게 되었는지, 철도회사의 일원으로 무슨 생각을 하는지, 한마디 한마디 어눌한 말투로 더듬더듬 이어가는 체험담에는 회사 간부들에게 전해야 한다는 각오와 현장을 담당하는 직원으로서의 긍지가 담겨 있었다. 그때까지의 담소는 잦아들고, 모두들 사노의 이야기

---

* Plan(계획), Do(실행), Check(평가), Act(개선)의 앞 글자를 딴 경영 용어로, 평가를 통한 개선을 반복함으로써 품질 향상이 가능하다는 의미가 담겨 있다.

에 귀를 기울였다.

사노는 시가라키 사고에 자신의 원점이 있다고 말했다. 후쿠치야마
선 사고 유가족들과 마주할 때도 그 일을 잊은 적이 없다고. 처음 듣
는 이야기였다. JR 관계자들의 취재를 위해 몇 년간 수십 번에 걸쳐 대
화했지만, 그의 경력이나 심경에 대해서는 들은 적이 없었다.

사노는 아사노가 JR 관계자와 만날 때, 사고 현장이나 피해자 설명
회에 갈 때, 사고 관련 강연을 할 때, 언제 어느 곳에서든 아사노 곁에
서 그의 이야기를 경청했다. 스스로 입을 여는 일은 거의 없었다. 꼭
필요한 일이나 질문에 대한 대답 외에는 최소한의 말만 했다. 가끔 술
자리를 가져도 격식을 허물지 않았다. 항상 바른 자세를 유지하며 유
가족 담당이라는 직책의 무게가 몸에 배어 있었다.

내가 이번에 "새삼스럽지만, 취재를 하고 싶다"고 부탁했을 때도 몇
달 만의 숙고 끝에 겨우 허락을 얻을 수 있었다. 그런 사람이다.

사노는 시가현 출신이다. 1979년, 열여덟 살에 국철에 임시직으로
입사했다. 교토 역에서 오랫동안 안내 업무에 종사하던 부친(열차 행선
지를 간판에 펜으로 쓰는 일을 했다고 한다)의 추천 덕분이었다. 2대에 걸
쳐 국철에 들어가는 경우는 출신 지역에서 근무하는 일반 직원들에게
는 꽤 흔한 일이었다.

사노 역시 출신지인 시가와 교토의 역에 배치되어 처음에는 역사
청소나 직원의 요리부터 시작해, 안내 방송, 개찰, 화물 열차 교체, 건
널목 감시, 교토 역장의 심부름까지 갖가지 역무를 경험했다. 승무원

이 되면 수당이 늘었지만, 그럴 생각도 없이 역무원으로만 일했다.

국철이 민영화된 1987년, 교토 역에서 시가 방면으로 갈 때 첫 번째 역인 야마시나 역에 배치되고 나서 매표 일을 맡았다. 매표창구에 앉아서 표를 파는 중요한 업무였다. 당시는 아직 컴퓨터가 보급되지 않았고, 당연히 인터넷 검색도 없던 시절이다. 승객에게 행선지를 묻고, 시각표에서 가장 적절한 루트와 열차를 찾아내서 제공해야 표를 팔 수 있었다. 그런 일을 어깨너머로 배웠다.

사고가 일어난 건 야마시나 역 근무로부터 4년이 지났을 때였다.

1991년 5월 14일, 숙직 근무를 하고 난 이튿날 아침이었다. 창구에 앉아 있을 때, "시가라키 도예축제에 가고 싶다"며 표를 구하는 손님들이 연이어 찾아왔다. 열 그룹 이상이었다. 목소리나 말투로 보아 나이든 여성 손님이 많았던 것으로 기억하는데, 얼굴은 보지 못했다. 창구 안팎은 벽으로 가로막혀 있고, 작은 구멍이 뚫린 플라스틱 판 너머로 대화했다. 표와 요금은 밑의 작은 틈으로 주고받았다. 그래서 어떤 사람들이었는지 얼굴은 모른다.

시가라키로 향하는 승객에게 사노는 서쪽으로 한 역 떨어진 교토 역까지 돌아가서 임시 쾌속 열차에 승차하도록 안내했다. 도예축제 기간에는 JR과 시가라키 고원철도가 연결돼 있으니 갈아타지 않아도 되고, 빨리 갈 수 있다. 매표원으로서는 적절한 판단이었다.

그런데 오전 10시에 근무를 마치고 외출했을 때, 친구에게서 충격적인 소식을 들었다.

"느그 회사 큰일 났데이."

TV를 켰더니 JR의 임시 쾌속 열차가 시가라키 고원철도 열차와 정면 충돌했다는 뉴스가 흘러나오고 있었다. 할 말을 잃었다. JR 차량이 건너편에서 온 열차와 정면으로 맞부딪쳐서 위쪽으로 꺾인 광경을 망연자실한 채 멍하니 쳐다봤다.

내가 권한 열차에 탔던 사람들이 사고를 당해버린 것일까? 나는 죽음의 티켓을 팔았던 것일까?

시간대로 보면 그럴 가능성이 높았다. 그러나 확인할 방법이 없었다. 확인한다 하더라도 어찌할 도리가 없었다. 자신의 잘못이 아닌지, 스스로에게 물었지만 무슨 일을 잘못했는지는 알 수 없었다. 그러나 실제로 사고가 일어났다. 42명의 사망자와 628명의 부상자가 나왔다. 사상자의 대부분은 만원이었던 JR의 승객들이었다.

그날부터 사노의 마음속에는 그 사고가 계속 응어리졌다. 아픔이라고도, 후회라고도 하기 힘든 마음속 옹이가 되었다.

철도회사의 사명이란 무엇인가

후쿠치야마선 사고가 일어났을 때, 사노는 시가현의 역에서 근무하고 있었다. TV로 보고 시가라키 사고 이상의 사고임을 한눈에 알 수 있었다. 그러나 자신은 교토지사 소속이고, 사고가 난 곳은 오사카지사 관할이었다. 자신이 직접 관련되리라고는 생각하지 않았다.

그런데 사고 발생으로부터 5년이 지난 2010년, 갑작스럽게 피해자 대응본부로 발령이 났다. 오사카의 스이타 역(교토지사 관할)의 역장이 되고 1년도 지나지 않았던 때였다. 상사는 "미안한데, 자네밖에 없데이"라며 부탁해왔다. 피해자 대응본부는 JR과 계열사들로부터 직종을 따지지 않고 여러 직원을 긁어모았지만, 자원하는 이는 거의 없다. 아무리 중요한 업무임을 알고 있다 하더라도, 가해 기업을 대표해 유가족과 피해자를 마주하는 일을 누가 하고 싶겠는가.

사노 역시 마찬가지였다. 당혹스러웠다. 왜 하필 내가 이 일을……

1년간은 피해자 대응본부에서도 유가족과 피해자를 만나지 않는 후방에서 근무했다. 그러다가 생각이 바뀌었다. 뜻하지 않게 대응본부에서 일하게 됐지만, 이곳 일을 이해하기 위해서는 유가족과 피해자로부터 도망치지 말아야 한다는 생각이 들었다. 시가라키 사고에 대한 후회도 있었다. 다시 역무원이 되더라도 이 경험을 살릴 수 있을지 모른다.

그리하여 2011년부터 아사노의 담당이 되었다. 처음 만난 날 들은 말이 아직도 기억에 생생하다.

"내는 무서운 사람 아이데이."

아사노가 JR과 과제검토회에서 격렬한 토론을 벌이고, 안전 팔로업 회의를 구상하던 때였다. 본인은 "무서운 사람"이 아니라고 말하지만, 아무리 봐도 눈빛이 서늘했다. 어떤 녀석이 왔나 하고 인간성마저 꿰뚫어보는 기분이었다.

사고 직후 시신안치소였던 체육관부터 줄곧 아사노를 담당했던 선배 직원이 두 명 있었다. 처음에 사노는 그들 옆에 서 있기만 했다. 그 가혹한 시기에 아사노의 신뢰를 얻었던 선배들에게는 지금도 존경심이 든다.

선배들과 교대하면서 담당이 된 것은 2013년 무렵이다. 훗날 추모의 숲이 되는 사고 현장 보존 계획이 시작되었을 때였다. 사노는 아사노 외에 다른 유가족들도 담당했다. 같은 사고 유가족이라도 생각은 제각각이다. 사고 현장을 추모의 장소로 생각하느냐, 아사노처럼 "사고를 사회에 전하는" 데 중점을 두느냐에 따라 시설의 내용과 배치도 바뀐다. 한 가족 안에서 의견이 갈릴 때도 있다. 그런 견해차를 가능한 한 정중히 듣고 회사에 전했다.

이 건으로 아사노와 대화했을 때, 의사소통이 되지 않아서 혼난 적도 있다. 반대로 회사로부터 받은 자료를 전하지 않은 경우도 있다. 아사노가 그것을 원하지 않는다는 사실을 알고 있었기 때문이다.

단순히 메신저로서 회사의 방침을 강권해서는 안 된다. 자신이 가해자 측이라는 사실을 잊지 말고 유가족에게 귀 기울이며 심경을 헤아리기 위해 노력해야 한다. 그렇다 하더라도 완전히 유가족 편이 될 수는 없다. 회사냐 유가족이냐, 맞냐 틀리냐, 무슨 일이든 선을 그어서는 안 되었다. 서로가 허용할 수 있는 일정한 범위 안에서 대화를 해야 한다. 사노는 그것이 유가족 담당 직원의 역할이라고 말한다.

"결국 우리 회사의 사명이 무엇인가라는 인식에 달려 있다고 생각합니다."

시가라키 사고 이후 후쿠치야마선 사고의 유가족 대응에 이르기까지 그 생각만 했다. 아마가사키의 출판기념회에서 그가 했던 이야기다.

"철도회사의 사명은 손님을 무사히 목적지까지 보내는 겁니다. 그건 운전사나 차장의 역할만이 아닙니다. 역에서 표를 파는 사람도, 보선이나 차량 정비를 하는 사람도 오직 이 하나의 목적을 위해서 일하고 있습니다.

각각의 현장에서는 목적을 달성하기 위해 해야 할 일이 반드시 있습니다. 반대로 자신이 완벽한 일을 했다고 생각해도 다른 곳에서 큰 실수가 겹치면 사명을 다할 수 없죠. 두 사고가 그랬던 것처럼요. 직원 개개인이 손님의 안전에 대한 책임을 자각하고 있느냐가 중요합니다. 단순히 규칙이나 명령을 따르는 데 그치지 않고, 상대나 상황을 봐가면서 스스로가 지금 무슨 일을 해야 하는지 생각하고 일을 해야 하는 겁니다."

저는 아직 멀었습니다, 라고 쓴웃음을 지으며 말하는 사노의 이야기를 듣고, "사고를 마음에 새긴다" "잊지 않겠다"는 것은 이런 게 아닐까 하고 생각했다. 하나의 사고를 오랫동안 마음속에 품고 스스로의 업무 속에서 무슨 일을 할 수 있을지 생각하는, 그 같은 사람이 현장에 있어야 JR은 사고를 잊지 않고 조직 문화를 진정으로 바꿀 수 있지 않을까?

사노는 지금 60세, 정년을 맞이하게 된다. 아사노를 비롯한 많은 유가족과 만나면서 배운 것, 생각한 것들을 후배들에게 전하고자 한다.

'사고의 사회화'에 대한 열정

그리고 아사노. 코로나 시국이 시작된 후 여름까지는 외출을 피하고, JR 관계자들의 방문을 포함해 손님을 받지 않게 되었다. 앞서 말한 것처럼 사고 15주기 추모식은 열리지 않았기에 추모의 숲에도 가지 않았다. 나도 직접 만나서 대화하는 일이 줄었고, 메일로 근황을 전할 뿐이었다.

그러나 그러한 상황에서도 아사노답다고 느끼는 부분은 "사고의 사회화"에 대한 열정이 전혀 사그라들지 않았던 것이다. 9월에 한번 사무실을 찾았을 때, 이런 이야기를 들었다.

"그 사고에 대해서는 사고조사보고서를 비롯해 여러 전문가가 원인을 규명했습니다. 조직적·구조적 요인에 대해서도 우리가 과제검토회와 안전 팔로업 회의에서 공동 검증을 통해 보고서를 만들었죠. 그 후 JR은 '철도안전 고동계획'이나 '철도안전 매니지먼트 시스템' 같은 매뉴얼을 만들어 안전 대책과 관리 체계를 구축했어요.

그래도 지금 여기서 다시 그 사고로부터 무엇을 배우고, 사고 후에 무엇을 했는지, 그것이 어디까지 달성됐고, 남은 과제는 무엇인지 JR이 다시 검증하고 총정리해야 한다고 생각합니다. 그것도 회사 매뉴얼이나 관료적 문서가 아니라 널리 사회를 향해 이해하기 쉬운 말로 말이죠. 지금 안전추진부 담당자한테 건의해서 대화하는 중이에요."

사고의 교훈을 일개 기업 내부에 그치지 않고, 사회에 전해서 누구나 공유할 수 있게 해야 한다. 그렇기에 두꺼운 내부 매뉴얼이 아니라 일반인도 이해할 수 있는 말로 간결하게 정리해야 한다. 아사노의 의도였다.

2014년, 4.25 네트워크 모임에서 아사노는 이렇게 말했다.

"사고를 사회화하지 않고서는 유가족으로서의 제 책임은 끝나지 않는다고 생각합니다."

"이 작업이 사회에 받아들여져야만 우리의 노력은 결실을 맺으리라 생각합니다."

자신들의 검증 성과에 만족하지 않고, 아사노는 다시 '사고의 사회화'라는 다음 목표를 향해 걷기 시작했다. 이 책 역시 그러한 그의 집념에 가까운 강력한 의지가 있었기에 쓸 수 있었다고 새삼 느꼈다.

이야기를 마치고 아사노는 말했다.

"이게 제 마지막 작업이 될 겁니다."

아내와 여동생을 잃고, 딸이 중상을 입은 사고로부터 15년이 지나, 우직할 정도로 하나의 목표만 좇았던 아사노 야사카즈에게 드디어 스스로의 '궤도'가 향하는 종착역이 보이기 시작했는지 모른다.

옮긴이의 말

2005년 4월, 나는 교다나베京田辺시에 위치한 도시샤국제고등학교에 다니고 있었다. 교토시에서 남쪽으로 30분 정도 떨어진 곳에 위치한 교다나베는 도시샤대학 교다나베 캠퍼스를 제외하면 아무것도 없는 한적한 시골이다. 부속 고등학교인 도시샤국제고등학교는 도시샤대학 교다나베 캠퍼스 옆에 위치해 있다. 나는 고등학교 기숙사에 살고 있었다.

국제고등학교라는 특성상 학교 주변 동네에서 통학하는 학생은 거의 없었다. 나처럼 기숙사에 사는 학생도 있었지만, 대부분은 교토나 오사카에서 전철로 통학했다. 학교에서 5분 거리에 JR과 긴테쓰近鉄의 역이 하나씩 있었다. 언덕 위에 위치한 학교에서 가까운 역은 JR 도시샤마에 역이다. 국제고등학교뿐 아니라 도시샤대학의 학생들이 주로 이용하는 역이다. 근처에 민가는 거의 없었기에 이용자 대부분은 학생과 선생님 등 학교 관계자들이었다.

2005년 4월 25일 9시 4분, 다카라즈카 역을 출발한 5418M 열차의 종점은 도시샤마에 역이었다. 아마도 그날까지 다카라즈카 역과 도시샤마에 역 사이를 수백 번 오갔을 전철이었다. 그러나 그날 도시샤마에 역에 10시 15분에 도착할 예정이었던 그 열차는 종점에 도착하지 못했다. 9시 18분 아마가사키 역 근처에서 탈선했고, 107명이 사망했다. 이 책에서 다루고 있는 JR 후쿠치야마선 탈선 사고다.

사고 이후 TV에서는 연일 "다카라즈카발 도시샤마에행 열차"라는 표현이 나왔다. 기숙사에서 5분 거리의 역이 그렇게 연일 뉴스에 언급된다는 사실이 놀라웠던 기억이 난다.

그러나 부끄럽게도 당시의 나는 그 사고를 내 일처럼 느끼지는 못했다. 기숙사에 살던 내가 고등학교 3년간 JR 도시샤마에 역을 이용한 것은 손에 꼽을 정도밖에 안 된다. 교토 시내에 나갈 때는 민영 회사인 긴테쓰를 주로 이용했고, 오사카와 고베 방면으로 가는 JR을 탈 일은 거의 없었던 것이다.

일본에 온 지 2년밖에 되지 않았던 나는 일본어도 아직 충분히 이해하지 못했고, 신문이나 뉴스를 봐도 이해할 수 없는 부분이 많았다. 고등학교 때의 나는 사회 문제에 대한 관심도 그다지 없었다.

사고 후 고등학교에서는 사고를 주제로 한 토론 수업도 있었지만, 나는 한마디도 못 했다. 시간이 흘러 도시샤대학에 진학한 뒤에도 교다나베 캠퍼스 내에 세워진 희생자 추모비를 무심히 지나다녔을 뿐이다.

그렇게 잊고 살던 후쿠치야마선 탈선 사고를 다시 떠올리게 된 것은 이 책과의 만남 때문이었다. 그리고 2018년 출간된 이 책을 한국어로 번역하게 되었다. 마쓰모토 하지무는 사고 당시 『고베신문』의 기자로서 사고를 취재했고, 퇴사한 뒤 논픽션 작가로 데뷔해, 2016년에는 『누가 '하시모토 도루'를 만들었는가』로 일본 저널리스트 회의상을 수상한다. 오사카의 지사와 시장을 역임하며 선풍적 인기를 끌던 우파 정치인 하시모토 도루를 스타 정치인으로 만든 언론을 다룬 책이다.

그리고 2018년에 출간된 이 책으로 제41회 고단샤 논픽션상을 수상했다. 이름 때문에 오해를 사곤 하는데, 고단샤 논픽션상은 출판사와 상관없이 수여된다. 이 책 역시 고단샤와는 무관한 출판사에서 출간되었다. 많은 걸작을 배출한 고단샤 논픽션상의 명성에 걸맞은, 단언컨대 일본 저널리즘의 역사에 이름을 남길 만한 책이다.

마쓰모토는 이 책에서 아사노 야사카즈라는 유가족 개인과 JR이라는 조직을 오가며 사고를 파고든다. 후쿠치야마선 탈선 사고 자체에 대해서 깊이 있게 파고들면서도 동시에 효고현 남부(아마가사키, 다카라즈카, 고베 일대)와 일본 현대사를 통해 사고의 배경을 풀어내는 저자의 솜씨에 경탄하지 않을 수 없다.

이 책에서는 사고의 주된 원인으로 민영화 이후 안전성 대신 효율성만을 추구한 JR의 조직 문화를 지목하고 있다. 내 부모님 세대에게 일본은 꼼꼼함과 정확함의 나라로 인식된다. 실제로 정시에 도착하고 출발하는 전철은 일본의 자랑이었다. 그러나 그 정확함에 대한 집착이 사고를 불렀다. 사고 당시 기관사의 실수로 인해 발생한 지연 시간은 불과 1분 20초였다. 그 1분 20초가 얼마나 많은 사람의 시간을 영원히 멈추게 했는가를 생각하면 안타깝고 애통할 뿐이다.

고등학교를 졸업한 이후, 잊고 지냈던 후쿠치야마선 사고에 대한 책을 번역하고자 마음먹게 된 것은 물론 책이 가진 매력 때문이었다. 그러나 동시에 세월호 참사를 떠올렸기 때문이기도 하다.

물론 세월호 참사와 후쿠치야마선 사고는 여러모로 다르다.

후쿠치야마선 사고에서는, 사고 직후 전원이 구조되었다는 오보가 나오지 않았다. 가만히 있으라는 안내 방송이 나오지도 않았다. 선장을 비롯한 승무원들이 배를 버리고 먼저 탈출하지도 않았다. 배가 가라앉는 모습을 전 국민이 실시간으로 지켜보지도 않았다. 그 후 몇 달 동안 바다에 가라앉은 배에서 있을지 모를 생존자 구조 작업을 지켜보지도 않았다. 유가족들이 대통령을 비롯한 정부의 책임을 추궁하거나 정쟁으로 비화되는 일도 없었다. 단식을 비롯한 유가족들의 투쟁을 반대파들이 조롱하지도 않았다.

그러나 이러한 차이들에도 불구하고, 본질적으로 안전을 경시한 결과 많은 사람의 생명을 앗아간 사회적 참사라는 공통점이 있다. 그리고 이러한 사회적 참사로 인해 주어진 과제 역시 공통점이 있다. 근본적으로는 진상 규명과 재발 방지다. 또한 희생자를 추모하고, 생존자와 유가족들이 일상을 회복할 수 있도록 하는 것이다.

이 책에 나오는 것처럼 후쿠치야마선 사고 이후 진상 규명과 재발 방지를 요구한 유가족들의 싸움이 순탄치만은 않았다. 몇 년에 걸친 험난한 싸움과 우여곡절 끝에 간신히 성공했다는 사실은 본문을 통해 알 수 있을 것이다.

그러나 첫 단추가 잘못 끼워진 세월호 참사는 그마저도 요원하다. 이것은 현재진행형의 참사라 해도 과언이 아닐 정도로 해결의 실마리를 찾기 어렵다.

불행히도 '세월호'라는 단어 자체가 한국 사회의 분단을 상징하게 되었다. 한쪽에서는 유가족에 대한 음해가, 다른 한쪽에서는 사고 원인에 대한 음모론이 아직도 끊이지 않고 있다. 그로 인해 사고의 본질적 문제는 가려진 측면이 있다. 세월호 참사 이후 정권이 두 번 바뀌었지만, 진상 규명과 재발 방지가 유가족들이 납득할 수 있는 방식으로 이루어졌다고는 할 수 없을 것이다.

그리고 세월호 참사를 비롯한 여러 사회적 참사의 교훈이 무색하게 비극은 또다시 되풀이되고 말았다. 이 책을 번역하던 중인 2022년 10월 29일, 이태원참사로 159명이 희생되었다. 세월호가 가라앉는 모습을 뉴스로만 봐야 했던 한 사람으로서 다시 한번 우리 사회에 비극이 닥쳤다는 사실이 애통할 따름이다.

도대체 어디서부터 무엇이 잘못되었던 것일까? 그리고 어떻게 하면 이러한 비극이 되풀이되지 않도록 할 수 있을까?

이 두 가지는 사회적 참사에서 가장 근본적으로 물어야 할 질문이다. 이 책이 이 두 가지 물음을 다시 한국 사회에 제기하는 계기가 되기를 바란다.

2023년 2월 5일, 10. 29 이태원참사로부터 100일째 되는 날
김현욱

궤도 이탈

초판인쇄 2023년 4월 7일
초판발행 2023년 4월 16일

지은이 마쓰모토 하지무
옮긴이 김현욱
펴낸이 강성민
편집장 이은혜
마케팅 정민호 이숙재 박치우 한민아 이민경 박진희 정경주 정유선 김수인
브랜딩 함유지 함근아 박민재 김희숙 고보미 정승민
제작 강신은 김동욱 임현식

펴낸곳 (주)글항아리 | 출판등록 2009년 1월 19일 제406-2009-000002호

주소 10881 경기도 파주시 심학산로 10 3층
전자우편 bookpot@hanmail.net
전화번호 031) 955-8869(마케팅) 031) 941-5161(편집부)
팩스 031) 941-5163

ISBN 979-11-6909-091-9 03300

www.geulhangari.com